석학
人文
강좌
13

왜 법의 지배인가

석학人文강좌 **13**
왜 법의 지배인가

2010년 8월 20일   초판 1쇄 발행
2022년 7월 30일   초판 5쇄 발행

지은이	박은정
펴낸이	한철희
펴낸곳	돌베개
책임편집	박수민 · 이경아
편집	조성웅 · 소은주 · 좌세훈 · 권영민 · 김태권 · 김혜영
디자인	이은정 · 박정영
디자인기획	민진기디자인

등록	1979년 8월 25일 제406-2003-000018호
주소	(10881) 경기도 파주시 회동길 77-20 (문발동)
전화	(031) 955-5020
팩스	(031) 955-5050
홈페이지	www.dolbegae.co.kr
전자우편	book@dolbegae.co.kr

ⓒ박은정, 2010

ISBN 978-89-7199-405-4 94300
ISBN 978-89-7199-331-6 (세트)

석학
人文
강좌
13

왜 법의 지배인가

박은정 지음

돌베
개

책머리에

    법철학을 전공하는 교수로서 강단에서 가르치고 연구한 지 이제 30년이 되었다. 민법이나 형법 등 실정법 분야를 담당하는 연구자들과는 달리, 법의 문제를 근본적이고 총체적인 시각에서 접근하여 법학의 기초에 관해 논하고, 더 나은 법을 위한 비판과 이론적 대안을 시도하는 일이 나의 학문적 소임이라고 여겨 왔다. 이러한 역할을 맡는 학문분과에 대해 최근 어떤 학자들은 법철학 대신 '법이론' 혹은 '기초 법학'이라는 용어를 쓰기도 한다. 이런 용어 사용과 관련하여 학계 일각의 논쟁도 없지 않지만 이 책에서 논할 바는 아니다. 다만, 법에 대한 본질적인 학문에 대해 법의 '철학'이라는 지칭 대신 새로운 명칭을 사용하려는 데에는 오늘날 법철학계의 진부함도 그 한 원인을 제공한다는 말은 하고 싶다.

    법의 지배 문제를 포함하여 법에 있어서 근본적인 문제들은, 누가 누구에게 가르치고 배우는, 그런 유의 문제들이 아니라고 생각한다. 법의 근본적인 문제들은 법과 더불어 살아가는 공동체 성원들이 다함께, 비판적으로, 그리고 다시 한번 생각해 보는 문제들이다. 이 책은 내가 지금까지 쓴 다른 책들보다도 법에 대한 이런 성찰 방식에 더 잘 맞게 태어났다고 생각한다. 왜냐하면 한국연구재단이 후원한 〈석학과 함께하는 인문강좌〉를 통해, 시민들과 더불어 법과 법의 지배의 근본문제에 대해 다시 한번 생각해 보는 기회가 이 책을 쓰게 된 동기였기 때문이다.

돌이켜보면 법 공부는 한눈에 반한 듯이 좋아서 하게 된다기보다는, 공부를 해 나가면서 서서히 좋아하게 되는 듯하다. 흔히 법은 인간사의 표피를 다루는 기술적이고 전문적인 영역으로 여겨져, 독자들 가운데는 왜 법학자가 인문강좌에 참여하게 되었을까 하고 의아해 하는 분도 있을지 모른다. 그러나 법이 인간사의 표피만 스치고 간다는 생각은 잘못된 것이다. 법의 이름으로 평생을 쌓은 명예와 전 재산을 잃기도 하고, 법의 이름으로 사형을 당하기도 하지 않는가. 전쟁을 제외하고는 인류사에서 형사 법정만큼 인간에게 참혹함을 안기는 것이 또 무엇이 있을까. 위대한 문학작품들 가운데 법을 소재로 다룬 것들이 적지 않다는 사실은 법의 본질이 인간조건과 인간성의 심층에 가닿고 있음을 암시해 준다.

법이 기술적이고 전문적이라는 것도 부분적인 진실에 불과하다. 오늘날 우리는 법률가라는 전문직 중심의 법사고와 법운용에 익숙해져서, 법이 마치 법률가의 직업적 방편을 위해 존재하는 것처럼 착각할 정도이다. 그러나 예컨대 법령에 관한 한 우리가 그것을 아무리 베끼더라도 표절 시비가 생기지 않는 이유는, 법의 지적 저작권이 법률가가 아닌 우리 국민 모두에게 있기 때문이다.

세부적으로 들어가면 물론 전문가의 도움을 필요로 한다 하더라도 법은 근본적으로는 건전한 상식과 도덕에 기초한 것이요, 우리 모두에게 관계되는 영역이다. 법률가들에게만 맡기기에는 법이 너무나도 중요한 영역인 이유가 바로 여기에 있다. 또한 모두에게 관계되는 것은 원칙적으로 모두의 합의를 전제한다. 일상적으로는 법률가들이 나서서 법률문제를 해결한다고 하더라도 법제도의 근본에 대한 사안들은 공동체의 성원들이 함께 숙고할 영역이다.

그동안 주로 학생들 앞에만 서다가 모처럼 시민들 앞에 섰을 때, 나는 이 말이 저절로 떠올랐다. 시민이면 누구나 어느 정도는 공인公人이라는 것. 사실 고대 그리스나 로마에서는 시민들이 바로 공무를 보는 사람들이기도 했다. 왜 법의 지배인가에 대해 함께 생각해 본 인문강좌는 매주 토요일 오후 3시부터 시작했다. 집안일이나 친구 만날 일을 미루고 자발적으로 거기 모인 시민들의 진지함은, 내가 지난 수십 년 동안 강의실에서 만난 법학도들의 그것을 능가하는 것이었다. 그 진지함에 고무된 나머지 나는 첫 강연에서, 토요일 오후 우리들이 필경 공무를 개시하는 것으로 여겨진다는 감회를 토로하기도 했다. 거기 모인 시민들은 내 말에 공감했을 것이라고 생각한다. 법의 저작권자로서, 스스로를 '이상적인 입법자'의 지위에 세울 수 있기 위해 노력하는 시민들의 날카로운 눈빛들을 의식하면서 조심스런 마음으로 이 책을 세상에 내놓는다.

이 책을 완성하기까지 적지 않은 분들의 도움을 받았다. 우선 지난해 늦여름 더위에도 불구하고 인문강좌에서 사회와 토론을 맡아 주셨던 김종철 교수와 김현철 교수, 양선숙 교수, 한경구 교수께 감사드린다. 그분들과 나눈 대화와 토론을 통해 내가 미처 포착하지 못한 문제들이 드러났고, 그래서 몇몇 논거들에 대해서 다시 생각해 보는 기회를 갖게 되

었다. 마지막으로 유익한 조언과 꼼꼼한 교정으로 책의 완성도를 높여
준 돌베개 편집진에도 감사드린다.

2010년 8월

박은정

차례

1장

—

서문

넓고도 깊은 법세계

"법은 일상으로 입는 옷, 법은 아침 저녁 인사……"라는 구절의 시가 있다. 우리는 정말이지 말 그대로 법과 더불어 살아가고 있다. 누구 말대로 법을 때로는 방패로, 때로는 창으로 삼으면서. '법 없이 사는 사람'이라는 표현은 선량한 도덕 군자를 일컬을 때 쓰던 말이었다. 그러나 요즘 세상에 젊은이들에게 '법 없이 사는 사람'이라는 말은 주먹으로 사는 사람을 떠올리는 말이 되었다.

만약 우리가 사전정보가 전혀 없는 낯선 나라를 처음 접하게 되었을 때, 그 사회의 대강의 윤곽을 가장 빠르게 파악할 수 있는 하나의 수단은 법이다. 즉 그 나라에 사형 제도가 있는지, 간통을 처벌하는지, 친족의 범위를 어느 정도로 정하고 있는지, 세금의 종류가 많은지, 외환을 단속하는지 정도만 알아도, 우리는 그 사회와 그 사회에서의 인간관계에 대해 상당히 균형 잡힌 인식에 도달할 수 있는 것이다. 그러기에 법은 인류학자들이 즐겨 다루는 연구주제들 가운데 하나이며, 실제 인류학자들 가운데는 법학도였던 사람들이 더러 있기도 하다. 이러한 사실들은, 법이 장구한 기간에 걸쳐 인류가 쌓은 광범한 경험과 종횡무진한 지적 활동의 소산이요, 법학이 '종합 학문'의 성격을 지니고 있음을 말해 준다.

사실 법은 거의 모든 학문 분야가 학제적으로 다루어야 할 주제들의 보고寶庫이다. 예컨대 범죄 혹은 형벌의 변천사는 그것 자체로 사회사요, 그런가 하면 경제사 또는 사상사로 잘 정리될 수도 있다. 이 점에서 법학이 지나치게 전문 분과로 여겨져, 타 학문 종사자들의 법에의 접근이 차단되고 법에 대한 학제적 연구조차 꺼려지고 있는 현실은 참으로 안타깝다. 이는 법학의 발전을 위해서도, 또 인접 학문의 발전을 위해서도 불행한 일이다.

공부를 할수록 넓고도 깊어지는 것이 법세계라는 생각이 든다. 법의 넓이와 깊이는 말할 것도 없이 인간사의 그것과 연계되어 있다. 공부를 해 나가면서 좋아지게 되는 것이 법 공부라고 앞서 한 말은, 법이 인간사와 끊임없이 씨름한다는 사실과도 관계될 것이다.

『논어』에서 "참된 지知는 사람을 아는 것"이라는 구절을 읽은 기억이 난다. 법사고는 인류 역사에서 '사람을 아는 일'에 아마도 가장 집요하게 그리고 지속적으로 종사해 왔다고 생각한다.

인간사를 다룸에 있어서 법사고의 특징은 사실 세계에서 일어난 일을 다룬다는 현실적 차원과, 그것을 당위에 비추어 판단하는 이념적 차원, 그리고 어느 순간에는 더 이상 미룰 수 없는 결정을 내려야 한다는 인간 실존의 차원을 모두 지닌다는 점이다. 말하자면 '현실의 인간', '지향되어야 하는 인간', '한계상황의 인간'이 파노라마처럼 펼쳐지는 것이 법으로 보는 인간이다. 예컨대 사회학은 이 중에서

'현실의 인간' 만을 분석해도 될 것이다. 윤리학이나 철학은 '지향되어야 하는 인간' 에 대한 사유를 천착하면 될 것이다. 즉 어느 순간 모든 숙고를 중단하고 더 이상 미룰 수 없는 결정을 — 키에르케고르가 광기狂氣라고 말한 결정의 순간 — 해야 할 필요는 없다. 그러나 법은 그렇지 않다. 법은 결정, 즉 심판을 해야 한다.

　법학은 현실을 바탕으로 하면서도 현실을 이념과 연관짓고, 종래는 돌이킬 수 없는 심판을 해야 한다는 '트릴레마'를 숙명으로 안고 있다. 그 트릴레마 속에서 끊임없이 해결책을 구해 나가려고 하는 것이다. 이 점에서 나는, 법학이 철학이나 윤리학에 어느 정도 배울 거리를 제공할지도 모른다고 감히 생각한다.

　현실적이요, 이념적이요, 실존적인 것! 이러한 법사고의 매력을 이 책을 통해 독자들과 함께 나눌 수 있다면 법사고가 태생적으로 인문적이라는 점을 굳이 강조할 필요도 없게 될 것이다.

급변하는 시대

급변하는 시대, 패러다임의 대전환기에 우리가 살고 있다는 것을 부인할 사람은 거의 없을 것이다. 옛것은 빠르게 사라지고 새것은 아직 분명하지 않은 시대의 혼란 속에 우리 모두가 놓여 있다. 나 자신만 해도 명색이 사회과학자이면서도 이 거대한 변화의 소용돌이 속에 그냥 휩쓸려 들어가는 기분이 들기만 할 뿐, 사태의 진상과 의미를 직시할 엄두를 내지 못한다. 의미를 파악하기 위해서는, 즉 의미가 표현을 얻어 진리의 일면을 드러내는 데는 어느 정도 시간의 경과를 필요로 한다. 그러나 빠른 속도가 성찰을 앗아가면서, 모든 것들은 그저 순간적으로만 정당화될 뿐이다. 진리도, 흡사 전광판의 광고같이, 휙 스쳐 지나가면서 순간적으로만 유효하다고나 할까.

진부한 말 같지만 이런 때야말로, 설사 내일 세상이 망하는 한이 있더라도 오늘은 한 그루의 나무를 심는다는 자세로 돌아가는 수밖에 없다고 생각한다. 법을 공부하는 나에게는 이 기본으로 돌아가는 것이야말로 바로 법을 인간 가치에 연관짓는 것이다. 법이란 무엇인가를 인간이란 무엇인가의 물음으로 끊임없이 되돌려 문제의 지평을 다시 바라보는 것이다.

이 책은 기본으로 돌아간다는 자세로 '왜 법의 지배인가'를 되묻기 위해 쓰였다. 왜 법의 지배인가. 법이란 무엇이기에 우리는 법의 지배를 받아들여야만 하는가. 왜 법이 명하는 바가 무엇인지에 따라 우리들의 운명이 엇갈려야 하는가.

금세기에 들어서면서 대내적으로나 대외적으로 법의 지배에 대한 관심이 늘고 있다. 국내외 학계, 정치계, 언론계, 시민사회, 국제 무대에서 법의 지배를 강조하거나 법치주의 원리에 공감하는 소리가 커지고 있는 것이다. 법의 지배에 대한 이런 주목은 사회구성 패러다임의 일대 전환이라는 이 시대 변혁 분위기와 무관하지 않다.

오늘날 우리가 가지게 된 이런 형태의 사회, 정치, 경제, 문화 전반의 개념과 틀을 만드는 데 있어서 '법의 지배'는 핵심적인 역할을 했다. 지금 우리를 규제하고 있는 법은 근대국가 탄생 이래의 서양 근대법에서 발전된 것인데, 근대법으로 말하면 근대과학과 함께 우리 삶을 조직화하고 합리화하는 양대 추동력이었다. 그 점에서 오늘날 과학이 그런 것처럼, 법은 우리 사회, 정치, 경제, 문화 전반의 빛과 어둠에 똑같이 연계되어 있다. 이 시점에서 '왜 법의 지배인가'를 물으면서 법의 한계와 잠재력을 다시 점검해야 할 이유는 여기에 있다.

'민주화 이후의 민주주의'라는 과제를 안고 있는 우리 사회에서 특히 왜 법의 지배인가에 대한 성찰은 중요하다. 민주주의는 시민들이 법의 참 가치를 깨닫고 법을 사랑할 때 성공할 수 있기 때문이다. 우리 사회에서 법의 지배는 지금까지 구호로만 일컬어져 왔을 뿐 진지한 성찰의 대상이 되지는 못했다. 이 책이 법의 지배를 정치적 구호로부터 시민의 인문적 성찰의 영역으로 옮겨 놓는 데 작게나마 기여하기를 기대해 본다.

'이법위인'(以法爲人)

사회변혁기야말로, 법제도를 포함하여 사회적 관점의 조망을 필요로 하는 영역들이 인간관계에 관한 담론을 바탕으로 재정비되어야 할 때이다. 사회는 인격적 존재들 사이의 관계로 이뤄진다. 우리가 사람의 지배가 아닌 법의 지배를 받아들이기로 했다는 것이, 사람들이 비인격적 관계로 들어서기로 합의했다는 의미로 풀이될 수는 없다. 법질서 성립의 전제조건은 뭐니뭐니 해도 인격이다. 자기 자신을 인격으로서 승인하는 일은 상대방을 자유롭고 동등한 자로서 승인하는 토대에서만 가능하다. 즉 인격은 자신과의 관계 속에서만 특징지어지는 것이 아니라, 바로 자신과의 연관을 가능하게 해주는 상호승인 관계의 결과라는 데 그 특징이 있다. 자유로운 사람들 사이의 공존의 조건인 이 상호승인 관계가 법의 토대인 것이다. 그러므로 법의 명령은 '불법을 행하지 마라'가 아니라, 승인의 의미를 다음과 같이 포착한 철학자 헤겔의 표현대로 '인격이 되어라. 그리고 타인을 인격으로서 존중하라'[1]가 된다.

동양적 규범사고는 사람들 간의 구체적인 인간관계에서 출발한다. 반면 서양의 규범사고는 사람들 사이의 관계보다는 법칙성 같은 추상적 가치나 개인의 존재에 중심을 둔다. 유럽과 이슬람권을 위시하여 많은 문명권들에서 법은 초월자의 명령으로 여겨졌지만, 중국을 필두로 한 동양 문명권에서는 법을 초월적 존재에 의탁시키지 않았으며 고래로부터 인간의 작품, 정치의 산물로 보았다.

내가 즐겨 인용하는 격언인 '이법위인' 以法爲人, 즉 '법으로 사람을 위한다'라는 말에도 인간 관계성이 잘 드러난다. 반면 '하늘이 무너져도 정의를 세워라'라는 서양 격언은 아무래도 추상적 법칙 쪽으로 기운다. 우리에게 잘 알려진 '솔로몬 재판'도 이 정의 법칙을 표현한다. 한 갓난아이를 두고 두 여인이 서로 자기 아이라고 다투는 사건에서, 솔로몬은 아이를 칼로 반씩 나누어 가지라는 지혜를 발휘하여 사건을 해결한다. 물론 동양에도 이와 비슷한 재판의 예가 있다. 그 중 '황패의 재판'이 유명한데, 갓난아이를 서로 데려가려고 아이의 몸을 움켜잡는 여인들의 동작을 관찰하여 진실을 밝혀냈다는 것이다.

서양법의 전통에는 이렇듯 법을 통해 시공을 넘어서는 권위를 추구하는 특징이 엿보인다. 그래서 법학의 기반은 중세까지는 전적으로 신학에, 그리고 그후 근대에 이르기까지는 철학(자연법철학)에 있었던 것이다. 오늘날도 이 서양 전통은 법논의를 정치학과 깊이 연계시키면서 일부 지속되고 있다. 서양 법사상에서 법이 주기적으로 이데올로기 비판을 받는 것도 이 때문이다.

그러나 동양의 법전통은 위에서 말한 대로 인간 외부에서 초월적인 가치를 상정하지 않았다. 동양에서 사회가 지향하는 가치는 한마디로 인문석인 가치로 특징지어졌다. 개인과 사회를 통일적으로 인식하는 동양 사고는 '수신제가치국평천하'修身齊家治國平天下 이념이나, 사물과의 접촉을 통해 실천지實踐知를 일깨우는 '격물치지'格物致知 사상을 통해서도 드러난다. 동양고전은 법을 사회적 목적을 위한 도구로 여기면서도, 법에 대한 이데올로기 혐의를 근본적으로 크게 문제 삼지 않았다. 법제도를 논한 동양사상가들은 대개 인문철학을 겸비했다. 인간의 '좋은 품성'의 문제와 '좋은 사회'의 문제를 분리시키지 않았던 것이다.

망원경으로 법 보기

사회변혁기인 지금이야말로 인격적 존재들 사이의 소통과 승인을 법 공동체의 기초로 삼으면서 법의 한계와 잠재력을 다시 점검해야 할 때이다. 법학은 어느 면에서는 난세의 학문이라고도 생각된다. 변혁기, 대전환의 시대에 법이 강세인 때가 많았다. 법이 가지는 현실성이 새로운 가치를 내세우는 혁신성과 만날 때 그러했다. 춘추전국시대는 법가法家에 의해 통일되었다. 그리고 서구 중세 봉건영주에게 대항할 지적 무기를 제공해 준 것은 바로 로마법이었다. 낡은 체제와 단절하고 새로 탄생한 근대국가는 법률주의, 즉 '최대의 힘을 가진 법'을 동반했다. 프로이센은 나폴레옹에게 패한 후 나폴레옹 법전을 도입하면서 사회체제를 확립했다. 박정희 대통령의 한국 근대화 모델도 법을 통한 자본 집중과 사회통제로 설명될 수 있다. 당시 비상입법기구였던 국가재건최고회의는 2년 반여 기간에 1천 8건의 법률을 만들었다. 1963년 말을 기준으로 할 때 그때까지 우리나라 총 법률의 62퍼센트에 해당하는 엄청난 양이었다.[2] 그리고 21세기 초반 세계화의 파고波高 속에 규제의 초국가화 혹은 탈국가화가 진행 중인 지금, 대내적으로나 대외적으로 법의 지배를 엄호하는 분위기가 감돌고 있지 않는가.

근대 이후 오늘날까지 법은 자유, 평등, 민주를 향해 있다. 이 과도한 법의 목표와 사람들의 경험현실 사이에 간격이 없을 수 없다. 이 간격이 일으키는 긴장이 커져서 공동체의 정치적 안정을 헤칠 수준까지 이른다면 당연히 위험해진다. 목표에 대한 사람들의 높은 기대치는 좌절로 바뀌고, 자유와 평등에 대한 법의 약속은 현실에서 강화된 통제로서만 모습을 드러내게 되는 것이다. 이때 법의 위기가 닥친다. 우리는 이런 법의 위기의 국면을 맞고 있다.

사회적 전환기이자 의식의 전환기이기도 한 지금은, 우리가 가지고 있는 법제의 빛과 그림자를 분명히 볼 수 있는 기회이기도 하다. 이 시기에 법을 높은 데서 조망해야 할 이유가 여기에 있다. 법은 좋은 사회질서와 어떻게 연관되는가. 높은 데서 봄으로써 우리는 지금 우리가 가지게 된 이런 형식, 이런 내용의 규칙이나 제도가 어떤 필연성에 의해서 우리에게 어쩔 수 없이 '주어진 것'이 아닐 수도 있음을 느끼게 된다. 지금 우리는 어느 의미에서는 제도 허무주의 내지는 개혁 허무주의에 빠져 있다. 이는 우리가 가지게 된 제도가 불가피한 것이라고 믿는 데서 비롯된 것이기도 하다. 그렇기 때문에 제도적 대안에 대한 상상력을 발휘하기도 어려운 것이다.

우리는 그동안 법을 너무 현미경으로만 들여다보았다. 엄청난 양의 실정법률들—오늘날 정녕 우리가 안고 있는 문제는, 법률가들이 늘어난다는 게 아니라 법률들이 폭발적으로 늘어난다는 사실이다—

과 그로 말미암아 쌓여 가는 주석서들 때문에 법학은, 젊은 나이에 법관직을 버린 몽테뉴가 일찍이 예상한 대로 '나태한 문헌학적 작업'으로 어느덧 변해가고 있는지도 모른다.

현미경으로만 보면 법은 좋은 사회와 무관한 주제로 보일 수 있다. 그러나 법이 좋은 사회를 만드는 일과 무관하다면, 우리는 왜 로스쿨에 그 엄청난 투자를 해야 하며, 사법개혁 같은 일에 신경을 써야 할까. 이제 망원경이 필요한 시점이다. 나는 이 책이 독자 여러분들에게 법을 보는 망원경 구실을 하길 바란다.

몇 가지 기본 입장

법을 깊이 공부하고자 애쓰면서 나는 나의 법철학이랄까, 몇 가지 법을 대하는 입장을 갖게 되었다. 그것은 '왜 법의 지배인가'를 앞으로 풀어 가면서 다루게 될 개별 주제들의 선정과도 연관되어 있는 만큼 잠시 언급하고자 한다.

첫째, 법만큼 다원적인 시각에서 접근해야 할 탐구 대상도 드물다는 것이다. '우표 원칙'이라는 것이 있다. 널리 알려질 이론을 만들려면 개념이나 이론의 핵심내용을 우표 크기에 담을 수 있어야 한다는 것이다. 법개념이나 법이론에서 이 '우표 원칙'은 맹위를 떨치고 있다. 법은 주권자의 명령이다, 법은 규칙이다, 법은 힘이다, 법은 법원이 하고자 하는 결정에 대한 예측이다, 법은 민족정신의 산물이다…… 등등의 우표 딱지들이 있다. 그러나 나는 우표 크기에 담기는 법개념이나 법이론을 받아들이기 어렵다. 단순화된 개념과 이론은 무엇보다도, 법이 담아내야 하는 현실을 정확하게 짚어내지 못할 뿐 아니라 현실을 왜곡하기도 쉽다. 예컨대 '법은 힘이다'라는 우표 딱지를 생각해 보자. 경찰력 같은 공권력의 발동을 떠올리면 힘이 법의

한 요소인 것은 분명해 보인다. 그러나 엄밀하게 말하면 공권력의 발동 자체가 법이 아니라 공권력을 발동케 하는 그 무엇이 바로 법이다. 그런데 법은 힘이라고만 말해 버리면, 이는 흡사 누구의 비유대로, 과학이 비커 같은 실험기구를 사용한다고 하여 '과학은 실험장치다' 라고 정의하는 것과 다를 바 없는 셈이다.

이 점에서 내가 법철학 공부를 시작하면서 독일의 법철학자 에리히 페흐너Erich Fechner를 만난 것은 행운이었다고 생각된다. 페흐너는 제2차 세계대전을 겪은 후 패전국 독일의 법실무와 법이론을 반성하면서, 법을 법답게 하는 것은 결코 단순한 우표 원칙이 아니라, 다양한 법형성 요인들의 복잡한 관계들에 대한 이해와 그 요인들의 인지적 한계에 대한 통찰을 통해 파악된다는 점을 강조했다. 몽테스키외 Charles de Secondat Montesquieu가 쓴 『법의 정신』L' Esprit des lois이라는 책은 잘 알려져 있지만, 이 책에서 그가 법을 어떻게 정의했는지는 아마 누구도 간단하게 말해 줄 수 없을 것이다. 왜냐하면 그 또한 우표 원칙을 거부하고, 복잡한 사회적 관계들이 유기적으로 결합된 대상으로 법을 다루었기 때문이다.

법을 분석하는 이론들이나 방법들에는 유난히 이분법적 대립쌍들이 많이 눈에 띈다. 존재/당위, 서술적/규범적, 제도/이상, 실정법/자연법, 합법성/도덕성 등이 대표적인 것들이다. 이런 이분법들이 물론 분석적 이점을 줄 때도 있지만, 크게 보면 법사고를 제약하고 문제 지형을 단순화시킨다. 오늘날 법철학의 가장 큰 문제점 중의 하나는 학자들이 법 과학, 법 분석, 법학 방법론, 일반 법학 등의 이름으로 법사고의 출발지점에서부터 임의로 양극적인 대립구도를 키워 간다는 것이다. 어차피 달성될 수도 없는 과학적 엄밀성을 추구하려 고 노력할수록 법학이 현실문제를 해결하는 능력은 오히려 떨어진 다. 우표 원칙에의 집착은 필경 과대이론화의 길로 빠질 위험을 안는 다. 이 점에서는 건전한 상식을 갖춘 일반시민들의 통찰력이 오히려 더 균형잡힌 법사고로 이끌 수 있다.

물론 다원적으로 법에 접근한다고 하여 금방 어떤 문제가 더 잘 해 결되는 것은 아니다. 그러나 다원적으로 살피다 보면 탐구자는 자신 의 인지적 한계를 느끼면서 열린 자세로 토론하게 되고, 그리하여 자 연스럽게 협력지향적 모델을 찾을 수 있게 될 것이다. 단일주의 지향 성은 특히 우리 사유전통에서 강한 것 같다. 한국인의 사유방식과 사 상체계에 내재하는 일관된 흐름이 '하나'라는 보편을 추구하는 '일 심一心 사상'이라고 지적한 학자도 있다. 그러나 전근대, 근대, 탈근 대가 동시에 나타나는 한국사회에서 이론과 실천을 위한 담론 지형 은 복잡해질 수밖에 없다. 이것이 내가 의도적으로 다원주의 이론 진 영에 가담하고 싶은 이유이다.

둘째, 사람들은 법이라고 하면 규칙, 체계, 법전, 통일성 등등 어떤 고정된 이미지를 떠올리기 쉬운데, 기실 법은 움직이는 것이라고 나 는 말하고 싶다. 사람들은 왕왕 경제를 생물에 비유하지만, 법도 어 느 의미에서는 살아 있는 생물이다. 법은 고정된 규칙의 체계라기보 다는, 사람들의 행위를 규칙에 따르도록 하려는 목적 하에서 수행하 는 다양한 활동이요 지적 기획이다. 이런 의미에서 법은 '살아 있는 제도'인 것이다. 법을 고정적인 이미지로 그리려는 데는, 법이 다른 어떤 것에도 의존하지 않고 독자적인 경로를 통해 작용한다는 법의 자율성 내지 독자성과 함께, 중립성, 객관성을 강조하려는 의도가 있다. 그런데 이것이 과도해지면, 법에 관한 한 모든 것은 이미 자명하게 주어진 것처럼, 그래서 마치 법이 스스로 만들어지고, 스스로 해석되고, 스스로 집행되는 것처럼 여기게 만든다. 그리하여 '법이 말한다'라고 말하는 지경에 이르게 된다. 그러나 이것은 잘못이다. 사실은 법이 말하는 것이 아니라 사람이 법에 대해서 말하는 것이다. '법이 말한다'가 아니라 '법에 대해서 말한다'가 진실인 것이다. 법의 지배에서 지배란 기실 법의 속성이 아니라 사람의 속성이듯이.

법 중에서도 으뜸법인 헌법조차도 스스로 걸어 나와서 말하지는 않는다. 소리를 내는 것은 사람인 헌법재판관들이요, 헌법은 이들 재판관들의 이성 ― 때로는 그들의 정치적 선호나 이해관계 ― 에 의해, 즉 그들의 말하기에 의해 해석되는 것이다. 그러므로 법에 대해 말하는 사람들에 대해 우리가 우선적인 관심을 가지는 것은 아주 자연스럽다. 왜 그들이 그런 판단을 하게 되었는지, 그 판단이 납득할 만한지 등등. 그러나 '법이 말한다'고 주장하게 되면 사정은 달라진다. 헌법이 스스로 말하는 것이므로, 듣는 사람들은 법에 대해 일종의 판단 중지 상태에 들어간다. 문제의 법적 결정에 관여한 재판관들이 일차적인 관심에서 벗어난다. 시민들이 법에 참여할 일도 별로 없다.

'법이 말한다'는 한마디로 법물신주의다. 법물신주의는 배격되어야 한다. 재판의 결과에 대해 사람들이 비판을 하려고만 하면 이 물신주의가 등장한다. 그리하여 법공직자가 아닌 일반시민들의 '법에 대해 말하기'를 봉쇄한다. 이러한 사정은 헌법재판에서는 더 심하다. 오늘날 자유민주주의 국가에도 남아 있는 터부가 있다면, 그것은 헌법에 숨어 있는 것으로 헌법을 내세워 '법에 대해 말하기'를 옥죄는 헌법물신주의인 것이다.

법은 인간 활동의 다양한 요청에 부응하여 현실을 반영하고 변화에 끊임없이 대처하면서 움직인다. 실정법규조차도 해석 활동을 통해 변화에 대응할 만큼 충분히 유동적이다. 이 모든 것은 '법이 말한다'가 아닌, 법에 대해 말하는 활동을 통해 이루어진다. 법이 그토록 확고하고 자명한 규칙만으로 이루어질 수 있다면, 사실 그 누구의 '법에 대해서 말하기'도 필요 없게 될 것이다. 아니, 오늘날의 IT시대에 법관의 역할은 진작 전산 장치로 대체되었어야 마땅하다. 나는 법철학은, 법사고에서 '법이 말한다'라는 물신주의를 찾아내어 그것을 '법에 대해 말한다'라는 태도로 바꾸어 놓는 데 관계하는 학문이어야 한다고 생각한다.

셋째, 법성찰의 핵심은 역시 법을 가치에 연관짓는 데 있다는 것이 나의 생각이다. 법은 당위요, 당위는 윤리적 범주와 연관하여 논하지 않을 수 없다. 오늘날 학계 일각에는, 법을 고찰하면서 목적이나 가치를 거론하면, 비과학적이고 뭔가 헛된 망상을 법에 씌우는 사람으로 여기는 기류가 흐른다. 법이론을 구성하면서 목적이나 가치에 대한 고려를 빼고자 하는 의도는 법의 과학성 욕구와 맞물려 있다. 즉 합목적성 논의나 가치 논의는 임의적이고 주관인 것으로서, 정치적 견해나 이데올로기일 뿐이므로 법학의 학문적 요청에 부응할 수 없다는 것이다. 그런데 이렇게 주장하는 사람들도 개별적인 법률이나 판례들이 특정 목적을 추구한다는 것은 인정한다. 그렇다면 개별적인 법률이나 판결들은 특정 목적을 지향하지만 전체로서의 법체계나 법이론은 아무런 목적을 지니지 않는다는 것인데, 이는 아무래도 허망하게 들린다. 자연현상을 목적이나 의미로 설명하는 것이 더 이상 받아들여지지 않게 되었다고 하여, 사회조직과 시민의 권리의무를 정하는 행위 영역에서도 목적론적 추론을 추방시키려는 야심은 성공할 수 없다.

왕왕 법학은 단지 기술인가 아니면 과학, 즉 학문인가의 물음에 시달린다. 법발견이나 법발명이 기술이라면, 그것은 고대 로마의 법학자들이 말한 대로 '올바름과 형평의 기술'ars boni et aequi일 것이다. 법학은 이런 의미의 기술이면서 학문이기도 한 것이다. 물론 규범학문으로서의 법학의 과학성은, 예컨대 자연과학이 가지는 과학적 엄정성에는 미치지 않는다는 점을 인정해야 할 것이다.

가치에 대한 합리적 인식이 불가능하다고 생각하는 순간, 법학은 여하한 자의적 내용도 법으로 받아들여야 한다는 극단적 법실증주의, 제정실증주의의 길로 빠지게 된다. 법논증의 과학성 추구는 좋지만, 나는 재량이나 주관성의 요소를 법판단에서 아주 배제하는 것은 불가능하다고 생각한다. 그러므로 이 재량이나 주관성이 자의적인 것으로 흐르지 않도록 내용상으로나 방법상으로 점검하는 과정이 법사고 안에 들어 있어야 한다고 본다. 이 과정에서 법판단이 도덕판

던이나 이념논쟁의 한 아류로 비치게 될 위험이 없지는 않다. 그러나 이 위험은 가능하지도 않은 중립을 가장하여 중요한 공적 사안들을 결정하는 행위가 불러일으키는 반발보다는 덜 위험할 것이다. 그리고 한 사회에서 제도로서 법이 가지는 기능은 도덕이나 정치와는 엄연히 구별된다. 법에 입각한 질서유지에만 집중한 나머지 이 질서를 형성하고 발전시켜 나가는 목적과 방향을 문제 삼지 않는다면, 법 공부는 그야말로 돈벌이 기술이 되어 구태여 대학에서 학문의 자격을 얻을 필요가 없을 것이다.

법이 말해 주는 것이 무엇인가를 둘러싸고 견해의 차이가 있다. 알다시피 1심에서 참이었던 것이 2심에서는 그릇된 것으로 바뀐다. 마지막 심급에서 다시 뒤집어지지 않으면 그나마 다행이다. 또 최고재판소의 결정이 만장일치로 이루어지는 경우는 드물다. 법을 둘러싼 이러한 견해의 차이는 결국 법논쟁이 정의를 둘러싼 논쟁임을 받아들이지 않을 수 없게 한다. 여기서 오는 불확실성을 우리는 모르지 않는다. 그것을 나는 우리 삶의 어쩔 수 없는 한 부분으로서 감수할 수밖에 없다고 생각한다. 우리 삶이 불확실한데 오로지 법만 자명할 수 있겠는가. 법을 아무리 과학으로 환원시킨다고 해도, 법적 물음에서 정답은 '2 더하기 2는 4이다' 식으로 도출되지는 않으며, 그래서 법률가들 사이에도 견해가 갈리는 이른바 '하드 케이스'에서는 어느 쪽이 더 이상적인지 계속 추구해 가면서 '납득할 수 있는', '수긍이 가는', '받아들일 만한', '그럴싸해 보이는' 결과를 얻고자 노력하는 것이다.

왜 '법의 지배'인가

이제 이 책에서 앞으로 다룰 주제들에 대해 몇 가지 적는다. 우선 왜 '법의 지배'인가. 솔직히 나는 '지배'라는 단어에 거부감을 느낀다(나는 판결문을 경어체로 쓰는 것이 좋겠다고 생각한 적도 있다). 그러나 어쨌든 이 주제와 제목은 내가 정한 것이다. 그리고 이제 법의 '지배'에 관하여 말하지 않을 수 없는 상황이 만들어진 데 대해 한편으로는 다행으로 생각한다. 인류문명사에서 인간에 대한 인간의 지배를 법의 지배로 바꾼 정신력을 생각할 때, 법의 지배를 지속시키고 확장시키는 거대한 힘을 떠올릴 때, '지배'라는 단어의 수용은 필연적이라 느껴진다. 내가 법치주의라는 좀 더 일반적으로 사용되는 용어 대신에 '법의 지배'라는 단어를 구태여 택한 이유는 이 필연성의 느낌 때문이다. 이 필연성의 느낌은 매사에서 '지배'되기를 거부하는 우리의 인문학적 감수성을 자극한다. 지배라니!

또 '법의 지배'라는 표현은 번역투가 그대로 묻어나는 말이다. 그것은 'rule of law'의 번역어인데, 전공자들이 아닌 이상 다소간 거리감과 생경함이 느껴질 말이다. 이 생경함의 느낌은 인문사회과학에서 유용한 한 방법론적 태도가 될 수 있다고 생각한다. 러시아 형식주의 문학이론에서는 문학을 '낯설게 하기'라는 것으로 설명한다고 하는데, 그 '낯설게 하기'와도 비슷하다고 하겠다. 한마디로 낯선 눈으로 볼 때 사태의 진상이 더 잘 드러날 수 있다는 것이다.

사실 인간이 아니라 법이 지배한다는 주장은 애매하다. 지배란 행위를 뜻한다. 지배는 사람인 행위자만이 할 수 있다. 따라서 직접 행위를 할 수 없는 법이 지배한다는 말은 기껏해야 수사적 표현일 뿐이다. '법주권'이라는 표현도 마찬가지다. 미국의 법철학자 로널드 드워킨Ronald Dworkin의 잘 알려진 저서의 제목은 『법의 제국』Law's Empire이다. 이 또한 수사적으로 쓴 은유이다. 그는 이 책의 머리말에서 우리 모두가 "법의 제국의 신하", "법의 방법과 이념의 신하"로서 "정신적으로 법에 기속"되어 있음을 강조하기 위해 이 제목을 사용했음을 밝혔다.

'법주권'이니, '법의 제국'이니, '인간 위에 군림하는 법'이니 하는 수사가 '법의 지배'를 법 지상주의로 비치게 할 수 있는 표현이라면 피하는 것이 좋겠다. '법의 지배'는 이를테면 법이 공동체에 가져다 주는 혜택 때문에 누구도 법을 무너뜨리려 하지 않아, 법 자체의 존립이 보장되는 그런 법 상태를 만든다는 뜻일 것이다. 그러므로 법의 지배에서 '지배'는 지배의 당위성 혹은 필연성보다는, 안정적이고 지속적인 사회를 만들고자 하는 기대와 여망, 그리고 그런 사회체제는 법에 따라 작동하는 체제라는 데 대한 성찰이 유지되는 상태인 것이다. 그동안 '법의 지배'라는 말은 우리 사회에서 성찰의 대상이 되지 못한 채 그저 구호로만 쓰였다. 이제 이 구호를 성찰의 영역으로 옮겨 놓자.

이 책에서 다루고자 하는 주제들을 소개해 보자면 다음과 같다.

2장은 법이란 무엇인가라는 법본질의 문제를 다룬다. 법의 본질이 무엇인지를 묻는 물음은 '법의 지배'가 왜 수호할 만한 가치가 있는지를 묻는 물음과 연결되어 있다. 다른 어떤 학문 분야보다도 법학에서는 법을 법이게끔 하는 본질이 무엇이냐를 둘러싸고 견해의 대립이 심각하다. 한쪽에서 법고찰의 핵심 대상으로 다루어야 한다고 파악하는 것을 다른 쪽에서는 제외시킨다. 한쪽에서는 법개념은 도덕과 필연적인 연관 없이 구성될 수 있다고 말하지만, 다른 한쪽에서는 전혀 그렇지 않다고 말한다. 한쪽은 '있는 법'을, 다른 한쪽은 '있어야 할 법'을 주장한다. 법을 법이게끔 하는 요소를 둘러싼 이 대립은, 법의 지배를 충족시키는 기준을 둘러싼 대립에 그대로 반영되어 있다. 그리고 이 견해의 대립은 법률을 해석하는 방법, 법관의 역할, 법의 효력, 저항권이나 시민불복종의 인정 여부 등을 둘러싼 대립적 시각으로 이어진다. 그러므로 법의 지배를 논함에 있어서 우선 법의 본질을 둘러싼 이 대립을 어떻게 이해할 것인지를 먼저 다루어야 하는 것이다.

"법률가의 법, 문외한의 법?"이라는 다소 도발적인 제목의 3장은 법에 과도하게 잠입해 들어온 전문가주의와 과학주의를 비판적으로 검토하면서, 일반시민들의 법존중 태도로부터 법이론의 실마리를 다시 찾아보자는 의도하에 썼다.

4장과 5장은 2장에서 개진된 법본질 인식을 바탕으로 법의 지배의 이념적·철학적 기초를 점검하고, 그런 기초 위에서 법의 지배가 민주주의와 어떻게 연관되는지 살펴보기 위한 장이다. 나는 법철학은 민주주의 원리 내지 민주주의 인간상과 연관되는 논지를 포함해야 한다고 생각한다. 앞에서도 말했듯이 모두에게 관계되는 것은 원칙적으로 모두의 합의를 전제해야 한다. 법에 관한 철학적 고찰은 민주주의 원리와 결합됨으로써 완성되고, 또한 생명이 오래가는 이론으로 남는다. 이 점은 역사적으로도 증명된다. 법담론은 법적 정당성을 확립하는 데 있어서 민주적 구조가 핵심적 역할을 한다는 것을 보여 줄 수 있어야 한다. 사회적 힘을 법적 강제라는 옷을 입을 수 있는 권위로 전환시켜 주는 것은 민주적 구조이다.

법치주의와 민주주의의 관계는 이인삼각 경기에 참여하는 두 사람 사이의 관계와도 같다. 다른 한 사람과 한 다리를 묶고 달리는 이 경기에서 둘이 같이 호흡을 잘 맞추면 성공하고, 어느 한쪽이 처지거나 넘어지면 결국 다른 쪽이 처진 쪽을 이끌며 느리게 갈 수밖에 없는 것이다. 민주주의 인간상이 반영될 여지가 희미해 보이는 법철학을 나는 경계해 왔다. 특히 '민주화 이후의 민주주의'라는 과제를 안고 있는 우리 사회에서 최근 법의 지배는 민주주의와 충돌하는 관계에 놓이는 것처럼 비치고 있다. 이 점을 우려하는 나로서는 법의 지배 가치를 권리보호의 문제와 함께 다루면서 법치주의와 민주주의의 조화 문제를 다루어 보려고 한다.

6장은 민주 법치사회에서의 사법司法과 법관의 역할을 살펴보는 장이다. 이를테면 법치 안의 인치적 요소에 관한 성찰이라고 할까. 법이 법운용 행위자 없이 소리를 낼 수 없다면, '법에 대해 말하기'의 최일선에 자리 잡은 법관의 역할은 말할 수 없이 중요하다. 법의 지배는 '재판의 지배'로 완성되며, 사안에 따라서는 종종 '법관의 지배'로 귀결되기도 한다. 입법부나 행정부가 하는 일에 대해서는 대체적으로 알려져 있다. 그러나 사법부와 법관들이 하는 일에 대해서는 잘 알려져 있지 않다. 예컨대 왜 같은 사건을 다루며 같은 법전을 뒤지는데도 심급에 따라 혹은 법관들에 따라 다른 결론들이 나올 수 있는지 진지하게 생각하지 않은 채, 막연히 그들이 내놓는 최종 결과를 법의 지배로서 받아들일 뿐이다. 아마도 사법부와 법관에 대한 신뢰가 입법부에 비해 상대적으로 높은 것은, 일반인들이 그들이 하는 일을 구체적으로 잘 모르고 있기 때문인지도 모른다. 법학 교수인 나 자신도 법관들에 대해 잘 모른다. 그들도 자신들이 하는 일에 대해 별로 내색을 하지 않기 때문에, 더욱 그렇기도 할 것이다.

　정치적으로나 사회적으로 중요한 사안들이, 정치권이나 사회의 공론 과정에서 합의를 보지 못해 사법부로 넘어가 해결되는, 소위 '정치의 사법화' 현상이 점점 확대되고 있다. 그러면서 사법권이 중요한 정치력으로 부상하고 있다. 이 경우 정치력을 발휘한다는 의미의 정치가 아니라, 그 위상 자체가 정치력이 되는 것이다. 오늘날 사법이 바로 그런 위상에 올라가고 있는 것이다. 우리 삶에 중대한 영향을 미치는 문제들에 대한 더 나은 해결책이 소수의 엘리트 법 전문가 집단에 의해 발견될 수 있다고 믿고 안심하기 위해서는, 많은 전제조건들을 숙고해 보아야 한다. 그동안 우리는 사법부의 독립이라는 과제에만 급급하여 이 문제에 대해서 별로 성찰하지 못했다. 이제 그 성찰의 시점이 다가온 셈이다.

마지막 장은 법의 지배 문제를 세계화 흐름에 비추어 살펴본다. 우리는 지금까지 국가법을 중심으로 법에 대해 생각하고 운용해 왔다. 그러나 국내적인 사안과 대외적인 사안의 구별이 점점 어려워져 가는 세계화 시대에 국가법 중심주의는 후퇴 조짐을 보이고 있다. 초국적 영역의 거대한 사적 기구들이 국가법의 지배를 조정하거나 대체하는 상황에서 법의 지배는 어느 수준으로 지속될 것인가. 세계화 시대에 법이 가진 한계는 어떤 것이며, 법의 잠재력은 어떤 방향으로 누구의 주도로 발휘될 것인가. 마지막 주제를 마무리하면서 내 욕심은, 지구촌의 더 많은 사람들을 염두에 두고 법에 어떤 희망을 걸어도 좋은지 어렴풋하게나마 가늠해 보고자 하는 것이다.

주

1 G.W.F. 헤겔, 『법철학』(임석진 옮김, 한길사, 2008), §36(125쪽).
2 박병호, 「法治主義 實現에의 歷史的 敎訓」, 『법제연구』 창간호(한국법제연구원, 1991), 27쪽.

2장

—

법의 본질을 둘러싼 대립

1. 견해의 차이들

법의 지배는 이데올로기?

금세기에 들어서면서 그 어느 때보다도 법의 지배에 대한 관심이 늘고 있다. 국내외의 학계뿐만 아니라 국가 지도자들, 국제기구의 수장들, 지식인들, NGO 활동가들이 이 문제에 관심을 표하고 있다. 이명박 대통령도 법치만 잘 되어도 우리나라 국내총생산이 1퍼센트는 더 올라갈 것이라고 말하면서 법의 지배에 대한 의지를 천명했다. 미국의 오바마 대통령도 지난 2009년 5월 카이로에서 행한 연설에서 상호인정과 존중을 호소하면서 법의 지배 가치를 강조하고, 이 가치가 어느 한 국가가 다른 국가에게 일방적으로 전수하는 식의 것이 아닌 인류 보편의 원리라고 주장했다. 그런가 하면 국제기구의 수장들도 최근 법의 지배를 강조하고 있다. 예컨대 세계은행이나 국제통화기금IMF은 원조의 전제로서 법의 지배를 주문하고 있다. 2008년 우리나라를 방문했던 UN 북한인권 특별보좌관도 북한에 대한 장기적인 요구 조치로서 법치주의 확립을 들었다.[1] 유럽연합EU도 법치를 연합 구성의 공동기반으로 선언했다. 베를린 장벽과 함께 옛 동유럽이 붕괴된 후 새로 탄생한 동유럽의 체제전환국들도 새 헌법에서 한결같이 법의 지배를 바탕으로 하는 민주국가 건설을 천명했다.[2] 그런가 하면 예컨대 전통적으로 불문의 정치적 헌법을 가진 영국 같은 나라에서도, 최근 인권법을 제정하고 정부 정책에 대한 사법심사 기능을 확대하면서 법의 지배를 강화하는 방향의 헌법 논의를 진행하고 있는 중이다.

새천년에 들어선 지금, 법의 지배는 세계를 평정한 거의 유일한 정치이념으로까지 여겨진다. 특히 서구문명이 세계 정치문화에 물려준 가장 소중한 유산이라고 칭송되기도 한다. 이렇게 법의 지배가 새삼 부각되는 데에는, 한편으로는 사회주의권이 몰락하고 난 후 좋은 통치의 이상은 자유와 권리를 보장하는 법치 원리에 있다는 공감대가 커지고, 다른 한편으로는 많은 국가에서 대의민주주의하의 정당정치가 지리멸렬해지면서, 민주적 의사 형성의 어려움과 정치적 불확실성 속에서 법의 지배를 유일한 대안이라고 여기게 되는 사회심리도 작용했을 것이다.

그러나 이구동성으로 법의 지배를 강조한다고 하여 법의 지배가 무엇이냐에 대한 견해도 같이하는 것은 아니다. 법의 지배를 강조한 정치 지도자들도, 막상 자신들의 정치적 입장과 사회경제적 배경에 따라 주장하는 법의 지배 내용을 다르게 생각한다. 누구는 질서유지를 위해, 누구는 경제발전을 위해, 누구는 권리보호를 위해 법의 지배를 주장한다. 그래서 자유주의자도 법치를 주장하고, 자유주의를 거부하는, 예컨대 이슬람 지도자도 법치를 주장하고, 심지어 민주주의를 탄압하는 정부도 법치를 강조하는 식이다.

물론 학자들 사이에도 법의 지배의 의미, 기능, 구성원리를 둘러싸고 견해가 엇갈린다. 개인의 권리보호가 그 핵심이라고 말하는 사람이 있는가 하면, 민주주의가 그 본질을 이룬다고 주장하는 사람도 있고, 법의 지배는 민주주의와 대립한다고 보는 사람도 있다. 또 법의 지배에 오로지 형식적 합법성의 성격만을 부여하는 이론이 있는가 하면, 반대로 가치적 원리인 사회정의의 요청까지 법의 지배에 포함시키는 이론도 있다. 만약 법의 지배가 이렇게 모든 것을 받아들일 수 있는 개념이라면, 그것은 결국 의미 없는 개념이 아닌가, 이데올로기에 불과한 것이 아닌가 하는 의문이 생길 수도 있다. 사실 이런 관점에서 법의 지배 이념에 대해 부정적인 사람도 있다. 법의 지배는 지난 한 세기 동안 서구와 북미 등이 다른 지역을 식민지로 지배한 이데올로기요, 자본의 지배, 남성의 지배를 뜻한다는 주장도 한편에서 개진되고 있다. 하기야 일제의 우리나라 강점과 지배도 법의 형식을 따른 것이었다. 독일 나치와 이탈리아 파시즘을 뒷받침하는 이론가들도 법치 모델을 강조했다.[3]

진정한 법철학의 물음

그러나 법의 지배를 둘러싼 위와 같은 견해의 대립 때문에 절망할 필요는 없다. 이론들이 제각각이고 대립한다고 해서 법치국가가 붕괴되는 일은 없을 것이기 때문이다. 법은 사회적 실천에서 더없이 중요한 영역으로, 사회적 실천에서 논쟁의 여지가 없는 영역은 없다. 그리고 우리는 법의 지배 개념 자체의 중요성을 두고 다투지는 않는다. 무엇이 법의 지배에 있어서 수호해야 할 실질인지 물을 때 비로소 견해의 차이가 생긴다. 이때 견해가 엇갈리고 논쟁이 있다고 하여, 혹은 논쟁에 따르는 불확실성 때문에, 법의 지배에 대한 논의가 무의미해지는 것은 아니다. 오히려 견해의 대립과 거기에서 오는 지적 긴장 속에서 법은 활력을 얻는다. 정신적 대결과 철학을 통해 법의 지배는 오늘날의 모습으로 성장한 것이다.

법의 본질은 무엇이며 법이 진정 요구하는 바는 무엇인지를 묻는 물음은 법의 지배가 왜 바람직하며 수호되어야 하는지를 묻는 물음과 연결되어 있다. 법을 법이게끔 하는 법적 요청과, '법의 지배'가 요청하는 바는 다를 수 없다. 만약 법이 요청하는 바와 '법의 지배'가 요청하는 바가 다르다면, 법이 시민에게 허용하는 권리가 법의 지배의 이름으로는 부정된다는 말이 되는 셈이다. 이는 모순이요 넌센스다.

법의 지배 개념을 수호할 때 우리는 법을 진정 법답게 하는 올바른 기준에 대해서도 이야기할 수 있게 된다. 그러므로 앞에서 언급한 법의 지배를 둘러싼 견해의 차이들은 법의 본질을 둘러싼 견해 차이에도 그대로 반영된다. 그리고 법철학의 다양한 갈래들은 바로 이 물음들을 둘러싸고 전개되었다. 그것들은 법의 지배 가치를 둘러싼 서로 다른 관념들의 갈래였던 것이다.

그러므로 법철학의 물음은 '법이란 무엇인가?'라는 표현보다는

'법이란 무엇이기에 우리는 법의 지배를 허용하는가?'라는 표현에 담는 것이 더 적절할 것이다. 법이란 무엇이기에 우리는 법을 따라야 하는가? 왜 법의 지배인가? 법이 요구하는 바가 진정 무엇인지에 따라, 즉 법의 지배가 명하는 바가 무엇인지에 따라 운명이 뒤바뀌는 사람들이 있다면, 우리는 이 물음을 경시할 수 없다. 이를 둘러싼 견해의 다툼에 대해서도 진지하게 생각해야 한다. 즉 어느 견해가 더 나은지 되물어야 한다.

쉽게 해소될 수 없는 대립

법의 본질을 둘러싸고 확실히 대립되는 두 견해가 있다. 하나는 법을 법이게끔 하는 데에는 내용적인 제약이 따른다는 것이며, 다른 하나는 거기에 어떠한 내용상의 제약도 없다는 주장이다. 법철학의 역사에서 이는 자연법론과 법실증주의의 대립으로 일컬어져, 법사고의 시원에서부터 끊임없이 전개되어 왔다.

오늘날 법철학의 주류를 형성하는 이론들, 특히 분석법학 계열의 이론들 가운데는 이 대립을 진지하게 생각하지 않는 사람들이 있다. 학문적으로나 개념적으로 잘 정리되지 않았거나 분석되지 않아서 대립이 있는 것처럼 보일 뿐이라고 여기는 학자들이 있다. 또 법학에서 대립과 견해 차이를 만드는 부분이 있다고 하더라도 그것은 광활한 법의 영역에 비추어 보면 실로 변방의 하찮은 문제일 뿐이라고 말하기도 한다. 혹은 법실천에서 모범적인 법률가들의 활약으로 이 대립에서 오는 문제들이 해결된다고 여기는 학자도 있다. 과연 그럴까?

나는 법 자체의 본질을 둘러싼 이 대립의 문제가 그렇게 쉽게 해소될 성질의 문제가 아니라고 생각한다. 수천 년의 법철학사에 걸쳐 수많은 지성과 양심들이 고민한 문제가 개념 분석을 제대로 못했거나 방법상의 오류 때문에 빚어진 것이었을까? 법률가들이 직업적으로 덜 헌신적이었기 때문에 생긴 것이었을까? 이런 의문을 가지고 나는 법의 본질을 둘러싼 이 오래된 법철학적 대립이 의미하는 바가 무엇인지 다시 점검해 보고자 한다. 이 문제를 제대로 파악한 후에라야 법의 지배의 문제도 제대로 대면할 수 있을 것이다.

이 작업을 위해 오늘날 대표적인 주류 법이론가들의 업적을 비판적으로 살펴보고자 한다. 나의 목표는 이들의 업적을 낱낱이 파헤친다는 데 있기보다는, 이들의 이론들을 비판적으로 검토함으로써 이 책의 주제인 '왜 법의 지배인가'에 대한 나의 주장에 이론적 균형을 주고자 하는 데 있다. 여기서 다룰 법이론가들은 이론의 특성에 있어서는 순수 법이론, 분석 법이론, 구성주의 법이론 등으로 갈라져 있지만, 이론적 관심에 있어서는 서로 얽혀 있다. 예컨대 하트H. L. A. Hart는 켈젠Hans Kelsen을 비판하면서, 드워킨은 하트를 비판하면서 각각 그들의 비판 대상에 착근하여 법개념과 법본질에 대한 물음을 주거니 받거니 하면서 이어가고 있다.[4] 황산덕 선생은 법철학 사고의 출발점을 켈젠 극복에 두었다고 토로한 적이 있지만, 결국 그 영향권에 있었다고 보는 것이 옳을 것이다.[5]

2. 주류 법이론의 문제점

켈젠의 순수 법학의 문제점

'법학은 과학이다'

『순수 법학』Reine Rechtslehre[6]의 저자 한스 켈젠은 구스타프 라드브루흐Gustav Radbruch와 함께 오늘날 독일어권이 낳은 유명한 법학자들 가운데서도 대표적인 학자일 것이다. 새천년으로 들어가는 원년을 기념하면서 세계적으로 유력한 한 시사지가 지난 1천 년 동안 큰 영향력을 가졌던 중요한 사상가들을 선정한 적이 있는데, 그 가운데 켈젠은 법학자로서 유일하게 포함된 인물이다. 현재 오스트리아 빈에 있는 켈젠연구소가 간행을 준비하고 있는 켈젠 저작집은 무려 34권에 이를 전망이다. 그의 저술들은 지금까지 28개 언어로 번역되어 있다고 하니, 법학계에서 그의 독보적인 위치를 가히 짐작할 만하다.[7]

켈젠은 법학자였을 뿐만 아니라, 1921년부터 1930년까지 자신이 직접 그 설립에 주도적으로 참여한 오스트리아 연방헌법재판소의 판사로 근무하기도 했다. 우리는 그의 순수 법이론이 상아탑 안의 노작이라고 오해하기 쉬운데, 기실 그것은 실무가로서의 그의 짧지 않은 경험이 많이 반영된 이론이다. 우리나라에서는 켈젠이 법학자로만 알려져 있지만, 그는 민주주의 이론, 정의론 분야에서도 노작을 남긴 정치철학자, 법사회학자, 사회철학자이기도 하다. 순수 법학에 대한 기피 내지 반감 탓인지, 그의 방대한 비규범과학적 저술들이 우리 학계에 균형 있게 소개되지 못한 측면이 있다. 순수 법학이 폐쇄적이고 독단적인 사상으로 인식되거나 켈젠이 "맹목적 규범주의의 광신자"로 매도되는 것도, 그의 법학적 저술을 여타의 저술들과 상호연관시켜 읽지 않았기 때문이라는 지적도 있다.

유대인이었던 그는 나치를 피해 빈, 쾰른, 제네바, 프라하, 뉴욕, 하버드, 버클리 등의 대학으로 전전하면서 평생 방랑자의 세월을 살아야 했다. 그러면서도 그는 나치법까지 포함하여 법을 그 내용 때문에 법이 아니라고 말할 수는 없다고 하면서, 법 지식을 도덕 지식과 연관지어서는 안 된다는 견해를 일관되게 수호했다. 1947년에 쓴 그의 자서전[8]을 읽어 보면, 육군성 장교 시절에 맞은 오스트리아 제국의 종말, 프라하대학에서 나치 추종 학생들로부터 당한 수모, 제자에게서 받은 표절 비난, 서툰 언어로 이국의 강단에 서야 했던 고초 등이 회고되어 있는데, 누구 말대로 그의 일생은 영화로 만들 만하다는 생각이 든다.

켈젠의 필생의 작업은 법학을 과학의 반열에 올리는 것이었다. 즉 법학의 학문성을 드러내고, 이를 위해 법의 고유법칙성을 밝히는 일이었다. 과학화에 대한 켈젠의 관심은 법학을 거의 자연과학의 과학성에 버금가는 수준으로 기술해 보자는 것이었으며,[9] '근본규범' 개넘도 자연과학에서 이론 구성에 쓰이는 가설의 관점을 원용하여 착상했으리라는 지적도 있다.[10] 법학의 학문성과 법의 고유법칙성을 밝히기 위해 그가 제시한 것은 '방법상의 순수주의'였다. 법학의 본질을 흐리게 하고 법학이 갖는 한계를 불분명하게 하는 '방법 혼합주의'를 피함으로써 법학의 정수에 다가갈 수 있다고 생각한 것이다. 이는 간단하게 말하면, 칸트를 쫓아 존재와 당위를 분리하고, 법을 순수히 당위로서의 규범으로 파악하여 법이론을 규범이론으로 확립하는 것이었다. 켈젠은 당위, 즉 규범이란 어떤 것이 존재하거나 일어나야 한다는 것, 말하자면 인간이 일정한 방식으로 행위해야 한다는 것을 의미하며, 이에 대한 언명은 존재 사실을 서술하는 언명과 본질적으로 다르다고 주장한다.[11]

규범 개념을 기초로 하는 켈젠의 법이론은 철두철미하게 법학이라는 분과 학문에 충실한 이론이라고 말할 수 있겠다. 이는 칸트의 '학부 논쟁'Der Streit der Fakultäten에 대한 켈젠식의 독해에 따른 것으로 짐작된다. 오늘날에도 법에 관한 이론적·철학적 논의가 법학에 속하는지 아니면 철학에 속하는지를 둘러싸고 토론이 계속되고 있지만, 칸트는 법의 실천 및 실정성의 측면을 주목하면서, 자신의 이성이 아니라 권한 있는 입법자의 명령인 실정법의 지시에 따라 그리고 이에 기초하여 저술하는 활동은 법학부에 속한다고 주장했다.[12] 반면 당국의 명령인 실정법과는 별개로 자신의 이성에 따른 활동 모든 것을 판단하는 자유를 누리는 이론 활동은 철학부에 속한다고 주장했다. 칸트의 법실정성 요청은 순전히 이성만으로는 법이나 국가를 만들 수 없다는 데에서 나온 통찰이었고, 이에 따라 그의 법학부 우위 요청도 설명될 수 있다. 즉 칸트는 근본적으로 이론이성에 대한 실천이성의 우위, 즉 실천의 우위성 요구라는 맥락에서 법실정성 요청과 함께 법학부 우위가 요청된다고 본 것이다.[13]

법의 실정성과 '근본규범'

법의 실정성은 켈젠이 당위로서의 규범 개념의 특징을 밝히는 설명의 핵심이다. 법이란 바로 현존의 법, 즉 실정법을 의미한다. 그리고 이 실정법은 '있어야 할 법'이 아니라 '있는 법'으로 서술된다. 켈젠은 자신의 순수법 이론이, 실정법을 서술함에 있어서 '이상적'인 법이나 '정당한' 법을 묻지 않는다는 점에서 '반이데올로기적인 경향'을 띠며, 또 '현실적' 법, '가능한' 법을 묻는다는 점에서 '현실주의적인 법이론'이라고 주장했다.

켈젠의 규범 개념을 드러내는 특징은 존재와 당위의 이분법, 규범주의, 실정성, 위계적 단계구조로 요약할 수 있다. 규범적 강제 질서로서의 법은 내용적인 옳고 그름의 척도에 따라 법이거나 아닐 수 없으며, 단계구조상 상위에 놓이는 당위에 의해 수권됨으로써 효력을 부여받기 때문에 법이다. 예컨대 돈을 내놓으라는 강도의 명령이나 세금을 내라는 세무 공무원의 명령은, 그 명령을 받고 돈을 지급해야 하는 당사자 개인의 입장에서는 주관적 의미를 지닌다. 그러나 후자의 명령만이 수명자에게 의무를 지우는 효력 있는 규범으로서 객관적 의미를 띠는 것은, 세무 공무원의 행위는 세법에 의해 수권되어 있는 반면, 강도의 행위는 그렇지 않기 때문이다. 또 세법이 효력을 가지는 것은 그것이 일정한 내용을 가지고 있기 때문이 아니라, 위계적 구조에서 상위에 놓이는 규범에 의해 정해진 방식대로 제정되었기 때문이다.

흔히 피라미드 모델로 이해되는 법의 단계구조에서 가장 높은 단계에 놓이는 것은 무엇일까? 켈젠의 법이론은 실정법의 이론이니 만큼 실정법 중에서 으뜸가는 헌법이 최고 단계에 자리를 잡는 것이 맞겠다. 그렇다면 최고 단계에 놓이는 이 헌법에 효력을 부여하는 당위는 어디에 근거할까? 국민의 일반의지? 자연법 혹은 자연권? 켈젠에 의할 것 같으면 이런 답은 불가능하다. 왜냐하면 이런 것들은 법의 세계에 발을 들여놓을 수 없는 불순물들이기 때문이다. 이 문제를 해결하기 위해 등장하는 개념이 바로 '근본규범'Grundnorm이다. 최고의 규범인 그것은 "하나의 동일한 질서에 속하는 모든 규범들의 공통의 효력 근거"로서, 실정 규범처럼 정립되는 규범이 아니라, "실정법 창조 절차의 출발점"으로서 전제되는 "사유상의 규범"이다. [14]

'성공한 쿠데타'의 법리

켈젠에 따르면 근본규범은 다른 규범들의 효력의 근거만 제공할 뿐 효력 내용을 제공하지는 않는다. 그러므로 그것은 정당성을 인정한다는 것과 같은 도덕적·정치적 기능을 맡을 수 없고, "규범적 해석의 선험적·논리적 조건"으로서 인식론적 기능만 수행한다. "어떤 법규범이 효력을 갖는 것은 그것이 일정한 내용을 가지고 있기 때문이 아니라, 즉 그 내용이 전제된 근본규범으로부터 논리적 추론의 방식으로 도출될 수 있기 때문이 아니라, 그것이 일정한 방식으로, 더욱이 종국적으로는 전제된 근본규범에 의해 정해진 방식대로 창설되었기 때문이다. 오로지 그 이유 때문에 그 법규범은 근본규범에 따라 창설된 규범들로 구성된 법질서에 속하게 된다. 따라서 어떠한 임의적인 내용도 법이 될 수 있다. 그 자체 그 내용 때문에 법규범의 내용이 될 수 있는 대상 범위에서 배제되는 인간행위는 없다." [15]

근본규범은 새로운 법을 제정할 경우에 무엇을 목표로 삼아야 하는지를 말해 주는 대신, 강제 행위를 정립하는 질서인 법질서 창조의 절차상의 출발점만을 가리킨다. 이러한 근본규범이 어떤 실질적·내용적 지시를 할 수 없는 것은 너무나도 당연하다. 근본규범을 법적 명제로 바꾸며 보자면, 켈젠이 스스로 밝힌 대로 다음과 같은 표현에 지나지 않을 것이다. 우리는 "헌법이 규정하는 대로 행위해야 한다." "강제 행위는 역사상 최초의 국가헌법 및 헌법에 따라 정립된 규범들이 확정하는 조건과 방식에 따라 정립되어야 한다." [16]

결국 이 '사유상의 규범'은 대체적으로 실효성을 갖는 강제 질서를 효력 있는 법규범들의 체계로 해석하는 데 동원된다. 켈젠의 근본규범 이론은 알다시피 지난 1995년 검찰이, 내란 및 살인 등의 혐의로 고소·고발된 5·18 관련 사건에 대해 '성공한 쿠데타'의 법리에 따라 불기소처분 결정을 하는 데 동원되었다. 당시 검찰은 "정치적 변혁이 성공하여 새 질서가 실효적으로 되면 새 질서가 법률 질서로 되며, 이는 근본규범의 변동으로 새로운 정부가 법 정립의 권위로 인정

되는 데 따른 것"이라고 주장하면서 켈젠의 근본규범을 인용했던 것이다. [17]

형식성 요구

법학의 대상을 '법적으로' 인식하고자 하는 욕구는 법에 있어서 형식성의 강조로 이어진다. 사실 켈젠의 근본규범 이론은 철저히 형식적인 것에 사로잡혀 있는 이론이다. 앞에서 언급했듯이 켈젠은 도덕 가치를 주관적이고 상대적인 것으로 보기 때문에, 이것이 실정법 질서에 대한 절대적 평가 기준을 제공하는 기능을 맡을 수 없다고 주장한다. 그러면서 그는 도덕 체계에 공통되는 것도 그 내용이 아닌 그 형식, 즉 당위로서의 규범성으로서만 인식할 수 있다고 본다. 그러므로 켈젠에 따르면, 법이 그 본질상 도덕적이라는 주장은 법이 일정한 내용을 가지고 있다는 의미로 받아들이기보다는, 법이 규범이라는 것, 즉 인간행위를 당위적인 것으로 정립시키는 사회 규범이라는 것을 말해 주는 것에 불과하다. [18] 이처럼 켈젠은 법과 도덕의 관계 문제도 법의 내용에 관한 물음이 아니라 법의 형식에 관한 물음의 차원에서 다루는 것이다.

법에 있어서 형식성 요구는 법의 독자성 요구와 밀접히 연관되어 있다. 법이 형식적인 것을 가지기를 원한다는 것은 법 외적 관심 구조에 포섭 내지 종속되기를 원하지 않는다는 것이다. 논증 과정에서 법은 사회적 목적과 필요에 부응하기 위해 때로는 상식과 연관지어지고, 때로는 과학 지식을 받아들이는가 하면 거부하고, 때로는 확장

해석을 때로는 축소 해석을 받아들인다. 그러면서 이 모든 것이 법 자신의 고유한 절차의 결과이기를 의도한다는 것이다. 법에 있어서 진리란 법 자신의 고유한 과정의 산물이라는 것을 인정하는 것이, 법의 독자성이 의미하는 바인 것이다. 그리고 이때 "법은 우리가 아는 어떤 것이 아니라 우리가 하는 어떤 것", "'바깥'으로부터의 설명으로는 파악되지 않으나 그 안에서 일하고 사고하는 가운데 파악되는 것"[19]이 되어 법률가의 철옹성으로 들어간다. 오든W. H. Auden의 시의 한 대목에서도 이런 이미지가 그려져 있다. "코를 내려보며 재판관은 말하네 / 분명하고도 엄격한 어조로 / 법은 내 그대에게 이미 말한 바와 같이 / 법은 짐작컨대 그대가 아는 바와 같이 / 법은 그러나 다시 한번 말하자면 / 법은 법."[20]

법에 있어서 형식의 강조는 법해석의 당파성 위험에 대비하기 위한 것이기도 할 것이다. 말하자면 그것은 법실천에서 해석이 자명하도록 혹은 필요 없도록 할 정도로, 법을 간단명료한 체계로 비치게 하고자 하는 포부를 가지고 있는 것이다. 그러나 그 해석이 자명한, 혹은 해석할 필요가 없을 법규에 대한 상정은 점점 비현실적이 되어가고 있다.[21] 역사적으로 보더라도 형식의 이름으로 자명한 것이 법 영역에서 점점 축소되어 왔다. 예컨대 고대법과 중세법에서 형식성은 지금보다 훨씬 더 강조되었다.[22] 일반인들은 형식을 통해 법과 만나고 법적 결정을 알게 된다고 해도 과언이 아니었다. 거의 종교 의식이나 제의 양식 비슷하게, 쓰인 대로, 정해진 양식과 기계적으로 고정된 구성 요건대로 따르기만 하면 되었기에, 오늘날처럼 법관이 사실 파악을 위해 증거를 조사하거나 평가할 필요도 없었던 셈이다. 형식적 진실, 법에 전제된 절차, 상징성, 의식을 강조하는 외적 형식주의는 가발, 법복, 법원의 건축 양식 등에 표현되어 오늘날까지 그 자취가 남아 있다.

표현 양식은 그 시대의 생활 양식을 반영하는 것일 수밖에 없다. 오늘날 법은 현실 속에서 현실의 필요에 의해 만들어지고 운용된다. 오늘날 법관들은 거래 관행이나, 국민 법감정 등을 고려하지 않을 수 없으며, 요컨대 법형식에 맞지 않는다고 문제의 사안이 무효라고 결정하기가 점점 어렵게 되어 가고 있다. 요컨대 '실체적 진실' 발견을 추구하는 방향으로 시대정신이 바뀐 것이다. 법의 패러다임도 진작 형식법에서 실체법으로 전환되었다.

규범의 자기생산 이미지 : 피라미드 모델

위계적 단계구조론은 어떠한가? 법형식을 비법적 영역들로부터 순수화시키는 동시에 모든 법을 하나의 체계로, 즉 하나의 단일한 관점에서, 그 자체로 완결된 전체로서 파악하기 위해 켈젠은 위계적 단계구조론을 펼친다. 법질서가 동등한 서열에 속하는 게 아니라 상이한 위상을 차지하는 법규범들의 단계구조를 이룬다는 것이다. 흔히 피라미드 모델로 소개되는 법 단계구조는 오늘날 법 자체의 상징이 되다시피 했다. 나도 학생 시절 법학개론 수업을 들을 때 교수가 칠판에 그린 피라미드, 즉 맨 아래에 조례, 규칙이 있고 그 위에 명령, 법률이 있으며, 맨 꼭대기를 헌법이 차지하는 그런 단계들로 이루어진 모형을 보고 선명한 인상을 받았던 기억이 떠오른다. 그러고 보면 피라미드 모형은 단순히 이론적 차원을 넘어서 실천적으로도 영향을 미친다고 여겨진다. 법 이해를 쉽게 해주고, 법 세계가 질서정연하고 포괄적이라는 느낌을 전파시키는 심리적 효과가 상당히 있는 것이다.[23] 그리고 무엇보다도 켈젠이 말한 대로 법이 스스로의 창조를 규율하는 특성을 지닌다는 면모를 드러내는 것이다.

피라미드 모델은 하부의 기초와 상부의 정점의 경계 안에 있는 것만 포함시킨다는 의미에서, 법체계는 일관적이고 체계정합적이어야 한다는 특성에 잘 부합한다. 그것은 그 안에 있는 것을 모두 빠짐없이 포함시킨다는 의미에서 완결성의 인상을 주기도 한다. 또 그 모든 것들이 피라미드의 정점을 중심으로 그 밑에 정렬된다는 의미에서, 체계를 이루는 각 요소들은 최상위 원리로 환원될 수 있음을 나타내주는 효과도 있다. 피라미드 모델은 무엇보다도 질서의 위계적 구조를 그려 보이는 데 탁월하다.[24] 그밖에도 규범의 산출과 산출된 규범의 수정 과정을 그려줌으로써 자기생산 내지 자기수정의 이미지도 암시해 준다. 또 단계구조는 법효력이 도덕으로부터 독립적이라는 것, 낮은 단계에서도 어느 정도 독립적인 자기결정 가능성이 허용된다는 것, 법결정이 분업적 다단계구조를 통해 힘의 적절한 배분과 함께 이루어지면서 안전한 행위 조정 수단이 된다는 것, 소수의 결정으로부터 다수의 사례로 결정을 확장시키는 일반화의 효과가 있다는 것도 함의한다.[25]

켈젠의 단계구조론에 기대어 법학은 사실 오랫동안 폐쇄된 체계

안에서 연역적 삼단논법식 사고에 빠져 있었다. 그리고 이 자기충족적 체계에 대한 믿음이 법학을 특별히 과학적인 것으로 보이게 하는 후광 역할을 하기도 했다. 그러나 오늘날 많은 법률가들은 더는 그런 믿음을 공유하지 않는다. 법률가들은 법률이 불완전하다는 것을 누구보다도 더 잘 알고 있다.

선거민주주의의 한계

켈젠은 법을 규범으로, 그리고 법의 존재 형식을 당위로 보는 자신의 규범주의적 고찰이, 존재를 설명하는 사회학적 고찰과는 분리된다고 주장한다. 그러면서도 그는 효력 있는 법질서의 내용과 그것에 일치되는 사회적 존재 사이의 관계를 자신이 결코 간과하지 않았다고 고백했다.[26] 켈젠이 사회학적 요소들이나 정치적·현실적 요소들을 인식하고 때로 법획득을 위한 이론적 분석도구로서 파악했음은 분명해 보인다. 그는 법이론을 국가 이론에, 법형식을 국가 형식에 일치시킨다.[27] 이런 켈젠으로서는 정치 이론의 제반 문제들에도 눈을 돌린 것은 당연했다고 볼 수 있겠다.[28]

켈젠은 법의 독자성을 수호하는 길이 민주주의를 고양시키는 길이라고 생각했다. 여기서 그의 규범주의와 형식주의는 민주주의 이론에도 그대로 반영된다. 그는 정치적 자유, 일반의지, 국민주권 등의 민주주의 이념들은, 현실에서 국민들 사이의 분열 상황, 질서 유지의 필요성 등을 생각할 때, 그대로는 실현 불가능하다고 본다. 그리고 이 이념들에 가능한 한 근접한다는 방향에 비추어 그 의미 변화를 겪을 수밖에 없다고 주장했다.

예컨대 루소Jean-Jacques Rousseau가 생각했던 민주주의, 즉 모두의 자유를 위한 법질서를 성립시키는 원초 계약에 의한 민주주의가 막상 실현되기 위해서는 우선 만장일치라는 최초 이념의 의미가 변화해야 한다. 즉 그것은 그 이념에 근접하는 방향인 다수결에 의한 합의 질서라는 의미로 변질될 수밖에 없다. 만장일치가 현실적으로 불가능하다면 다수결은, 가능한 한 소수의 사람들이 국가 의사와 모순되고, 가능한 한 다수가 국가 의사와 합치됨으로써 사회질서를 유지케 할 수 있기 때문에 정당화된다.[29] 이때 켈젠은 결국은 다수가 언제나 자기 의사에 합치하는 상태에 있는 것은 아니라고 본다. 왜냐하면 투표에 참여한 후 개인이 자신의 의사를 바꾼 경우에도, 그는 창출된 질서의 객관적 효력의 지배 — '낯선 의지'! — 하에 놓이기 때문이라는 것이다. 결국 최초의 이념과는 달리 개인의 의사와 국가 질서 사이의 괴리는 필연적이며, 이 괴리가 상대적으로 더 좁혀지는 방식으로써만 그 이념에 더 근접할 수 있을 뿐이라는 것이다.

둘째의 의미 변화는 '개인의 자유'가 후퇴하고 '사회적 집단의 자유'가 전면에 등장하는 식으로 나타난다. 즉 사람들은 저마다 자신과 다를 바 없는 타인의 지배를 받기를 거부하기 때문에, 정치적 의식 속에서 "지배 주체의 이전"이 생기면서 — 이 과정에 동반되는 것이 "국가의 의인화"이다 — 이제는 저마다 고립된 개인으로서의 자유보다는 자기들이 포함된 국가 안에서의 자유 개념에 더 비중을 두게 된다. 즉 개인의 자유의 자리에 국민주권이 등장함으로써 개인적 자

유 개념은 "자유로운 국가"를 요청하는 개념으로 의미가 변하게 된다는 것이다.[30]

개인의 자유가 현실에서 무정부적 자유가 되지 않기 위해서 요구된다는 자유의 의미 변화는 결국 규범성의 도입을 위한 것이었다. 즉 질서를 강조하기 위해서 자유 개념을 규범화시키는 것이다. 정치적 자유는 윤리적·정치적 요청일 뿐이기에 "오로지 규범적인 의미에서만" 이것들에 대해서 말할 수 있다는 것이다. 이에 따라 일반의지를 상징하는 국민적 통일성은 "규범에 복종하는 사람들의 행위를 규율하는 국가의 법질서의 통일성"[31]으로 바뀌고 만다.

이러한 "규범 실재론적 접근"을 하는 켈젠이 민주주의 이론을 형식주의 이론으로서만 허용하는 것은 너무도 당연하다. 즉 민주주의는 국민의사 형성의 형식 혹은 방법일 뿐, 어떤 내용적 원리를 지지하지 않는다는 것이다.[32] 그는 민주주의가 형식적이 아닌 내용적 원리로 파악되는 순간, 민주주의라는 이름의 전체주의가 나타난다고 주장한다. 말하자면 민주주의는 '국민에 의한' 정권 교체 장치 정도로만 이해되어야지, '국민을 위한'다고 나서면 위험해진다는 것이다.[33] 그러므로 국민의 정치적 결정권은 투표의 권리로 축소된다. 결국 켈젠의 법 이데올로기에 대한 비판적 입장은 민주주의 이데올로기에 대한 비판에도 그대로 적용되는 셈이다.

법의 준수만을 요구하는 법의 지배

이렇듯 켈젠의 실천적 담론은 철두철미하게 형식적 논증으로 일관한다. 법이론에서건 민주주의 이론에서건, 내용적 논증에 대해서는 설 자리를 주지 않는다. 이는 켈젠이 법의 지배를 철두철미하게 예측가능성의 관점에서만 파악하는 입장에서 반복된다. 그에 의하면 법의 지배 이념은 자유 보장보다는 행정과 사법에서 예측가능한 법 집행을 확보하는 이념이다.[34] 그러므로 자유를 보장하지 않더라도 법의 지배는 가능하게 된다. "법의 지배의 효과는 정부 활동의 합리화에 있다. 즉 법률의 제정 및 적용 절차가 관건인 것이다. 그것의 목표는 자유가 아니라 안전이다."[35]

켈젠에 따르면, 법이 이행되고 있는 한 민주주의냐 독재냐는 결국 상관없게 되는 셈이다. 법의 지배는 법의 준수와 집행만을 요구하는 이념이기 때문이다. 그는 법의 독자성이 민주주의를 고양시킨다고 주장했지만, 그것은 결국 민주주의 가치나 권리보호와는 무관한 법치국가의 옹호로 귀결될 뿐이었다. 켈젠이 말하는 법치국가는 특정한 내용을 지닌 국가 질서가 아니라, 법질서의 토대 위에서 국가의 모든 행위가 이루어지는 국가인 것이다. 즉 법치국가 개념은, 모든 국가는 인간의 행위를 강제하는 질서를 제정해야 하며 이 강제적 질서는, 독재적이든 민주적이든, 그리고 그 내용이 무엇이든지간에 법적 질서라야 한다는 것이다.

법의 이행이 법치국가의 핵심이라면, 법의 지배의 이름으로 민주주의를 붕괴시킬 수도 있을 것이다. 실제로 1930년대 독일의 바이마르 공화국에서 민주주의를 전복하는 데 핵심적인 역할을 한 것이 바로 독일 사법부였다.[36]

법실천은 형식적 논증규칙만으로 완성되지 않는다

켈젠이 형식적 논증규칙으로만 실천적 담론이 이루어져야 한다고 주장한 이유는, 무엇이 정당한가, 무엇이 더 이상적인가라는 실천적 인식의 물음을 법이론적 문제에서 배제시키기 때문이다. 실정법의 관점에서만 본다면 하나의 해석 가능성이 다른 해석 가능성보다 더 정당하기 위한 객관적 기준은 존재하지 않는다는 것이다. 오히려 해석의 필요성은 규범체계가 다양한 해석 가능성을 열어 놓고 있다는 데에서 생기며, 이때 실정법 해석을 통한 법획득은 인식적 차원이 아닌 의지적 차원에 속하는 활동이다.[37] 이와 함께 법획득 작업에서 실천이성은 부인된다. 무엇이 더 정의로우며, 공공의 안녕 혹은 국가의 이익인가 등의 물음은 단지 정책적 가치판단에 불과하며, 실정법을 과학적으로 해석함에 있어서는 결코 논해질 수 없다는 것이다.

그러나 형식적 논증만으로는 실천적 담론이 완성될 수 없다. 법철학은 개념적 분석뿐만 아니라 지식의 연관성과 통일, 근거 제시, 담론을 통한 입증, 상호주관적 타당성, 합의 가능성 등등, 이런 모든 것들을 받아들이는 인식 지평에 서서 실천이성의 능력을 발휘하는 학문이라고 생각한다. 그리고 이런 법철학이 오히려 실정법의 과학적 해석을 돕는다고 생각한다. 그 점에서 내용이 형식만큼이나 중요하다고 보고 다양한 내용적 주제들을 법철학 논의에 끌어들이는 독일의 카우프만Arthur Kaufmann의 태도는 신선하다. "형식적 논증규칙들은 필연적이기는 하지만, 그것만 가지고는 실천적 담론을 결정하는 것은 고사하고 충분히 규율할 수도 없다. 왜냐하면 그러기에는 이 논증규칙들이 너무 일반적이기 때문이다. 그렇기 때문에 그것들은 내용적 논증규칙들을 대치할 수 없다."[38]

만약 법이론이 형식적 논증규칙으로 만족해야 한다면, 무엇이 실질적으로 더 나은 질서인가를 물으면서 법에 있어서 내용 가치를 구체화시키는 성찰은 어디로 넘어가는가? 정치인에게? 그렇다면 단기적 목표나 파당적 이해관계에 얽매이기도 하는 정치인들에게는 허용되는 올바른 실천을 위한 성찰이, 왜 법적 합리성 안에서는 이루어져서는 안 될까? 내용적 논증을 받아들이지 못할 정도로 좁혀진 합리성 개념이나 학문 개념이 오늘날 법실천의 해석에 부합할까?

형식적 논증으로만 법실천이 완성되지 않는다면, 켈젠식의 법 단계구조론은 이제 다음과 같이 새로이 구성될 수 있을 것이다. 즉 법은, 제정 출처의 상위 권위가 아니라 일반적 법원리를 포함한 법이념에서 출발하여, 법규범을 거쳐서 판결이라는 구체적 법으로 전개된다. 그리고 이때 법을 실현하는 과정에는 언급된 단계가 모두 관여한다. 일반적 법원리나 법이념 없이는 법규범, 즉 법률은 존재하지 않으며, 또한 법률 없이는 어떠한 구체적 법, 즉 판결도 존재하지 않는다. 요컨대 귀납이 성공하기 위해서는 가치적 관점이 포함되어야 한다.[39] 또한 단순히 상위의 단계로부터 하위 단계가, 즉 법률이 단순히 법이념으로부터, 그리고 판결이 단순히 법률로부터 연역될 수는 없다. 연역이 성공하기 위해서는 현실적 요소들이 불가결하게 포함되어야 한다. 법의 단계구조는 입법으로부터 판결에 이르는 "법의 구체화의 길, 실정화의 길 그리고 법을 역사적인 것으로 만드는 길"

을 보여 주는 것이다. [40]

법은 세계를 보는 독자적인 창(窓)을 가지는가

결론적으로 법은 켈젠이 주장하는 만큼 강한 독자성과 고유법칙성을 가진다고 볼 수 없다. 법은 세계를 보는 독자적인 창窓을 가지지 않는다. 그렇다고 법이 그 담론과 방법론에 있어서, 또 지식으로서 고유한 속성을 전혀 가지고 있지 않다고까지 주장하는 것은 지나치다.[41] 학문분과로서의 법의 지위를 취약하게 보는 이론가들은, 예컨대 지난 한 세대 동안 사회학, 철학, 역사, 경제학, 정치이론, 문학이론, 심리학, 인류학, 여성주의 등이 법에 성공적으로 침입할 수 있었던 것은 바로 법이 독자적인 학문분과를 가지고 있지 않기 때문에 가능했다고 주장한다.[42] 그러나 이는 편협한 관측이라고 생각한다. 그러한 침입은 법의 이론이야말로 위의 모든 학문분과들과 연계하여 추구되어야 함을 말해 주는 것이다. 혹자는 법학이 다른 학문분과보다 유난히 방법론에 집착한다고 지적하면서, 이것은 그만큼 법학이 학문적으로 취약하다는 증거라고 말한다. 그러나 법학이 방법론에 몰두하는 것은 법 텍스트의 해석이라는 과제를 안고 있기 때문이다. 여기서 이 문제에 더 깊이 들어갈 수는 없다. 다만 법학 안에서 방법론상의 논쟁이 좀 더 근본적인 논제들을 흐리게 하지는 않는지 반성할 필요는 있다.

켈젠은 법이 세계를 보는 독자적인 창을 가진다고 믿었다. 그 믿음에 동반된 켈젠의 과학적·체계적 열정은 법과 법학에서 사회적·도덕적 맥락을 추방하는 데는 성공했다. 그러나 그 대가는 엄청났다. 법체계 안에서 그리고 법학 안에서 합리성의 물음을 다룰 수 있는 역량을 없애 버린 것이다.

하트의 분석 법학의 문제점

법은 규칙의 체계

영국 옥스퍼드대학 법철학 교수였던 하트H.L.A. Hart는 당위로서의 법을 규칙들의 체계로 보는 법이론을 전개했다. 즉 법은 인간의 행위를 지시하고 조정하는 규칙들의 총합으로 이루어진다고 본 것이다. '규칙은 규칙이다'라는 말이 있지만, 법의 규칙적 속성은 확실히 법의 합리성의 진수이다. 나는 어린 시절 내 모친이 우리 형제들 간의 다툼을 다루던 지혜에서 그 합리성의 진가를 느낀 경험이 있다. 내가 어렸을 때 형제들 사이에 먹는 것을 두고 늘 다툼이 생겼다. 모친은 우리에게 언제나 균등하게 나누어 주었지만, 나이 차이가 많지 않은 언니와 나는 그날도 시루떡 한 덩어리를 놓고 모친에게 볼멘 소리를 늘어 놓았다. 내 불만은 언니가 손위라는 이유로 모친이 언제나 언니에게 조금 더 큰 몫을 준다는 것이었고, 언니의 불만은 내가 더 어리다는 이유로 모친이 항상 나를 더 챙겨 준다는 식이었다. 그러자 모친은 얼마간 생각에 잠기더니 이런 제안을 하는 것이었다. 너희 둘 중 한 사람이 칼로 이 떡을 반으로 잘라라, 그리고 나머지 한 사람이 자른 것 가운데 자기 몫을 골라 가져라. 우리 둘은 한참 생각한 후 이

제안을 받아들이기로 했다. 피차간에 손해볼 일이 없을 것 같던 예감은 맞아들어, 그 이후부터 우리는 먹을 것을 앞에 두고도 아주 사이 좋은 자매가 될 수 있었다. 양분하는 역할이—이 역할을 서로 양보하기도 했다—맡겨질 때 그 소임에 최선을 다함은 말할 필요도 없었다. 다툼의 해결을 당사자들에게 맡길 경우 힘이 약한 쪽이 승복을 하지 않을 것이다. 제3자에게 맡길 경우에도 예측불가능성이나 힘의 불균형 문제가 남는다. 미리 정한 규칙에 의할 경우 승복율이 가장 높은 것이다.

하트에 따르면 오늘날과 같은 복잡한 법체계에서는 행위를 지시하는 법규칙은 한 가지 특성만 띠는 게 아니라 크게 두 가지 특성을 가진다. 그래서 법은 "의무를 부과하는 규칙"과, "권한을 부여하는 규칙"으로 이루어진다.[43] 전자는 형법이나 불법행위 법규처럼 어떤 행위를 하거나 혹은 하지 말아야 할 것을 요구하는 규칙이다. 후자는 예컨대 계약, 유언 등 사적 성격의 법적 권한을 부과하거나 입법권이나 사법권 등 공적 성격의 법적 권한을 부여하는 규칙을 일컫는다. 의무를 부과하는 규칙이 일차적 규칙이라면, 권한을 부여하는 규칙은 새로운 의무의 규칙을 도입하거나 아니면 오래된 규칙을 폐기 혹은 수정하거나("변경의 규칙"), 의무 규칙의 적용 상황을 결정하는 데("재판의 규칙") 관여한다는 점에서 이차적이다.

하트에 의하면 이차적 규칙의 도입은 법의 발전에서 흡사 "바퀴의 발명과 같이 중요한 발전의 단계"에 해당하며, 법 이전의 세계에서 법세계로 전환하는 의미를 띤다고 한다. 정적이고 단순한 사회에서는 의무의 규칙만으로도 법생활이 가능하다. 사회가 복잡해지면서 일차적 규칙들과 관련하여 그 존재 유무, 정확한 범위 등에 대해 의문이 생기게 되고 그러면서 불확정성 혹은 비효율 문제가 발생하게 된다. 이차적 규칙은 이때 구제책으로 등장한다. 즉 무엇이 의무를 지우는 규칙인가를 둘러싼 불확정성과 규칙의 정적인 특성이 가지는 결함에 대한 구제책으로 등장한다.[44]

하트의 이차적 규칙의 특색은 유권적 결정을 내리는 당국, 즉 법 공직자들에게 맡겨진다는 것이다. 이 점에서 일차적 규칙이 비공식적 규칙인 데 비해 이차적 규칙은 '공식적'이다. 이차적 규칙을 통해 제재에 대한 공무상의 독점이 가능하게 된다는 점에서 이것은 '제도화된 권력'을 만들어 내는 규칙인 셈이다.

하트는 법의 주된 역할이 행위를 지시해 주는 데 있다고 보기 때문에, 법사고는 행위를 지시하는 기준으로서 법규칙을 받아들이는 사람들의 관점에 비추어 — 이를 하트는 "내적 관점"이라고 표현한다 — 파악되어야 한다고 주장한다. 내적 관점을 취하는 참여자들, 즉 규칙을 따라야 할 지도적인 기준으로 여기고 수락하는 사람들은 한편으로는 시민들이며, 다른 한편으로는 입법자나 법관들 같은 공무 담당자들이다. "법체계가 존재한다고 하는 주장은 야누스의 얼굴처럼 보통 시민에 의한 복종이라는 측면과 공무담당자가 이차적 규칙을 공식적 행동에 관한 비판적인 공통의 표준으로 수락하고 있다는 측면의 양면성을 띤 진술이다."[45]

여기서 "내적 관점"은 하트 이론에 의하면 반드시 도덕적인 함의를 가진다는 뜻일 필요는 없다. '해야 한다'나 '하지 않으면 안 된다'라는 당위는 도덕적으로 '해야 한다'가 아닌, 이를테면 자기의 이해관계에 따른 '해야 한다'일 수도 있다는 것이다. 예컨대 사람들이 게임을 하면서 상금을 노린 것이든, 상대방을 즐겁게 해주기 위해서든, 내 실력을 뽐내기 위해서든 게임규칙에 맞게 행동하면 그만이지, 그 규칙에 따르는 동기의 도덕성을 구태여 따지지 않는 것과 같다.

공무담당자들의 우위

하트에 따르면 법체계가 존재한다는 것은 한편으로는 일반시민들이 효력이 인정되는 규칙들을 따르는 것이요, 다른 한편으로는 공무담당자들에 의해 공식적 행동에 관한 판단기준으로서 "변경의 규칙", "재판의 규칙" 등이 유효하게 수락되는 것이다. 하트는 내적 관점을 취하는 일반시민들과 법공직자들 중에서 특히 후자의 역할이 결정적이라고 생각한다. "일차적 규칙과 이차적 규칙의 결합이 있는 곳에서는, 규칙을 집단의 공통된 표준으로 수락하는 것과 보통 개인들이 자신의 입장에서만 규칙에 복종하는 것에 따라 규칙을 묵인하는 상대적으로 수동적인 사태와는 분리되어야 한다. 극단적인 경우에 '이것이 유효한 규칙이다'라고 법적 언어를 특징적으로 규범적인 사용을 하는 내적 관점은 공무담당자의 세계에서만 한정되어 있을지도 모른다."[46]

쉽게 말하면 하트는 어떤 규칙의 내용이 궁극적으로 법인가 아닌가의 여부는, 위에서 언급한 참여자적 관점을 취하는 사람들 중에서 특히 법 공무담당자들에 의해 그 규칙과 관련한 결정이 승인된 것으로 받아들이는 관행에 따르면 된다는 것이다. 여기서 사람들에게 "법적 효력에 대한 관념의 씨앗"을 심어 주는 규칙인 "승인의 규칙" rule of recognition이 등장한다. 승인의 규칙은 법원이나 기타 공무담당자가 특정의 규칙들을 확인하는 관행으로서 존재한다. 즉 명시적으로 정립되는 규칙이 아니라 공무담당자들이 여타의 규칙들을 확인하는 작용으로서 존재하는 것이다. 사유 속에서 전제된다는 켈젠의 '근본규범'의 자리에 하트는 공무담당자들의 관행에 의해 수락된다는 승인의 규칙을 밀어넣는 셈이다.

승인의 규칙은, 하트가 법의 효력을 사실적인 힘의 세계에서 찾지 않고 또 도덕에 기초 지우는 길도 피하기 위해서 고안해 낸 것이다. 그런데 법원의 관행적 결정을 승인된 것으로 받아들이는 데서 규범력이 생긴다고 보면, 결국 합법성은 법원의 성공적인 권한의 행사와 동일시되는 셈이다. 다시 말해 권한의 행사가 성공적으로 수행되면 (적용되면) 효력이 있고, 그렇지 않으면 효력이 없게 되는 것이다. 요컨대 의심스러운 경우에는 법은 공무담당자가 실무관행에서 가져오는 결과 그 자체가 된다. 하트가 피하고자 했던, 힘으로의 환원이 일어나는 대목이 아닐 수 없다. 이렇게 되면 법은 흡사 "상급 기관에 올리는 보고서" 같은 것이 될 수도 있는데, 왜냐하면 규칙은 원고나 피고에 대해 정당화되어야 한다는 관점보다는 승인의 맥락에서 상급심의 기대에 충족해야 한다는 관점을 무시할 수 없게 되기 때문이다.[47]

그런데 사람들이 공무담당자들의 결정에 따르는 것은 그저 따르는 것이 아니라, 그들이 법에 따른다고 생각하기 때문이다. 그리고 공무담당자들이 따르는 그 맥락의 모든 것들은 기실 도덕적 고려들이거나 이미 존재하는 체계에 의존해 있는 것이다. 물론 공무담당자들의 지시에 복종할 의무는 공무담당자들이 법규에 복종했다는 전제로부터 나온다. 그러므로 상위 규칙에 따라야 할 공무담당자의 행위가 실제로 시민들의 자유를 보장하는지 여부 또한 검토할 필요가 있는 것이다. 법이론은 예컨대 법관이 어떻게 승인의 규칙에 의해 지시받는지 설명하는 것으로는 부족하며 법관의 결정을 정당화해야 하는 것이다. 결국 승인의 규칙에 따르는 게 법관의 의무가 아니라 법에의 충실이 법관의 의무인 것이다.

하트는 법적용과 관련하여 이른바 하드 케이스는 별로 많지 않다고 본다. 대부분의 경우는 당해 사안에 적용할 규칙이 있고 예외적으로 이것이 없거나 모호한 경우가 있다고 본다. 그리고 규칙의 적용과 관련하여 다툼의 여지가 있는 이 예외적인 상황에서는, 법관은 법 외적 재량 권한을 행사하여 판결한다고 주장한다. 말하자면 "법의 광대하고 중심적인 분야에서 의심 없이 규칙에 지배받는 운영으로부터 법원이 얻은 위신"[48]에 대한 보상으로서, 주변부의 경계영역에서 재량이라는 '특권'이 주어진다고 생각하는 것이다. 그러나 이 특권은 그렇게 쉽게 허용될 문제인가?

하트는 법의 광대한 중심부에 비하면 규칙의 적용이 의심스럽거나 이론의 여지가 있는 경계선상의 사례들은 결코 많지 않다고 보며,

한줌도 안 되는 이 사례들 때문에 법철학사에서 법이란 무엇인가를 둘러싸고 "지지부진하고 무익한 논쟁"이 이어져 왔다고 주장한다. 그러나 법률가들 사이에 의견이 일치하지 않는, 이 주변부의 사례라는 것이 사실은 중요한 법철학적 문제를 제기한다. 이런 사례들은 결코 적지 않기에 하트가 주장한 것과 달리 결코 주변부의 문제가 될 수 없다. 법에 대해 잘 안다는 전문가들이 법전과 판례를 모두 뒤진 후에도 법에 대해 의견이 불일치한다면, 이것은 단순히 언어적 모호함 혹은 의미의 불명확성의 문제를 넘어선다. 그것은 의미의 명확성의 문제가 아닌, 법이 지향하는 가치를 둘러싼 문제인 것이다. 하트가 법해석에서 주변부의 모호함으로 돌린 바로 그 부분이 법의 본질적인 부분이며, 이를 둘러싸고 더 나은 해결을 위한 법성찰이 역사적으로 변천해 온 것이다.

열망을 소거하는 법철학

하트는 승인의 규칙을 도출해 내기 위해 일차적 규칙, 즉 의무를 부과하는 규칙과 법적인 권한을 부여하는 규칙인 이차적 규칙을 구별했지만, 이 구별이 과연 그의 설명대로 선명한지는 의문이다. 사실 법규칙들은 각각 입법취지에 따른 것이기 마련인데, 이 입법취지에 비추어 보면 의무를 부과하는 규칙과 권한을 부여하는 규칙의 구별이 모호해지거나 무의미해질 때가 있다. 어떤 권한을 부여하는 규칙은 입법취지상, 그 권한을 남용하는 경우에는 그 규칙에 의해 부여된 권한이 취소 내지 무효로 될 수 있다는 의미의 규정으로 풀이해야 하는 것이다. 그런데 하트식으로 접근하여, 논리적인 사고에 입각하여 의무를 부과하는 규칙과 권한을 부여하는 규칙이 준별된다고 보면, 승인의 규칙에 의해 일단 권한이 부여된 후 이를 다른 이유로 빼앗아 간다는 발상을 받아들이기 어렵게 되는 것이다.[49]

하트는 법을 승인의 규칙이라는 공적 테스트를 통해서만 획득할 수 있는 규칙의 총체로 강조한다. 그러나 더불어 살기 위해 공유된 규칙을 필요로 했던 인류문명사를 돌이켜보면, 하트식의 승인의 규칙처럼 공적 기준에 의해 확인 가능한 규칙만 우리가 공유한 것은 아니었다. "승인의 규칙"을, 법 이전의 단계와 법의 단계를 구분하는 분기점으로 삼는 것은 법의 형성과정을 지나치게 단순화시킨 것이다. 하트의 승인의 규칙처럼 법률의 효력의 명확한 공적 기준을 세우는 수락된 규칙은, 사회에서 받아들인 규칙들이 축적되고 기록되고 세분화되는 가운데, 규칙의 적용이 확대되고 조문들도 더 엄격해지고 선례도 존중되는 제반 법형성 과정을 거치면서, 거의 마지막 단계에서 등장하는 것으로 봐야 한다. 그리고 현대사회라 할지라도 아직 이 단계에 못 미치는 법문화권이 존재한다는 것도 인정해야 할 것이다.

더 나아가 이차적 규칙, 즉 제도적 규칙은 제도화되지 않은 나머지 사회 사실들로부터 독립적일 수 없다. 제도적 규칙은 예컨대 게임 규칙처럼 자기충족적인 규칙이 아니다. 모든 이차적 내지 구성적 규칙들은 그런 규칙들이 존재하기 이전의 권력과 이해관계들을 배경으로 탄생되며, 이런 맥락들로부터 상대적으로만 자율적일 수 있다.

하트는 분석의 대가이다. 그의 책 『법의 개념』The Concept of Law은 그 진수를 맛보게 해준다. 그는 예컨대 '해야 한다', '의무를 진다' 등의 언어 관용을 분석해 가면서 사람들이 법과 도덕을 왜 밀접하게 관계 있는 것으로 잘못 이해하는지를 설명하고자 한다. 즉 사람들이 법과 도덕이 밀접한 관계에 있다고 여기는 것은, '해야 한다'는 규범적 용어와 규칙의 일관된 적용이라는 관심사를 법과 도덕이 공유하는 데서 오는 혼란 때문이라고 주장한다. 그러니까 법과 도덕이 연관되었다고 보는 것은 이론 이전 단계의 일종의 지적 혼란에서 오는 것이고, 개념적 분석에 착수하면 이런 문제는 해소된다는 것이다. 그래서 하트는 개념 분석과 의미 명확화를 통해, 행위 지시의 당위적 성격을 공유하는 데서 비롯되는 법과 도덕의 개념적 혼동을 막고, 그럼으로써 법에 의한 행위규범의 실천을 어떤 허황한 이상세계로 확대하는 것을 막을 수 있다고 여긴다.

분석의 대가인 하트는 또 사회제도로서 법이 무엇인가라는 일반적인 물음은, 특정체제 안에서 법이 무엇인가를 묻는 물음과 구별되는 것으로 이해한다. 또 이 후자의 물음은 그 법이 좋으냐 나쁘냐의 물음과 구별되는 것으로 파악한다. 내 생각에는 하나의 법이론적 관심사로 여겨지는데, 그는 이를 여러 단계로 나누어 고찰하면서 결과적으로 분리시킨다. 그럼으로써 이전의 법철학자들이 역사적 혹은 사회학적으로 고찰할 필요성을 느낀 문제점들을 분석 내지 체계화하는 작업을 통해 해소한 것으로 간주한다.

용어의 의미를 명확히 하거나 분석하는 작업은 분명 필요하다. 그러나 말이 어떤 의미로 쓰이는가를 명확히 한다고 실천철학의 물음이 사라지지는 않는다. 누구 말대로 철학자는 사전편찬자가 아니다. 하트의 법분석은 이를테면 이런 식이다. 즉 첫 단계에서 법이 무엇인가를 묻는다. 그리고 법공직자의 참여적 관점에서 수용되는 승인의 규칙을 이에 포함시킨다. 그리고 난 후 특정 체제 안에서 무엇이 법인가를 다시 묻는다. 이때 승인의 규칙이 기준으로서 동원되어 이에 따라 법적인 것이 정해진다. 그런 다음 셋째 단계에서 그는 이 법이 정치적·도덕적으로 정당한가를 다시 따로 묻는 것이다.

법사고를 하트가 제창하는 승인의 규칙에 따르도록 한다면, 일반적으로 법이 무엇이냐에 대한 관심사와 특정 체제 내지 관할 안에서의 법, 즉 그 법이 무엇이냐에 대한 관심사는 구분될지도 모르겠다. 그러나 법본질에 대한 본연의 성찰에 따를 것 같으면, 그 법이 무엇인지의 물음은 법이 무엇인가라는 일반적 물음에 의존하지 않을 수 없다.[50]

하트의 위와 같은 분석과정은 특정 체제내재적으로 수행되는 법의 기술적 논증 차원을, 행위지침으로서의 법의 일반적·도덕적 성찰 차원에서 잘라내는 데 목표를 두고 있다.[51] 즉 기술적·절차적 논증 차원만 법이론적 탐구대상으로 남기고자 후자, 즉 성찰적 요소를 떨쳐내는 것이다. 그 결과는 철학의 빈곤이다.

분석적 명료함을 추구하는 경향을 보이는 사람들은 개념을 다양한 연관관계 속에서 보기를 꺼려 한다. 그렇게 하면 분석적 이득이 희미해지기 때문이다. 법과 관련해서도 개념 구성에서 고려해야 할 연관점이 많아질수록 분석적 이점은 빛을 잃는다. 그래서 분석의 대가들은 결국 특정한 맥락에서 특화된 개념을 고수할 수밖에 없다. 하트의 "내적 관점"과 "승인의 규칙"이 그렇다. 그는 분석적 이점을 포기하지 않기 위해 공무담당자가 승인한 규칙만을 주된 법개념으로 삼는다. 그러나 일반적으로 사람들은 법을 다양한 목적에 부응하는 활동들과 연관짓기 때문에 분석적 이득에만 사로잡히지 않으며 때로는 기꺼이 이 이점을 포기한다.

결론적으로 하트식의 분석 법학은, 광범위한 법연구 영역과 법실천의 다양한 층위들을 떠올릴 때, 그 제기하는 주제나 의제가 너무 협소하다. 법이론적 관심도 편향되어 있다. 그의 법철학은, 법이 마치 분석을 위해서 존재하는 양 '법은 명철하게 표현되어야 한다'는 명제를 신조로 삼음으로써, 철학이 빈곤한 이론이 되었고 법의 목표와 제도적 이상을 실현하려는 열망을 소거掃去하는 법철학이 되고 말았다.

드워킨의 『법의 제국』

사법 실무를 이상적으로 그려 보이기

『권리존중론』, 『원리의 문제』, 『법의 제국』[52] 등의 저술로 잘 알려져 있는 로널드 드워킨은 미국 법철학자로서 현존 학자 가운데 가장 비중 있게 다루어지는 사람이다. 그의 이론적 관심사는 법철학뿐만 아니라 정치철학을 포함하며, 시사적 주제에 대해서도 적극적으로 발언한다. 존엄사, 낙태, 언론의 자유 등 응용 법철학에 대해서도 관심이 크다.

그는 현대 법철학자 가운데서 법사고의 이론적 거점을 가장 넓게 잡는 학자일 것이다. 이 점에서 그는 앞에서 다룬 켈젠이나 하트와는 정반대되는 인물이다. 즉 법논의를 도덕 원리나, 정치적 정의, 그리고 공동체 원리에 확장시킨다. 쉽게 말하면 법이 무엇인지의 문제는 개인들의 신념, 공동체적 삶의 의미, 좋은 사회에 대한 물음 같은 의제들과 연관되어 있다고 보는 것이다. 이런 포괄적인 접근은 다양하고 때로는 상충하기까지 하는 정치적·도덕적 가치 차원을 법논의에 끌어들임으로써, 결과적으로 법학이라는 학문분과를 보다 논쟁적인 대상으로 보게 만든다. '방법론적 순수주의'를 고집하면서 법으로부터 불순물을 제거하고자 애쓴 켈젠이나, '방법론적 은폐'를 통해 법에서 토론이 필요한 부분을 배제시키고자 한 하트와는 분명 다른 모습이다.

드워킨은 법실무에 관심을 나타내는 학자 중의 한 사람이기도 하다. 그도 그럴 것이 그는 법철학을 사법철학, 즉 법실무에 대한 해석이론으로 파악하기 때문이다. "법철학은 사법의 총론"에 해당하며, "사법 및 기타 법실무의 제측면을 법철학과 구분 짓는 확실한 선은 없는 것이다."[53]

드워킨의 최대 관심사는, 모든 것을 고려할 때 어떤 식으로 해석하면 사법 실무를 전체적으로 가장 이상적으로 보이게 할 수 있는가에 있다. 그는 특히 법전이나 판례를 다 뒤져도 법률가들의 법판단에서 의견이 엇갈리는 애매하고 어려운 사건을 염두에 두고 법철학을 전개한다. 하드 케이스에 처해 사법 실무에 가장 부합하고 또 이를 가장 잘 정당화해 주는 결정은 어떤 것인지를 설명하는 것이 그의 이론적 관심사인 것이다. 모든 사건들을 판결해 줄 법이 법전 속에 들어 있다고 생각하기 쉬운 일반시민들의 편에서는, 드워킨이 특정 사건에서 법률가들에 따라 그리고 심급에 따라 다른 결정이 나오는 이유를 설명하고자 한다는 점에서 관심을 가질 만하다.

어쨌든 드워킨은 누구보다도 사법의 속성에 충실한 법철학을 구상했다. 그는 법의 존재이유가 국가 강제력의 행사를 향도하고 제한하는 데 있다고 보면서[54] 이 강제력의 행사를 정당화하는 근거를 "과거에 내린 정치적 결정"에서 찾았다.[55] 과거의 정치적 결정에서 나오는 개인들의 권리와 의무에 의해 허용되기 때문에 강제력의 행사는 정당화된다. 법개념의 이런 성격 규정을 그는 '법의 지배'로 일컫는다.[56] 그런데 과거에 내린 결정에서 힘과 효용을 얻는 조직이 바로 사법부인 것이다. 또한 과거에 내린 결정이야말로 그 성격상 법관들이 가장 가중치를 부여할 의무를 느끼는 부분인 것이다. 사법 실무가들이 드워킨의 법철학에 관심을 보일 법한 또 다른 요인은, 드워킨이 아무리 판결하기 어려운 사안에서도 이성과 상상력을 통해서 납득할 만한 ― 증명할 정도는 아니지만 ― 정답을 찾아낼 수 있다고 주장하는 대목이다.

원리론의 도입

드워킨의 법철학은 하트의 법실증주의 입장에 대한 비판으로부터 출발한다. 하트는 법과 도덕 사이에 필연적 혹은 개념적 연결성은 없다고 보고, 규칙으로 이루어지는 법체계는 법원의 관행에 의해 수락된 "승인의 규칙"이 제공하는 판단기준에 의해 확인된다고 주장했다. 그리고 현행 규칙이 침묵하는 경우 법원은 보충적인 법창설 권한, 즉 재량을 행사한다고 주장했다. 드워킨은 법이 규칙으로 이루어지고 규칙이 불확실한 경우 사법적 재량이 허용된다는 하트의 주장의 근간을 공격한다. 법실천은 그렇게 쉽게 사법재량을 허용할 만큼 간단한 세계가 아니라는 점에서 드워킨의 사법현상학은 일단 정당한 관심을 받을 만하다고 생각한다.

하트를 포함하여 일반적으로 법실증주의자들은 법을 법이게끔 하는 공통의 의미 기준을 찾아내고 이 기준에 따라 법을 법 아닌 것으로부터 구분하고자 했다. 그런데 드워킨은 법명제의 진위를 판단함에 있어서 법률가들은 이런 식의 동일한 의미 기준을 가지고 있지 않다고 주장한다. 법률가들이 '법'이라는 말을 사용하는 데 있어 공통의 규칙에 따른다고 확신하는 것은 불가능하며, 이를 가능하다고 주장하는 것은 사법 실무에 대한 오해라는 것이다. 즉 법실천은 역사적으로 존재하는 규칙을 기계적으로 전수받아 그대로 지킨다는 뜻이 아니라는 것이다. 가치와 연관되고 규율 목적에 부응하는 게 규칙인 만큼, 법실천은 규칙을 그 존재이유에 비추어 이해하고 끊임없이 수정하면서 수행되어 왔다는 것이다. 요컨대 법실천과 법실무는 묵수墨守적 태도가 아니라 해석적 태도로서 임해야 한다는 것이다. 여기서 드워킨이 들고 나오는 것은 "구성적 해석"의 실천이다. 구성적 해석은 해석 대상을 최선의 것으로 만드는 것을 목표로 하는 해석이다.

즉 자신이 이해하려는 실천에 스스로 참여해야 하는 처지에 놓인 자로서 법실무 전체를 가장 이상적으로 비치게 해주는 이야기를 엮는 작업이다.

드워킨에 의하면, 이렇게 구성적 해석을 실천해 보면 하트가 생각하는 것처럼 법안에는 '규칙'만 있는 게 아니라 다른 기준들도 있다는 것을 알게 된다. '원리'와 '정책' 같은 것들이다. 예를 들면 "그 누구도 자신의 잘못으로부터 이익을 얻을 수는 없다"처럼, 원리는 개인 혹은 집단의 권리를 존중하고 보호한다는 것을 보임으로써 그 법결정이 정당화되는 경우에 적용된다. 이에 비해 정책은 예컨대 국가안전을 위해 도움이 된다면 항공사에 보조금을 지급하기로 하는 경우처럼, 그 결정이 사회 전체의 집단적 목적을 증진하고 보호한다는 것을 보임으로써 정당화되는 경우에 적용된다. 정책이 공동체의 목표에 기여하는 측면을 우선시한다면, 원리는 이런 정책적 목표를 능가하는 것으로서 바로 '권리의 으뜸패'를 해명해 준다. 드워킨은 이런 원리들이 입법과 선례들의 토대가 되며, 또 심층적인 정치적·도덕적 이론에 의해 정당화될 수 있다고 주장한다.

규칙과 원리, 혹은 원리와 정책의 차이에 대한 드워킨의 설명은 너무 단순화된 측면도 없지는 않다. 그러나 그의 원리론의 도입은 많은 중요한 점들을 시사한다. 무엇보다도 원리론을 끌어들임으로써 도덕적 판단은 법에 통합된 부분일 수 있게 되는 것이다.

법체계에 원리가 들어설 여지를 주지 않았던 하트가 법관의 재량을 불가피한 것으로 보았다면, 원리를 찾아 이에 근거한 판단을 할 것을 주장하는 드워킨은 당연히 법관의 재량을 비판한다. 규준 적용 시 법관의 판단 재량은 결코 강한 의미의 재량이 아니라 약한 재량일 뿐이라고 지적한다. 예컨대 상사가 부하에게 "5명을 데려와라"라고 지시할 경우는, 5명을 선발함에 있어서 어떤 규준에도 구속되지 않는다는 점에서 강한 재량이 부여된다고 말할 수 있다. 그러나 "가장 경험이 많은 5명을 데려와라"라고 지시받았을 경우는 '경험 많은 자'라는 규준을 적용해야 하고, 이때 어느 정도 약화된 판단 재량을 가지게 된다. 만약 그가 지난 주에 입대한 신참을 데려온다면 경험상 그런 재량은 비난을 면할 수 없다. 요컨대 법관에게 허용되는 재량은 이런 의미의 약한 재량일 뿐이라는 것이다. [57]

하드 케이스의 경우

원리론이 진가를 발휘하는 곳은 하드 케이스, 즉 판결하기 어려운 사안에서다. 하트와 같은 실증주의자들은 기본적으로 하드 케이스를 예외적이고 주변적인 사안으로 본다. 법관이 법실무를 통털어 하드 케이스를 만나는 경우는 별로 많지 않다는 것이다. 드워킨은 그 반대다. 법전이 침묵하거나 애매모호하여 법이 말해 주는 바가 무엇인지 의문이 생기는 경우는 허다하며, 이때 법에 대한 최선의 이해와 관련하여 논쟁이 생기는 것은 당연하며 논쟁이 되는 한 그것은 하드 케이스라고 보는 것이다.

민주사회에서 무엇이 합법이며, 무엇이 법의 지배가 말해 주는 바인가에 의문이 생길 때, 결정자는 제도적 규칙과 제도적 권리의 배후에 놓이는 신념이나 제도 외적 권리들로부터 당연히 영향을 받는다.[58] 제도적 약정이 불명확하거나 추상적인 경우, 즉 하드 케이스에서 법관들은 배경적 신념이나 정치도덕성으로부터 영향을 받는다는 것은 사실이다. 법관들이 확인해 줘야 하는 법규칙과 권리는 배경적 권리로부터 유래하기 때문이다.

하트는 법규칙의 배후 영역들을 법관의 재량 영역으로 가져감으로써 법이론에서 잘라내 버렸다. 그러나 드워킨은, 법제도는 이 비제도적 배경 영역으로부터 부분적으로만 자율성을 누린다고 보기 때문에, 의심스러운 경우 결정자는 정치도덕성에 기초하는 배후 원리에 입각하여 법적 권리를 찾아 줘야 한다고 말한다. 그러므로 드워킨은 법관에게 현행기준을 존중하되, 법률의 "명시적인 기준들 사이에 있는 그리고 그 저변에 있는 묵시적인 기준들을 찾을 것"을 촉구한다.[59] 이를 위해 매 사안마다 법 전체에 대한 일반이론을 세울 것을 지시한다. "우리 판사들은 법률을 해석하고 선례를 고찰하기 위하여 사용하는 기법들—누구도 이의를 제기하지 않는 것들까지도—을 단순히 법률가라는 오래된 직업의 전통에서 전수받은 도구로 생각하는 것이 아니라, 더 심층적인 정치이론 속에서 정당화될 수 있는 원리들이라고 생각하며, 어떤 이유든간에 이에 대하여 의문이 생기는 때에 판사들은 자신들이 보기에 더 나은 이론을 구성하는 것이다."[60]

사법 실무를 최상으로 그리기 위해 법관에게 주어진 드워킨의 지상명령은 다음과 같이 표현될 것이다.

법관들 상호 간에 원리적으로 일관되게 행동해야 한다는 제약 하에

모든 것을 고려하여

정치적 도덕성의 관점에서,

최선의 것이 될 수 있게

언제나 더 순화되고 구체적인 해석을 하라.

불가피한 논쟁

정치적 도덕성에 기초하여 해석자들이 "자신들이 보기에 더 나은 이론을 구성하는" 것이라면 신념에 따른 견해의 차이는 불가피해진다. 즉 법실무 전체의 존재이유에 대한 개인의 신념을 토대로 최선의 해석을 찾는 작업이론은 논쟁적이며 불확실한 과정을 포함할 수밖에 없다. 해석 대상이 되는 실무의 정확한 범위에 대해서뿐만 아니라, 무엇이 최선의 정당화인가에 대한 논쟁은 불가피한 것이다.

"우리는 이제 감성이 풍부한 법률가들이 마음에 품고 있는, 법안에 있는 법과, 법의 너머에 존재하는 법의 이미지를 명백히 할 수 있게 되었다."[61] "감성이 풍부한 법률가들"이 가지는 "법 너머에 존재하는 법의 이미지" 운운하는 대목은 우리 헌법에서 규정한 법관의 양심을 떠올리게 한다. 헌법에서 말하는 법관의 양심은 일반적으로 개인이 가지는 주관적·내면적 양심이 아닌 법관으로서의 직업적 양심으로 이해되고 있다. 우리 헌법은 제19조에서 "모든 국민은 양심의 자유를 가진다"라고 정하고 있고, 제103조에서는 "법관은 헌법과 법률과 양심에 따라 재판한다"고 정하고 있다. MBC 〈PD수첩〉의

광우병 프로그램, 전교조 시국선언, 강기갑 민주노동당 대표의 국회 소란, 빨치산 추모집회 등에 대한 일련의 무죄판결을 둘러싸고 일부 정치권에서 법관들이 기본권에 속하는 주관적·개인적 양심을 법관의 직업윤리로서의 양심과 혼동했다는 비판이 제기되기도 했다.[62]

법관이 양심의 이름으로 예컨대 자신의 성적 기호 같은 감성적 판단이나 정치적·이념적 편향성을 법리판단에 앞세워서는 안 될 것이다. 문제는 '검증된 법리'가 없는 혹은 애매한 하드 케이스에서 어떤 해석이 현행실무에 잘 부합하고, 드워킨이 말하는 정치적 도덕성, 즉 "국민 다수가 생각하는 정의와 사회의 건전한 상식"에 비추어 더 나은 해석인가를 둘러싼 견해 차이가 생길 수밖에 없다는 점이다. 그리고 바로 여기서 법관 개인의 소신이나 신념이 작동하게 되는 것이다. 즉 정치적 도덕성의 실질가치를 구체화하는 단계에서 법관의 정치적·이념적 신념 ─ 물론 편향이나 기호가 아니라 ─ 이 해석작업에 동반되는 것이다.

정의냐 통합성이냐

앞에서 언급했듯이 드워킨은 과거에 내린 결정이 국가권력의 행사를 정당화하는 근거가 된다고 주장했다. 이는 법적 안정성이라는 기대보호를 설명하는 동시에 드워킨이 '통합성'이라는 개념을 바탕으로 법의 근거에 관한 이론을 발전시키는 데 동원된다. 통합성은 "국민에 대한 강제력의 행사를 규율하는 여러 기준들은, 단일하고 포괄적인 정의관을 표현해야 한다는 의미에서 일관성을 가질 것을 요구"[63]하는 이념이다.

드워킨이 법의 핵심으로 본 통합성 원리는 국가에 대해 모든 시민들에게 원리적이고 정합적인 방식으로, 하나의 목소리로 말할 것을 요구하는 정치이념이기도 하다. 드워킨은 이 통합성이 정치구조의 공정성이나 정의로운 배분, 적정절차 이념보다 더 중요하다고 주장한다. 그리고 구성적 해석이 성공하려면 통합성을 독자적인 정치이념으로 인정해야 한다고 주장한다. 또 공정성 및 정의 원리와 통합성 사이에 갈등이 생길 때, 정의는 통합성에 양보해야 한다고 주장한다. 그러므로 그는 입법에서, 예컨대 부정의를 덜 산출한다는 이유로 원리에 관해 타협하는 법률, 다시 말해서 원리상 부정합이 나타나는 법률을 만드는, 이른바 '장기판식 해결책'을 거부한다.

드워킨은 개인들도 중요한 일에서 일관되고 진실하게 행동하지 않으면 신뢰를 받을 수 없듯이 공동체도 원리적으로 일관성을 가지고 행동해야 한다는 점을 강조한다. 민주주의의 자기입법 이념도 통합성을 필요로 하며, 또한 통합성을 통해 증진된다는 점에서, 통합성의 문제는 헌법의 문제로도 설명된다.[64]

공정성, 정의, 통합성이 충돌할 때 통합성을 옹호해야 하는 근거를 드워킨은 우애(박애)에서 찾는다. 그 까닭은 드워킨이 정치적 책무를 기본적으로 연대적 책무의 일종으로 보기 때문이다. 즉 참된 정치 공동체는 '계약 공동체'도, '정의 공동체'도 아닌 '친밀 공동체'라는 것이다. 친밀 공동체는 집단의 구성원들이 상호 간에 부담하는 책임에 대해서 특별한 책무를 느끼고, 이 책무를 개인 대 개인의 관계로 받아들이면서도, 집단내 다른 구성원들의 복리에 대한 배려를 포함하는 더 일반적인 책무로부터 파생된 것으로 받아들이고, 단순히 모든 구성원들을 배려한다는 데 그치지 않고 반드시 평등하게 배려한다는 데까지 이르는 '참된 공동체'를 뜻한다.[65] 단순히 묵시적 동의나 계약에 따른 책임에 의존하는 계약 공동체는 참된 공동체만큼 정치적 책무를 지는 사람들을 충분히 결속시켜 주지 못한다. 예컨대 '무지의 베일'에 기초하는 롤스John Rawls식의 자연적·보편적 정의 의무는 친밀성을 포착하지 못한다는 것이다.

드워킨은 정의와 참된 공동체에 대한 책무 사이에 갈등이 발생할 경우 공동체에 대한 책무가 우선한다고 설명한다. 그는 이 관계를, 딸에게만 특별한 친권을 행사하는 문화권을 예로 들어 설명한다. 즉 딸의 배우자를 선택할 권능을 부모에게 부여하는 문화권을 상정하고, 이때 이 문화가 성의 평등은 받아들이면서도 한편으로는 배려와 평등에 필요한 것으로서 여성에 대한 가부장적 보호를 가정생활의 모든 면에서 인정한다고 할 때, 딸의 결혼에 대한 어버이의 통제는 가족제도의 다른 부분과 일관성을 갖는다고 여겨진다면, 딸은 가족 구성원으로서 연대적 책임을 받아들이게 된다는 것이다.[66] 이에 따르면 아버지의 소망에 반反하여 결혼한 딸들은 후회하게 될 것이다. 드워킨도 그렇게 예측했다. 그러나 대부분의 여성주의 이론가들이라면 이 상황을 어떻게 받아들일까? '참된' 공동체에서의 특별한 관심과 연대적 책무 쪽보다는, 다소 차갑더라도 정의로운 의무 쪽을 택하지 않을까?

도덕철학자 '헤라클레스'

사법에서 통합원리를 설명하기 위해서 드워킨이 등장시킨 인물이 법관 헤라클레스다. 헤라클레스는 과거에 대한 회고적 요소와 미래에 대한 전망적 요소를 결합시키는 인물이다. 그는 관행주의자도 아니고 실용주의자도 아니며 차라리 정치적 도덕철학자다. 헤라클레스의 결정은 과거에 내린 결정에 '부합'해야 하고 동시에 그 결정을 '정당화'하는 해석으로부터 나와야 한다. 그는 어느 해석이 과거의 결정 혹은 텍스트에 형식적으로나 구조적으로 더 잘 부합하는가를 먼저 물어, 이때 부합하지 않는 것들을 배제시킨다. 그런 다음 부합하는 해석들 중에서도 어느 것이 실무를 실질적으로 더 나은 것으로 만들어 주는지를 물어서 호소력이 더 큰 쪽을 선택하는 방식으로, 흡사 연작소설 창작사업에 참여하는 작가처럼 완성도와 창조성을 높여 간다.

드워킨에 의하면 다른 법률가들이 헤라클레스의 견해를 반드시 받아들여야 하는 것은 아니다. 다른 법률가들은 다른 대답을 내놓을 수 있다.[67] 적격성의 일차적 요건에 부합하는지에 대한 신념이 다를 수 있고, 정당화에 대한 신념, 즉 정치적 도덕성의 관점에서 더 낫게 보이게 하는 해석이 어떤 것인지에 대한 신념이 다를 수 있기 때문이다.

드워킨의 구분에 따르면 원리논거는 법원에서 담당하고, 정책논거는 입법자가 담당한다. 그러므로 법관을 대리입법자로 보면서 법관을 입법의 영향 하에 두는 전통적인 법이론은, 드워킨이 보기에는 원리와 정책을 혼동한 결과이다. 흔히 입법자로서의 법관상에 대해서는 민주주의 원리와 시민들의 기대에 반한다는 반론이 제기된다. 즉 법관은 선출직도 아니어서 국민들에게 직접 책임을 지지 않는 만큼, 법관이 자신이 만약 입법자라면 제정했으리라고 생각하는 바에 따른다는 식의 법형성 내지 법창조는 민주주의에 반한다는 비판을 받는다. 더 나아가 법관의 법창조는 시민들 편에서 보면 사후입법에 의해 권리가 침해당하는 것과 같다. 드워킨은 이런 비판들은 정책논거에 따른 사법결정에 대한 반론으로서, 만약 법관이 정책논거가 아닌 원리논거로써 결정을 정당화시킬 수 있는 경우 이런 반론은 누그러진다고 본다.[68]

새롭고 도전적인 문제들을 원리의 문제로 대면하는 헤라클레스는 드워킨에 따르면 법을 진보시키는 열린 길을 가는 법관이다. 법관의 추론이 법논증에서 가장 큰 영향을 미치는 것은 사실이다. "법적 주장에 관한 판사의 논증이야말로 법실무의 핵심인 주장정립적 측면을 탐구하기 위한 유용한 모범례가 된다."[69]

그러나 문제는 "감성이 풍부한 법률가들이 마음에 품고 있는" 이미지가 논증에서 유일한 '모범례'가 됨으로써 참여자의 관점이 특정 실무를 따르게 되고, 계속하고자 하는 특정 참여자들의 관점과 일치되는 경우이다. 예컨대 어떤 실무는 피상적으로는 지지자들을 확보하여 폐해가 없는 것처럼 보이지만 실제로는 해로울 수 있다. 법관들이 "가장 넓은 의미의 정치에 대한 해석적·성찰적 태도"를 갖는 것이 언제나 바람직하기만 할까? 그보다는 법관은 제한된 정보와 능력을 가진다고 볼 수밖에 없기 때문에 덜 야심적인 해석도구를 갖는 것이 더 바람직하지 않을까.

사법철학을 넘어서

드워킨의 법이론은 법적 강제에 대한 정당화를 제시하는 이론이다. 그 자신의 표현대로 "유토피아적 법의 정치학"[70]을 구상하면서 드워킨은 법을 관행의 문제로 보는 입장에 반기를 들었다. 그러면서 법성찰을 정치적 도덕성의 차원으로 넓힘으로써, 법적 판단이 광범위하게 논의 대상이 될 수 있는 영역임을 드러내 주었다. 법적 결정에서 정치적인 것은 어떤 역할도 하지 않는다는 종래 생각을 흔든 것이다. 이 점에서 그는 현대 법철학에 기여했다. 그가 원리론을 들고 나오면서 법을 규칙들의 체계로만 보는 사고가 본격적으로 도전받게 된 측면도 있다. 이와 함께 법관들이 목적, 원리, 정의, 공정에 대해 좀 더 개방적으로 생각하도록 한 점도 긍정적이다.

그렇다면 법관에게 공동체 전체의 관점에서 법을 진보시키는—그토록 열린—길이 제시된다는 것을 우리는 어떻게 받아들여야 할까? 사법의 관점에서 법논증의 타당성을 출발시키고 또 끝맺음한다는 점을 어떻게 받아들여야 할까? 드워킨의 주장처럼 법이 법관의 결정을 통해 모습을 드러내며 사회에도 영향력을 미친다는 생각은 틀린 생각은 아니다. 판결 속에서 실정법의 정수를 구하고자 했던 사람들은 미국의 법현실주의자들만은 아니었을 것이다. 그러나 드워킨을 제외하고 어느 누구도 법관의 정치철학을 그토록 거대한 공동체 이념으로 확장시키지는 않았다. 판결이 아무리 중요하다고 하더라도 법관이 내리는 판결이 언제나 참된 법이라고 생각하고 판결 속에서만 실정법의 정수를 구할 수 있다는 결론을 도출하기는 어렵다. 우리나라를 포함하여 많은 나라의 역사가 이를 반증한다.

드워킨의 구성주의 법이론은 국가법이라는 전통에서 상급법원에 종사하는 법관들이 하드 케이스에 마주쳤을 때 이를 대처해 나가기 위한 논증틀을 제시하는 이론 정도로 자리매김할 수 있을 것이다. 드워킨은 법관들을 법을 적용하는 것 이외에는 여하한 이익도 가지지 않은 존재들로 그린다. 그러기에 법관이라는 엘리트의 정치적 도덕성에, 사법권력에, 상고법원의 권위에 시민들이 굴복하는 데 아무 문제가 없다고 생각하는 것 같다. "법은 독자적으로 스스로의 여망을 설정"한다느니, "우리가 가지고 있는 법 속에 존재하는 그리고 법의 너머에 존재하는 법의 순수형태"니 하는 표현들[71]에서 왠지 드워킨이 법관에게만 보이는 법, 법관이 아니고서는 다가갈 수 없는 법을 상상한 것은 아닌지 하는 느낌이 든다. '법의 제국'이란 말 그대로 '헤라클레스의 제국'이 되는 세계, 법의 지배가 법관의 지배로 이해되는……

헤라클레스는 결코 사기꾼은 아니겠지만 너무 많은 기대를 한 몸에 받는 과부하된 저명인사임에는 틀림없다. 드워킨은, 법철학이 헤라클레스를 맞이하는 것으로 그 소임을 다한다고 생각하는 것 같다. 나는 그렇게 생각하지 않는다. 요컨대 법철학의 지평은 사법철학의 지평보다는 더 넓어져야 한다.

황산덕의 법도구주의의 블랙홀

유명론적 법개념

켈젠이 무無내용의 법학을 주장했다면, 황산덕 선생은 무의미한 법학, 즉 법이 무엇인가에 관해 정의를 내리고 그 의미를 밝히는 과업의 무의미성을 주장했다. 그는 스스로 자신의 법사고가 서구 분석철학, 고대 인도의 용수(나가르주나Nāgārjuna), 신라의 원효元曉의 영향을 받았다는 것, 그리고 정부에서의 공직 경험을 통해 "법철학설을 현실에 입각해서 반성"한 산물이라는 것을 밝히고 있다.[72] 이러한 사상적 편력과 현실에 입각한 반성이 그로 하여금 끝내 법학과 법철학의 무의미성에 이르게 한 것으로 보인다.

그는 서구 법철학의 여러 학설을 검토해 나가면서 자연법론과 법실증주의의 대결을 통해 법학자들이 추구한 것이 법의 본질과 인식, 의미내용의 확정 문제였지만, 자연법론이든 법실증주의든 결국 이에 실패하고 말았다고 주장한다. 그는 켈젠에 따라 자연법론을 원시적·형이상학적 이원론의 산물로 규정하고, 모든 자연법론자들을 무차별적으로 법의 영구불변성을 주장하는 사람들로 분류한다. 그러나 아리스토텔레스나 아퀴나스의 자연법조차도 실은 영구불변성 주장과는 거리가 멀었다. 요컨대 법철학자로서 그는 자연법 사상을 포함한 전통철학을 근본주의로 일체 매도하는 경향을 보인다.

황산덕 선생에 따르면 법실증주의도 법의 본질을 밝혀낼 수 없기는 마찬가지였다. 즉 법실증주의자들은 법의 내용은 보지 않고 법이 창설되는 절차에만 착안하여, 법의 출처를 설명해 줄 뿐 법이란 무엇인가를 밝혀내지 못했다는 것이다.

법의 본질을 찾으려는 법학자들의 노력이 이처럼 헛수고로 돌아갈 수밖에 없는 이유는, 황산덕 선생에 따르면 법이란 명칭 내지 언어일 뿐, 그렇게 불리는 것에 동형대응되는 '그 무엇'을 그 본질로서 밝히는 문제가 아니기 때문이다. 그것은 '화자의 생활태도'를 나타내고 있을 뿐이다. 한마디로 그는 유명론적·형식적 법개념을 고수한다. "법이라는 명칭은 있고, 법학자들이 사용하는 언어는 있으나, 그러한 명칭 내지 언어가 가리키는 법이라는 '그 무엇', 즉 법의 '실체'는 존재하지 않는다. 그러므로 법학자들이 사용하는 언어는 아무 것도 가리키는 것이 없다. 따라서 법학자들이 만들어내는 언명은 아무것도 기술하지 않는다."[73] 그는 법률가들이 사용하는 언명은 일정한 사실을 기술하기 위한 것이 아니라, 상대방을 공격하고 자신을 방어하기 위해 사용하는 도구에 지나지 않는다고 주장한다. "우리가 사회생활 속에서 자기가 목적한 바를 향해 나아감에 있어서 남으로부터 부당하게 방해를 받지 않도록 자신을 방어하기 위하여 적시에 이용하는 일종의 '무기'가 되는 것이 다름 아닌 법인 것이다. 그러므로 실정법규를 잘 활용할 줄 알면, 우리는 억울하게 취급되지 않고 편히 살 수가 있다."[74]

법도구주의의 블랙홀

황산덕 선생에 의하면 실제로 어떤 판결이 내려질 것인가도 참으로 유동적이고 우연적이기 때문에, 법관의 판결이 진정한 의미의 법이라고 말할 수도 없게 된다.[75] 결국 그의 법철학은 "법이라고 하는 것은 있다고도 할 수 없고 없다고도 할 수 없다"는 고백에 이르게 된다. 이런 표현은 그의 종교관을 반영한 것인지도 모른다. 어쨌든 법의 기능에 대한 법학도나 일반시민들의 정상적인 이해를 방해하는 이런 태도는, 법에 관한 저급한 상식들―'법은 법이다', '법은 강제다' 등―을 유지시키는 온상이 될 수 있다.

역사에서 법의 지배는 수단의 정치, 다수의 정치에 법을 내맡길 수 없다는 의식에서 탄생했다. 황산덕 선생처럼 법이 모두가 공유하는 목적이나 가치를 바탕으로 하지 않는다고 생각하는 순간, 법은 정의를 위한 목적에 봉사하기도 하고, 반대로 사악한 목적에 쓰이기도 한다. 그러나 법은 단순히 일을 해치우기 위한 수단으로만 이해될 수 없다. 오히려 수단으로서의 법의 사회적 역할이 커질수록, 법이 형식에 있어서나 내용에 있어서 이치에 맞을 것을 요구하게 되는 합리성의 압력을 더 받게 된다.

법이 도구라는 생각은 그 도구가 바람직하고 유용한 사회적 귀결을 가져오기 때문이라는 실용주의와 연관되어 있다. 실용정신이라는 것은 안 되면 되게 한다는 식의 저돌성이 아니라 일종의 균형 감각과, 역사적 경험을 활용하는 태도를 요구하는 것이다. 설사 법의 지배를 권력 체계에 상응하여 나타나는 결과로 보는 실증적 견해를 취한다고 할지라도, 상호갈등 관계에 놓이는 행위자들 모두가 자신들의 이익을 위해 법을 도구로 활용할 줄 알게 될 때는, 법이 특정 집단의 이익을 반영하기보다는 다수의 집단들에 의해 이용될 때이다. 법이 일단 특정 이익들을 위해 효과적인 도구가 되면, 점점 더 많은 사람들이 이 도구를 이용하기 위해 조직될 것이다. 그러면서 조직된 이익집단의 수가 증가할수록 사회는 법의 지배에 더 근접하게 될 것이며, 이때 다수의 이익에 반한 권력 독점은 그만큼 어렵게 되는 것이다.

법이 모두가 이용하는 도구가 되는 때는, 서로 경쟁하는 다수의 세력들 사이에 균형이 생길 때다. 이 균형 속에서 예측가능하고 일관성 있는 행위가 가능하게 된다. 자신의 이익을 도모하는 통치자 편에서도 이익집단들의 자발적인 협력을 얻어내기 위해 어느 정도 자기절제도 함으로써 스스로의 행위도 예측가능하게 만든다. 시민들도 동료 시민들 또한 법에 따르리라고 생각하고, 이에 기초하여 행위를 선택하게 된다. 이런 관점에서 법의 지배는 '제도적 균형' 상태에서 작용한다고 말할 수 있다.[76] 아무튼 법이 모두가 이용하는 도구가 되기 위해서는, 최소한 공무담당자들이 시민들이 기대하는 대로 공적 행위를 수행한다는 조건이 필요하다.

황산덕 선생이 예로 든 자동차 같은 도구라 할지라도 성능을 더 좋게 만들고 수시로 수리하고, 목적에 따라 다른 종류도 만들려고 애쓰거늘, 법에 관해서는 왜 더 이상적인 것에 대해서 생각하면 안 되는 것일까. 왜 그리하면 개념적 혼란에 빠진 문외한이나 근본주의자로 매도되어야 하는 것일까. 민주사회에서 법이 추구하는 실제 목표가 무엇인지, 규칙의 제정 방식은 민주적인지, 행위를 지시하는 규칙의 내용이 타당한지 등등에 대한 관심을 접고, 어떤 기관이 규칙을 제정한다는 것만을 전제한 채 법의 지배를 '법에 의한 통치'로 받아들여야 한다는 것은 어떤 근거도 가질 수 없다. 결론적으로 황산덕 선생은 도구주의를 과대평가했다.

황산덕 선생은 법이 현실의 제도로서 관찰되는 사회현상임을 말해 줄 뿐, 왜 그것이 철학적 성찰의 대상이어야 하는지 말해 주지 못한다. 그렇다면 왜 그의 책은 『법철학강의』라는 제목을 달았을까? 법의 지배는 현실의 실정적 제도로 나타나는 동시에, 그 제도의 지도이념이기도 하다. 그래서 법적 물음에는 법철학적 성찰이 따를 수밖에 없고, 그것은 지금까지도 이어지고 있는 것이다.

3. 비극『안티고네』다시 보기

법본질에 내재한 대립성

앞에서 법의 본질을 둘러싸고 대립되는 두 견해가 존재함을 밝힌 바 있다. 하나는, 법은 도덕적으로 중립적인 제도라는 견해이며, 다른 하나는 그렇지 않다는 견해이다. 이 대립에 대해 어떤 학자는 이것이 이론 이전의 이해 단계에서의 지적 혼란에서 초래된 것이기 때문에, 언어 사용상의 혼동을 극복하여 인지적 심화 단계를 거치면 해소된다고 보았다. 그러나 이는 분석으로 사라질 차원의 문제가 아니다. 이는, 법의 일반성이나 예측가능성을 더 고려하여 부정의한 법도 포함하는 좀 더 광의의 법개념을 갖느냐, 아니면 정당한 법만을 법으로 보는 협의의 법개념을 갖느냐 중에서 선택하는 방법론적 문제 차원도 넘어선다.

방법론적 은폐로도 방법상의 순수주의로도 위에서 말한 대립을 해소시킬 수는 없다. 또 드워킨식의 사법 중심주의에서의 '사유 부풀리기'로도 이 대립은 해소되지 않는다. 위에서 지적한 대립은 법 자체의 본질에 내재한 것이다. 말하자면 이질적이고 대립적인 것이

실은 '동일한 근원성'을 지니고 있는 것이라고 할까.

독자 여러분은 고대 희랍 비극 작품인 소포클레스의 『안티고네』를 알고 있을 것이다. 흔히 정의의 여신상으로 알려진 '디케'보다는 덜 대중적인 인물이 안티고네다. 우리나라 대법원 건물에도 디케상이 서 있지만, 내 생각에는 『안티고네』야말로 법사고의 철학적 깊이를 느끼게 하고 법과 더불어 살아야 하는 우리 인간존재에게 법의 의미를 알려주는 사유의 보고寶庫로 여겨진다. 의로운 사람 소크라테스가 법의 이름으로 사형을 당하는 '소크라테스의 재판'도 법사고의 딜레마를 안겨주지만, 법의 이름으로 체제를 전복하는 힘을 발휘하다가 쓰러지는 안티고네는 정녕 법의 본질이 갖고 있는 역동적인 철학성을 보여 준다.

『안티고네』의 내용을 요약하자면 다음과 같다. 오이디푸스의 딸 안티고네는 삼촌 크레온 왕의 법령을 거역하고 그녀의 오빠인 폴리네이케스의 시체를 전통방식에 따라 매장해 주고자 한다. 크레온은 반역자인 폴리네이케스의 시체를 매장하는 것을 금지하는 법령을 공표한다. 안티고네의 두 오빠는 다같이 테베전쟁에서 전사했지만 에테오클레스에 대해서는 명예로운 장례가 허용되고 반역자인 폴리네이케스는 들판에 버려져 짐승의 밥이 되도록 한 것이다. 안티고네는 이를 거부하고 폴리네이케스를 묻어 주다가 크레온 앞에 끌려오게 된다. 크레온이 법령을 주지시키며 추궁하자 안티고네는 자기의 범죄 사실을 시인한다. 그러나 죽은 자가 지하세계인 하데스로 무사히 가게 하기 위해 마땅한 장례가 치러져야 한다는, 신의 영원한 법을 주장한다.

크레온은 그의 아들이자 안티고네의 약혼자인 하이몬의 탄원과 이의제기에도 불구하고 법령을 어긴 안티고네에게 사형을 선고한다. 한편 예언자가 크레온 왕에게 불길한 조짐을 알린다. 노한 신이 테베를 역병으로 괴롭히리라는 것이다. 아닌 게 아니라 들판에 내버려 둔 시체의 썩은 고기를 짐승들이 시내로 물고 들어오면서 역병이 퍼지게 된다. 그러자 크레온은 자신의 행위를 후회하면서 안티고네를 살리고 시체도 묻어 주려고 마음을 바꾼다. 그러나 운명은 이미 다른 방향으로 흘러 그가 처형 장소에 도착했을 때는 이미 안티고네 스스로 목숨을 끊은 후였다. 하이몬조차 분노와 슬픔을 이기지 못해 아버지 크레온에게 대들다가 스스로 목숨을 끊고 만다. 집으로 돌아온 크레온을 기다리는 마지막 비극은 아내인 에우리디케가 아들의 자살 소식을 듣고 역시 자살로 생을 마감했다는 사실이었다.

이 비극에서 안티고네와 크레온 왕은 정치적·도덕적 이슈와 관련하여 논점, 원리, 행동에 있어서 철저히 대립되는 인물로 나타난다. 어느 한 편이 가치적 우위를 주장하지만 양쪽 다 비극적 파멸에 이를 수밖에 없었던 것은 불가피하게 두 인물이 상대에게 매인 한 쌍의 전망을 구현하고 있기 때문이다.[77]

크레온: 여러 말 할 것 없이 간단히 대답해 보라. 너는 법률이 그것을 금지한다는 것을 알았느냐?

안티고네: 물론입니다. 그것은 공지되어 있으니까요.

크레온: 그런데도 법률을 어기려고 했단 말이냐?

안티고네: 그것은 결코 제우스 신이 만든 법은 아니었지요. 천상의 신들과 거주하는 정의의 신 디케도 우리 인간을 위해 그런 법을 명하지는 않았어요. 나는 단지 인간일 뿐인 당신이 만든 법이 신의 저 위대한, 쓰여지지 않은 그러나 확실한 법들을 능가할 수 있다고 생각하지 않습니다. 그 법들은 살아 있습니다. 단지 오늘 혹은 어제만 아니라 영원히 살아 있으며, 아무도 그것들이 언제 처음 제정되었는지 모르지요.

한쪽에는 천상의 법이 있다. 쓰여 있지 않으니 해석할 필요도 없이 분명하고, 공표에 의해서가 아니라 그 부름에 응하는 사람들의 행동 속에 살아 있는 법, 시간의 제약에 매이지 않는 법이다. 다른 한쪽에는 지상의 폴리스의 법이 있다. 권한을 가진 당국에 의해 만들어져 시민들이 따르고 국가를 수호하는 실정적인 법. 이 실정법 질서의 준수에 대한 크레온 왕의 주장은 플라톤의 대화편 『크리톤』에서 재판 결과에 따라 사형을 기다리고 있는 소크라테스가, 도주하라고 권하러 온 제자 크리톤의 청을 거부하고 폴리스의 법을 준수할 도덕적인 의무를 역설하는 대목과 거의 비슷하다.[78]

대립적인 것들의 공생

『안티고네』는 법의 원천이 '대립적인 것들의 공생'에 있음을 보여준다. 가치/효력, 보편성/개별성, 정의/법, 정당성/실정성, 도덕/

힘이 그것이다. 이 두 인물의 비극성은 자신의 입장의 가치적 우위를 주장하면서 이것들의 동근원성으로부터 점점 멀어지는 데 있다. 크레온은 극의 서두에서는 자신이 공표한 폴리스의 법률의 정의로움이 제우스의 그것에 따른 것임을 내세우지만, 안티고네 그리고 그의 아들이자 안티고네의 약혼자인 하이몬과의 대립이 심해지면서 신의 법으로부터 멀어지고 자신의 법률의 효력이 절대적으로 우위임을 강변한다. 그래서 시민들을 지키고 국가를 수호하는, 제우스에 따른 법이라는 처음의 주장에서 "내가 공표한 법이다", "지상에서 신에 버금가는 법으로서 부정의해도 복종되어야 한다", "무질서보다 더 사악한 것은 없다", "이 왕국은 내 것이다" 등으로 논거가 옮겨 가면서 그의 이미지는 정통성을 가진 입법자로부터 선동가, 독재자의 이미지로 바뀌고 만다. 또한 그는 '디케'를 폴리스의 일반적인 실정법 질서의 의미로 그리고 그 법에 대한 복종의 의미로 해석하고 있다. 극의 마지막에서 크레온은 운명의 위력 앞에 무릎을 꿇으며 자신의 주권을 넘어서는 존재의 법을 인정해야 했지만 이미 때는 늦었다.

그런데 정도를 넘기기는 안티고네도 마찬가지였다. 안티고네가 처음부터 국가의 안녕 등에 관심이 없었던 것은 아니지만, 그녀는 혈육과 그에 대한 애정을 끊임없이 내세우면서 이 열정을 폴리스의 법률에 도전하는 힘으로 키워 간다. 디케에 대한 안티고네의 해석도 크레온과는 다르다. 그녀가 이해하는 디케는 폴리스 전체의 질서보다는 죽은 자의 정의 같은 개인적인 것들을 돌보는 신이다. 크레온의 디케가 일반적 정의라면 안티고네의 디케는 구체적 정의인 셈이다.

그녀는 디케의 부름이라고 여기면서 극단의 파국적 행동으로 치닫는다. 폴리스의 법을 부정하고 끝내는 자신이 가치 있게 지키고자 했던 가족과 혈육 전체를 잃고 그녀는 절망 속에서 신을 원망하면서 천상의 법에까지 도전하며 쓰러지고 만다.

코러스: 너는 너무 멀리 나가고 말았어. 넘지 말았어야 할 마지막 선을 기어이 넘어 천상의 디케의 옥좌에 부딪혀 파멸하고 마는구나.

안티고네와 크레온은 각각 법을 법이게끔 하는 것의 한 자락을 잡고 있었던 것이다. 크레온은 실정성, 안티고네는 정당성을! 그러면서 정의가 서로 자기 편에 있다고 믿었지만, 결국은 정의와 소통하는 데 실패했다. 안티고네조차도![79] 안티고네의 비극적 영웅성은 "파멸적 대립인 동시에 영원한 공생" 관계에 있는 법과 정의가 그녀의 육신을 통해 그 막다른 데까지 연기되었다는 데 있다.[80]

4. 법과 법률

실정법 + '알파'

『안티고네』는 법을 진정 법답게 하는 것은, 제재라는 실정법적인 힘과 이 힘의 사용을 정당화하는 이념의 야말감임을 알게 해준다. 힘이 아니라 정당한 힘! 이는 실정적·제도적 틀이면서도 동시에 그것의 지도이념이기도 한 법개념을 우리가 필연적으로 가져야 함을 뜻한다. 법의 구속적인 힘을 정당화해 주는 요소가 법 자체의 본질에 내재된 것으로 설명하는 법이론을 가질 수밖에 없음을 말해 준다. 다시 강조하지만 이 점이 법의 철학적 본질에 해당한다. 법철학은 법의 개념적 명확성을 도모하는 문제가 아니라, 법 자체의 본질에 내재한 제재의 정당한 구속력에 관한 담론으로 파악되어야 한다는 것이다.

법의 내용은 지역에 따라 시대에 따라 다를 수 있지만, 법의 구속적인 힘—이것을 법형식이라고 표현할 수도 있을 것이다—은 특수한 상황에 매이지 않는다. 그런 의미에서 법 자체의 본질에 기초한다. 이런 맥락에서 칸트는 법에 구속적인 힘을 부여하는 조건들을 공동의 자유가 가능하기 위한 조건으로 정의하면서 이를 일체의 실정

법률들이 가능하기 위한 기초로 삼은 것이나.

하트식의 분석법 이론은 법고찰에서 힘의 사용의 정당화에 관한 논거를 제거시켰다. 그와 함께 전통적인 법철학 의제에서는 통합되어 있던 분석적 기획과 규범적·평가적 기획을 갈라놓았다. 이제 어느 법체계 안에서 법공직자가 규칙에 맞게 결정을 도출했는가를 따지는 분석적·가치중립적인 기획과, 규칙의 그러한 적용이 옳은가를 따지는 규범적·평가적 기획이 나눠지게 된 것이다. 법의 본질에 대한 '분석'의 결과로 법에 대한 도덕적 이해를 법고찰에서 떼어냄으로써 전통적인 법철학의 중요한 문제의식도 떨어져 나가게 된 것이다.

앞에서도 지적했듯이 법이 공유하는 목표 또는 가치를 바탕으로 삼지 않는다고 말하는 순간, 법은 좋은 목적에도 사용될 수 있고 사악한 목적에도 사용될 수 있는 도구에 불과하다는 결론에 이르고 만다. 그리고 사실 이것이 분석 법학자들이 도달한 결론이기도 하다. 좋은 목적에도 사악한 목적에도 똑같이 봉사하는 것이 법이라는 생각이 일부 법이론가들이나 법률가들에게 받아들여진다 할지라도 일반 시민들은 이를 어떻게 생각할까?

하트는 '무엇이 규칙으로서의 법을 정당화시키는가'와 같은 물음을 의미 없는 물음으로 취급한다는 점에서, 법을 강제의 정당화에 대한 답이라고 본 홉스Thomas Hobbes와 같은 의미의 실증주의자라고 할 수도 없다. 즉 홉스만 하더라도 기술적·분석적 부문과 규범적·도덕적 부문으로 나누기 이전의 통합적 문제의식하에서 법사고를 했던 사람이었다. 강제력의 정당화 문제를 하트는 법공직자의 관행적 결정이 승인된 것으로 받아들여진다는 사실로 환원시키고 만다. 이와 함께 결국 법제정 권위의 정당함 문제도 사라지는데, 왜냐하면 법의 핵심은 제정된다는 데 있는 것이 아니라 법공직자에 의해 받아들여진다는 데 있기 때문이다. 이때 승인하는 정권의 도덕성이나 정권을 잡은 과정 등은 성찰의 대상이 되지 않는다.

켈젠에서도 제재의 정당화 문제가 변질되기는 마찬가지다. 그는 '무엇이 법을 타당하게 만드는가'라는 물음을 불가피한 것으로 보았지만, 당위를 윤리 범주로 가져가는 길을 피하고자, 이를 역사적으로 최초의 헌법인 '근본규범'에 따라야 하는 것으로 설명했다. 이로써 효력의 문제는 법에 복종해야 한다는 사실 차원의 문제와 동일시되고 말았다.

이렇게 하여 이들은 결국 법에 있어서 많은 중요한 철학적 주제들을 사라지게 하는 것이다. 제재의 정당화 문제는 실증주의자가 걱정할 일이 아니라고 말하면서 이 주제를 법사유의 장 밖으로 밀어내고 법학과 법철학을 빈곤하게 만든 것이다.

법에 있어서 철학적 사유의 빈곤은 법이 현실정치의 하부구조로 가는 길을 열어 주는 것과도 같다. 나는 법률가든 시민이든 법실천을 위해 평상시에 철학을 비축하는 일이 중요하다고 생각한다. 철학은 정치적·법적 실천이 용이하도록 도와주는 역할을 한다. 정의실현에 방해가 되는 요소를 찾아내고, 이 과정에서 이론적 절충을 찾아가도록 도와준다. 켈젠이나 하트의 법이론은 법률가들과 법학도들이 이런 철학을 비축할 기회를 놓치게 만든다. 말할 것도 없이 우리는 법률가를 양식과 지성과 전문지식, 그리고 자신의 철학을 겸비한 인물로 키워내야 하는 데도 말이다.

법을 공부한 사람들이 법전과 판례를 다 검토하고도 법적 결말에 대한 견해가 일치하지 않는 경우는 생각보다 많다. 대법원까지 오는 사건만 해도 한 해 3만 건이 넘는다. 물론 대법관들 사이에도 견해가 달라 최고법원의 판결이 만장일치로 이루어지는 경우는 드물다. 그렇다면 소수의견을 내는 법관들, 상급법원에서 뒤집힐 판결을 한 법관들은 법과대학을 다닐 때 공부를 덜 한 사람들일까. 그래서 틀린 답을 낸 법관들일까. 그렇지는 않다. 그들은 '틀린 답'을 낸 법률가들이 아니라 '다른 답'을 찾은 법률가들이다. 결국 법을 둘러싸고 견해가 일치하지 않을 경우, 법률가들이든 시민들이든 어느 것이 더 나은 견해인가를 계속 물어야 한다. 이때 반드시 도덕적인 것이 아니라 할지라도 어느 것이 더 이상적인지를 계속 묻는 지적 작업을 수행해야 하는 것이다. 결국 실정법만으로는 해결할 수 없으며 '알파'가 필요한 것이다. 실정법을 초월한다는 의미의 '알파'가 아닌, 실정법에 내재하는 '알파'!

법철학의 역사는 실로 위에서 언급한 이 '알파'의 역사였다. 그것은 대개 서구에서 자연법사상으로 보존되어 왔다. 자연법사상은, 법적 물음에는 실정법 질서만으로는 해결할 수 없는 여지가 남아 있음을 알려 주는 서구 인문정신의 산물로서 고대 희랍에서 생성되었으며 중세, 근대를 거쳐 오늘날 입헌주의 헌법 정신으로 이어지고 있

다.[81]

이 '알파'를 굳이 자연법이라고 부르지 않아도 좋다. 어쨌든 2천 500년의 서구 역사를 거치면서 이어온 이 '알파'라는 거점은 쉽게 포기되지 않을 것이다. 왜냐하면 자유로운 개인들을 복종시키는 힘은 지적 호소력을 가지고 정당화하는 수밖에 없기 때문이다. 또 법제정 주체의 참된 권위는, 그 권위가 정의로워야 한다는 데서 찾을 수밖에 없기 때문이다. 더 나아가 실정법과 판례들을 다 뒤지고도 법이 명하는 바가 무엇인지를 둘러싸고 법률가들 사이에 견해가 엇갈린다면, 우리는 어느 것이 더 이상적인지 다시 물을 수밖에 없기 때문이다.

렉스(lex)와 유스(ius)

실정법과 '알파'의 관계는 서구 법철학사에서 '렉스'lex와 '유스'ius의 관계로 포착되기도 했다. 라틴어의 '렉스'는 '법률'로, '유스'는 '법'으로 번역할 수 있다. 우리 말의 관행적인 쓰임새에서 '법'과 '법률'은 동일한 뜻으로 쓰일 때도 있지만 구분되어 쓰일 때도 있다. 예컨대 컴퓨터 프로그램 보호법에서의 '법'과, 폭력행위 등 처벌에 관한 법률에서의 '법률'은 같은 뜻일 것이다. 반면 '그는 법률가 타입이다', '법률 유보', '법은 멀고 주먹은 가깝다', '악법도 법인가' 등의 표현에서 이 둘은 구별해서 쓰인 것임이 틀림없다. 특히 '법률사무소'처럼 전문직업군과 관련하여 우리는 '법'이라는 단어를 잘 쓰지 않는다. 또한 '법은 멀'다라고 하지 '법률은 멀'다라고 말하지 않으며, '악법은 법이 아니다'라고 말하지 '법률이 아니다'라고 표현하지 않는다. 우리 말 사용 관행상의 '법'과 '법률'의 구분은 라틴어의 '유스'와 '렉스'의 구분으로까지 거슬러 올라간다.[82] 전자는 법을 지칭하는 동시에 올바른 것, 정당한 것, 권리 등을 뜻하기도 한다. 후자는 권한을 가진 당국에 의해 제정되어 법전화된 규칙의 의미로 쓰인다. '유스'가 상식, 정의, 윤리와 친숙한 개념이라면, '렉스'는 전문적이고 직업적 의미로 더 자주 쓰인다. 오늘날 법률가들이 '법'이라고 말할 때는 대개 렉스의 의미의 '법률'을 가리키는 것이다.

오늘날 법률가들은 이 둘을 경우에 따라 구분하여 이해하는 데 어려움을 겪는지 모르지만, 법성찰의 역사에서 이 둘은 동일한 것으로 간주되지만은 않았다. 아니, 법과 법률을 다른 것으로 파악하는 태도가 오히려 법의 발전에 활력을 불어넣었다고 말해야 옳을 것이다.

법과 법률을 구별해서 쓰는 용례는 중국, 일본 등 동아시아와 히브리어, 아랍어, 프랑스어, 독일어, 이탈리아어, 스페인어, 러시아어 등 상당히 많은 언어권에서 나타난다.[83] 예컨대 독일에서는 헌법 조문에 이러한 구분이 드러나 있다. "입법은 합헌적 질서에 구속되며, 행정권과 사법은 법률Gesetz과 법Recht에 구속된다."[84]

토마스 아퀴나스는 법과 법률을 구분하면서 법률을, 이성의 지시로 공동선을 지향하는 것으로서 사회를 돌보는 자에 의해 제정되고 기록되어 공포되어야 하는 것으로 정의했다. 그에 따르면 법은 정의와 연관된 것으로서 규범이라기보다는 활동, 즉 '정의의 활동'actio iustitiae으로 일컬어진다.[85] 즉 법은 올바른 행동에 대한 어떤 추상적 도식이 아니라 정당한 행위 그 자체요, 구체적 상황에서의 정당한 결정을 의미했던 것이다.

서구 법철학사는 유스에 대한 이해를 배경으로 하여 렉스를 해석해 온 역사였다. 적어도 근대 이전까지는 자연법 전통에 따라 유스의 우위가 확정적이었다. 렉스는 유스에 기초한 것으로 이해되었으며 그런 의미에서 유스는 법적인 것이었다. 근대에 들어오면서 이 관계는 전도된다. 근대국가는 국가 기능으로서의 입법권력의 주권적 속성을 공고히 하면서 제정된 법률의 우위를 고하며 탄생했다.[86] '법률의 시대'가 개막된 것이다. 특히 19세기에 들어서면서 산업화에 따른 경제성장과 자본주의의 발전은 법률을 통한 예측가능성과 법적 안정성을 높이 사는 계기가 되었다. 군주의 자의에 의해서가 아니라 법률로 정함으로써 가능해진 자유는 괴테에 의해서도 예찬되었다. 법률만이 우리에게 자유를 부여한다고.

렉스가 유스에 근거하고 그래서 유스도 법적인 것이었던 세계관은 그로티우스Hugo Grotius 같은 사람에게 남아 있었지만, 이제 점점 희미해져 홉스에 이르면 유스는 이제 법이라고 부르기에는 모호한 것으로 여겨진다. 그래서 그는 렉스만 법이라고 생각하고, 렉스와 유스의 연관마저도 부정한다. 그래서 홉스에게 있어서 자연법은 이제 더 이상 법이 아니라 단지 도덕철학으로 묘사될 뿐이었다. 유스는 이제 법의 세계에서 배제된다. 홉스가 법은 진리가 아닌 권위에 근거한다고 말한 것도 이 때문이다.

5. 당대 법률가들이 겪는 어려움

제정법으로서의 법률의 효력에서 관건이 되는 것은 형식적 입법 절차이다. 법률의 내용은 국가적 목적에 따라 임의적일 수 있기 때문에 실정 법률의 효력에 영향을 미치지 않는 것으로 간주되는 것이다. 이로써 법(ius)과 법률(lex)의 분리는 본격화된다. 토마스 아퀴나스에서 통합되었던 내용적 기준과 형식적 기준은 이제 분리된다. 법관의 판결은 법률의 정확한 복사여야 한다는 그 시대의 법학 방법론도 이 법률 주권주의를 반영한 것이었다.

지금까지의 설명에 비추어 보면, '법으로부터 자유로운 영역'이 거의 남지 않은 것 같은 오늘날 법〔률〕 지상주의 분위기 속에서 당대 법률가 세대들이 법과 법률의 구별에 어려움을 겪는 것은 당연한지도 모른다. 그와 함께 오늘날 법률가들은 법실천을 위한 지적 활동을 보람 있는 삶이나 좋은 사회질서의 주제와 연관짓는 데에도 어려움을 겪고 있다.

법세계는 이제 지혜로운 삶을 위한 지성적인 심판의 역할에 대한 기대와는 무관한 영역이 되었다. 그 기대는 각자의 자기보존을 위한 효과적인 예방책에 대한 기대로 채워지게 되었다. '법'(lex)으로 하여

금 '올바름'(ius)을 토대로 하게 하고 그것을 다시 보람 있는 삶에 대한 도덕적 추구로서 '선함'(ethic)에 연결시키던 저 실천철학의 전통은 와해된 것이다. 예컨대 누군가가 온종일 텔레비전만 본다면? 그는 그럴 권리가 있다. 그가 더 좋은 일에 시간을 쓸 수 있어야 한다는 성찰은 법적으로는 무가치하다. 우리는 그가 온종일 텔레비전을 볼 수 있는 법적 권리를 침해할 수 없다. 법도 가치 있는 삶을 위한 것으로 생각했기에 아리스토텔레스는 법을 공동체의 가장 중요한 사항으로 꼽았다. 그는 우리 인간에게 선에 대한 공동의 이해가 가능하다고 여겼다. 한편으로는 성찰의 습관이나 연민 그리고 이를 증진시키는 교육을 통해서, 다른 한편으로는 다른 사람들의 경험을 경청하고 경험적 지식을 축적해 가면서 도덕적 이해에 이를 수 있다고 생각했다. 이러한 이해를 기초로 하여 그는 공동선의 실현도 가능하다고 보았다. 그리고 이를 위한 도덕적 지침으로서 필요한 것이 법과 국가라고 주장했다. 즉 모든 사람들이 이성적이지는 못하기 때문에 법이 필요하며, 이상적인 목표는 공동체를 통해서만 실현가능하기 때문에 국가가 중요하다고 했던 것이다.

나의 번영이 타인의 번영과 연관되어 있다는 것을 깨닫는다면, 공동으로만 참다운 삶의 의미를 추구할 수 있다는 것 또한 깨달을 수 있을 것이다. 그리고 무엇이 인간다운 삶인지를 묻고 그 삶을 추구하고자 노력하면서 살아가는 우리의 이야기가 각자 따로 떨어져 있는 것이 아니라 서로 연결되어 있다는 것을 깨닫게 될 것이다. '법'과 '올바름'과 '선함'을 연결시켰던 실천철학의 전통은 근대의 그로티우스,

홉스, 현대의 롤스에 이르면서 단절된다. 각자는 이제 자기보존 욕구를 가진 존재로, 모두는 모두에 대해 권리를 가진 존재로 그려진다. 근대 이후로 자유주의에서 강조되는 것은 바로 '개인들이 선택한다'는 것이다. 이제 각자는 공동으로 선을 발전시키는 대신 각자의 선의 관념, 각자의 풍요로운 삶의 관념에 따르면 되게 되었다.

주

1 「국제사회의 북한인권 인식과 과제」, 북한인권 국제심포지엄(국가인권위원회 주최, 2008. 10).

2 예컨대 체코공화국 헌법(1992. 12. 16.) 제1장 제1조는 "체코공화국은 주권적이고 통일된 그리고 민주적이며 법을 준수하는 국가이며, 개인과 시민의 권리와 자유를 존중하는 국가이다"이며, 폴란드공화국 헌법(1997. 4. 2.) 제2조는 "폴란드공화국은 법에 의해 지배되며 사회정의 원리를 이행하는 민주주의 국가이어야 한다"고 나와 있다.

3 Danilo Zolo, "The Rule of Law: A Critical Reappraisal", *The Rule of Law. History, Theory and Criticism*, Pietro Costa & Danilo Zolo(eds.), Springer(2007), 5쪽 참조.

4 켈젠, 하트, 드워킨 이론의 문제점에 대해서 나는 「'있는 법'과 '있어야 할 법'의 연관성」, 『법철학연구』(한국법철학회, 2009, 제12권 제1호), 286쪽 이하에서 다룬바 있다. 이하의 내용은 논문에서 언급한 쟁점들을 확대하고 논지를 발전시킨 것이다.

5 황산덕 선생은 1949년 한스 켈젠의 『순수 법학』을 번역 출간하면서 서문에서 그렇게 밝혔다. 상세한 내용에 대해서는 박은정, 『법철학의 문제들』(박영사, 2007)의 제3장 "해방 후 한국 법철학의 흐름"을 참조할 것.

6 Hans Kelsen, *Reine Rechtslehre*(1960) 제2판. 번역판으로는 한스 켈젠, 『순수 법학』 (변종필·최희수 옮김, 길안사, 1999).

7 그가 남긴 글 중에는 아직까지 공개되지 않은 것들도 많은데, 모든 형이상학을 근본적으로 비판하기 위해 주로 인종학적 사료들에 의존하여 쓴 2천 페이지에 달하는 애니미즘에 관한 저작도 그 가운데 포함되어 있는 것으로 알려져 있다. 이와 관련해서는 Werner Krawietz, "Hans Kelsen–Ein Normativer Mastermind des Rechts und der Rechtstheorie für das 21. Jahrhundert?", *Rechtstheorie* 38(2007), 34쪽을 참조.

8 한스 켈젠, 『켈젠의 자기증언』(심헌섭 옮김, 법문사, 2009). 이 책에 대한 심헌섭 교수의 서평은 『법학』 제48권 제3호(서울대학 법학연구소, 2007), 278쪽 이하에 실려 있다.

9 그러나 이는 켈젠이 법학을 자연과학화하려 했다는 뜻은 아니다. 규범과학으로서의 법학의 고유한 과학성을 자연과학적 엄정성에 맞먹는 수준으로 높이고자 했다는 뜻이다. 이에 대해서는 Hans Kelsen, *Rechtswissenschaft und Recht. Erledigung eines Versuchs zur Überwindung der "Rechtsdogmatik"*, Franz Deuticke(1922)를 참조.

10 2009년 10월 30일 한국법철학회가 주최한 법철학 독회에서 심헌섭 교수가 "켈젠의 생애와 사상"이라는 제목의 발표를 통해 이같이 말했다.

11 한스 켈젠, 『순수법학』, 30쪽.

12 Immanuel Kant, *Der Streit der Fakultäten*, Kants Werke Akademie Textausgabe, Berlin, 1968(1798), 79쪽 이하.

13 이 점을 주목한 글인 Von Ota Weinberger, "Neue Betrachtungen über Kants Kritizismus – Die Bedeutung seiner kritischen Theorie für die Jurisprudenz", *Rechtstheorie* 35(2004), 150쪽 참조.

14 한스 켈젠, 같은 책, 309, 315쪽

15 같은 책, 308쪽.

16 같은 책, 312쪽.

17 이에 대해서는 박은정·한인섭 엮음, 『5·18, 법적 책임과 역사적 책임』(이화여자대학출판부, 1995)를 참조할 것.

18 한스 켈젠, 같은 책, 119쪽 이하.

19 Roger Cotterrell, *Law, Culture and Society. Legal Ideas in the Mirror of Social Theory*, Ashgate(2006), 52쪽. "법은 우리가 아는 어떤 것이 아니라 우리가 하는 어떤 것"이라는 표현은 넬켄(D. Nelken)의 글 "The Truth about Law's Truth"(*European Yearbook in the Sociology of Law*, 1993)에서 코터렐이 인용한 것이다.

20 W. H. 오든, "법은 사랑처럼", 『뮤즈가 디케에게. 시인이 본 법』(안경환 엮음, 교육과학사, 1994), 9쪽.

21 Richard Posner, "The Decline of Law as an Autonomous Discipline 1962 ~1987", 100 *Harvard Law Review*(1987), 761~780쪽.

22 Wilhelm Ebel, *Recht und Form. Vom Stilwandel im deutschen Recht*, J. C. B. Mohr: Tübingen(1975), 14쪽 이하 참조. 중세 독일법에 따르면 재혼시 이전의 혼인관계에서 태어난 자녀의 인지 절차로서, 생모로 하여금 자신의 외투로 자녀를 배에 감싸 덮어서 혼례 제단으로 데려가도록 해서 그 자녀를 상징적으로 다시 태어나게 하는 절차를 밟게 했다고 한다. 이를 '외투자녀'(Mantelkind)라고 한다.

23 Mario G. Losano, "Turbulenzen im Rechtssystem der Modernen Gesellschaft-Pyramide, Stufenbau und Netzwerkcharakter der Rechtsordnung als ordnungsstiftende Modelle", *Rechtstheorie* 38(2007), 14쪽 참조.

24 켈젠이 헌법재판소의 설립에 이론적으로나 실제상으로도 크게 기여한 것은, 헌법재판소 설립이 위계적 모델에 따른 자연스러운 실천적 귀결이 되기 때문이었다. 국가 질서가 피라미드라면, 그리고 정점이 헌법이라면, 헌법에 합치되지 않은 것은 제거되어야 하며, 이 제거 작업은 시스템 자체 안에서 가능해야 한다(Mario G. Losano, 같은 책, 15쪽).

25 Werner Krawietz, 같은 글, 77쪽 참조.

26 한스 켈젠, 『켈젠의 자기증언』, 36쪽.

27 그의 국가이론은 '규범적 강제 질서의 효력과 창설에 관한 이론'으로 정의된다. Hans Kelsen, "Staatsform als Rechtsform", *Zeitschrift für öffentliches Recht*, Bd. 5(1925), 73쪽 이하.

28 켈젠은 『민주주의의 본질과 가치』, 『사회주의와 국가』, 『의회주의의 문제』, 『민주주의의 기초』 등을 저술하고, 사회학자 대회에서 "민주주의의 사회학에 대하여"라는 제목의 강연을 하기도 했다. 이런 저술의 배경에 대해서는 『켈젠의 자기증언』, 39쪽 이하를 참조할 것.

29 Hans Kelsen, *Vom Wesen und Wert der Demokratie*, Scientia Verlag Aalen, 1981(제2판), 8쪽.

30 같은 책, 11~13쪽.

31 같은 책, 15쪽.

32 같은 책, 98쪽.

33 켈젠은 민주주의 원리를 '국민에 의한'으로만 이해하지 않고 '국민을 위한'을 표방하고 나올 때, 가치판단에 이데올로기가 개입되면서 민주주의의 왜곡이 — 독재도 민주주의를 위한 것이라는 식으로— 생긴다고 주장한다. Hans Kelsen, "Foundations of Democracy", *Ethics* vol. LXVI(1955), 1쪽 이하.

34 같은 글, 77쪽.

35 같은 글, 78쪽.

36 당시 바이마르공화국 사법부의 조직은 내부의 수직적 통제가 강하고 관료적이었으나 제도적으로는 독립성을 가졌으며, 정부는 불안정하고 의회도 양극화되어 있어서 정치적으로 상당한 자율성을 누렸다. 이 분석에 대해서는 아담 쉐보르스키·호세 마리아 마라발 외, 『민주주의와 법의 지배』(안규남·송호창 외 옮김, 후마니타스, 2008), 446쪽 이하에 나오는 호세 마리아 마라발의 "정치적 무기로서의 법의 지배"를 참조할 것.

37 한스 켈젠, 『순수 법학』, 519쪽 이하.

38 아르투어 카우프만, 『법철학』(김영환 옮김, 나남, 2007), 13쪽.

39 같은 책, 323쪽.

40 카우프만은, 법을 실현하는 이 과정은 "귀납과 연역의 변증법", "당위(법이념/법률)와 존재(사례) 간의 상응"을 의미하기에, 직선이 아닌 "해석학적 나선형"으로 이해되어야 한다고 말했다(아르투어 카우프만, 같은 책, 324쪽).

41 이에 대한 반박으로는 예컨대 Roger Cotterrell, 같은 책, 51쪽 참조.

42 J. M. Balkin, "Interdisciplinarity as Colonization", 53 *Washington and Lee Law Review*(1996), 949쪽 이하. Balkin은 다른 학문들이 법에 침입하기 쉬운 이유는 법이 학문 분과이기보다는 직업 분과이기 때문이라고 주장한다.

43 허버트 하트, 『법의 개념』(오병선 옮김, 아카넷, 2001), 105쪽 이하.

44 같은 책, 122쪽.

45 같은 책, 152, 153쪽.

46 같은 책, 153쪽.

47 Nigel Simmonds, *Law as a Moral Idea*, Oxford University Press(2007), 135쪽 참조.

48 허버트 하트, 같은 책, 200쪽.

49 이런 관점에서 하트의 승인의 규칙을 비판한 미국의 법철학자 론 L. 풀러의 『법의 도덕성』(법문사, 1971), 158쪽 이하 참조.

50 이 점은 특히 Simmonds가 같은 책 172쪽에서 예리하게 지적했다.

51 같은 책, 172쪽 참조.

52 Ronald Dworkin, *Taking Rights Seriously*, Duckworth(1977); *A Matter of Principle*, Clarendon Press(1986). 로널드 드워킨, 『법의 제국』(장영민 옮김, 아카넷, 2004).

53 로널드 드워킨, 『법의 제국』, 141쪽.

54 "법이 존재한다면 그 법은 개인이나 집단에 대하여 행사되는 공권력을 정당화한다는 대체적 합의의 토대 위에 이루어진다"(같은 책, 166쪽).

55 "법은 어떤 권리가 국가의 공권력을 행사하는 데 있어서 과거에 내려진 결정 속에 명시적으로 들어 있거나 묵시적으로 함축되어 있기 때문에 정당화를 제공하는가에 관한 문제"이다(같은 책, 151, 152쪽).

56 같은 책, 145쪽.

57 Ronald Dworkin, *Taking Rights Seriously*, 31쪽 이하. 물론 그는 약한 재량과 강한 재량의 구분이 쉽지는 않다는 점을 인정한다.

58 같은 책, 101쪽 이하.

59 로널드 드워킨, 『법의 제국』, 310, 311쪽.

60 같은 책, 205쪽.

61 같은 책, 566쪽.

62 2010년 4월 5일, "대한민국 헌법재판소의 어제와 내일"이라는 제목으로 서울대학 법학대학원에서 행해진 특강에서 이강국 헌법재판소장은, 법관의 양심은 기본권상

의 개인 양심의 자유와는 별개로서, "법관의 양심은 개인적 소신이나 신념을 배제하고 오로지 헌법과 법률의 법리에 따라 불편부당하게 재판해야 한다는 직업적 양심을 의미한다"고 말했다. 그리고 "법관이 정치적·이념적 편향성에 따라 재판한다면 결국 현대판 '원님 재판'이 될 수 있다"고 경고했다(『조선일보』, 2010년 4월 6일자).

63 로널드 드워킨, 『법의 제국』, 199쪽.

64 같은 책, 274, 275쪽.

65 같은 책, 289쪽.

66 같은 책, 291쪽 이하.

67 같은 책, 340쪽.

68 Ronald Dworkin, *Taking Rights Seriously*, 82쪽 이하.

69 로널드 드워킨, 『법의 제국』, 32쪽.

70 같은 책, 569쪽.

71 같은 책, 566, 567쪽.

72 황산덕, 『법철학강의』(방문사, 1983, 제4 개정판), 4쪽.

73 같은 책, 361쪽.

74 같은 책, 366쪽.

75 같은 책, 359쪽.

76 아담 쉐보르스키·호세 마리아 마라발 외, 같은 책, 51, 59쪽.

77 이런 관점에 도움을 준 글은 C. Douzinas & R. Warrington, "Antigone's Law. A genealogy of jurisprudence", *Politics, Postmodernity and Critical Legal Studies. The Legality of the Contingent*, London and New York(1994).

78 소크라테스는 『크리톤』에서 부정의한 법에 대해서는 그 수정과 개선을 위해 설득하는 노력을 기울여야 하나, 설득에 실패한 경우 개인으로서는 실정법에 따라야 할 도덕적인 의무가 있다고 주장했다. 『소크라테스의 최후』(박종현 옮김, 박영사), 97쪽.

79 C. Douzinas & R. Warrington, 같은 글 참조.

80 Whitman, *Sophocles. A Study in Heroic Humanism*, Harvard University Press(1951).

81 자연법사상에 대한 자세한 사항은 박은정, 『자연법의 문제들』(세창출판사, 2007)을 참조할 것.

82 법질서를 추상적으로 이해하지 않고 구체적 상황에서 문제 처리에 기여하는 질서로 본 로마인들은 법을 우선적으로 '소송'(actio)으로 이해하고 법률은 구체적 상황에 대한 구속적인 결정으로 이해했다. J. Bleiken, *Lex publica: Gesetz und Recht in der römischen Republik*(1975), 186쪽 참조.

83 각각 법을 의미하는 droit(프랑스어), Recht(독일어), diritto(이탈리아어), derecho(스페인어), pravo(러시아어)와, 법률을 의미하는 loi, Gesetz, legge, ley, zakon이 있다.

84 기본법 제 20조 제 3항. 독일 기본법이 법률과 법을 구분해서 입법화한 것은, 기본 법의 기초로서 특히 법치국가성을 강조했기 때문인 것으로 이해된다. 즉 독일연방 공화국이 형식적 법치국가(법률국가) 혹은 형식적 민주주의가 아닌 실질적 법치국 가와 실질적 민주주의를 지향한다는 의미를 담고 있는 것이다. 법률만이 아니라 법 률의 배후에 놓이는 법의 지도이념 자체의 실현을 목표로 한다는 기본법 제정자의 의지를 천명한 것으로 받아들이고 있는 것이다. 더 자세한 것은 아르투어 카우프만, 같은 책, 301쪽 참조.

85 아퀴나스의 법률 개념에는 내용적 기준과 형식적 기준이 통합되어 있다. 토마스 아 퀴나스는 부정의한 법률을 '타락한 법률'(legis corruptio), '법률의 파괴'라고 비판 하면서 이에 대한 저항권을 인정했다(Thomas von Aquin, *Summa theologica*, I, II, 95, 2. 그리고 II, II, 57, 1).

86 그런 가운데 프리드리히 사비니(Friedrich Karl von Savigny)처럼, 법은 민족정신 의 조용한 작용의 산물이어야 하기에, 의식적인 법률제정에 반대하는 움직임도 없 었던 것은 아니었다.

3장

—

법률가의 법, 문외한의 법?

1. 시민들의 법존중 태도

법률가의 관점의 한계

2장에서 오늘날 주류 법이론들을 비판적으로 살펴보았다. 그리고 얻은 결론은 법을 조망하는 이들의 시야가 좁다는 것이다. 이들은 법사고를 개념분석적인 관점 아니면 법률가의 관점에서 출발시켰다. 사실 법학자를 포함하여 법률가들은 대개 자신들의 동료나 법학도들을 염두에 두고 저술하거나 교육활동을 한다. 그만큼 무의식적으로든 의식적으로든 이들이 법률가의 관점에 서게 되는 것은 자연스러운 것일지도 모른다. 드워킨이 법철학을 법원이 판결근거들을 정당화할 때 고려하는 것들로 파악한 것도 그러하다. 그래서 그에 의해 사법(판결)이론은 별다른 논증 없이 법이론 전체로 확대된 것이다. 켈젠이 현실의 실정법의 구조를 분석하면서도 실정법의 토대인 법정 밖의 사회적 실제와 단절된 이론을 택하는 데에도 이런 직관이 작용한다. 법공직자가 실무관행에서 가져오는 결과를 효력 있는 법의 기준으로 받아들이는 하트도 마찬가지이다.

전문법률가의 역할과 사법제도의 중요성은 말할 것도 없이 크다.

그렇다고 하여 법률가의 관점에서 출발하여 법과 법제도의 본질을 추구하는 태도가 타당할까? 법률가의 관점은 실무에 처해 '건전한 직관'에 호소한다는 점에서는 의의가 있지만, 철학적 성찰의 최초 출발점으로는 아무래도 자의적이다. 법의 본성에 관해 탐구할 때 오히려 연구자는 법률가의 관점으로부터 일단 물러서 있어야 하지 않을까? 이는 법률가의 관점을 무시해서라기보다는, 사회조직 및 정치제도 일반이라는 보다 넓은 맥락에 자리 잡은 법률가와 법원의 위치에서 이들을 검토하기 위해서인 것이다.

　법은 건전한 상식에 기초한다는 말은 오늘날 점점 잊혀가고 있다. 사실 보통법common law이란 보통법 문화권에서 전통과 사회 관습의 지지를 받는 상식을 의미한 것에 지나지 않았다. 그런데 오늘날처럼 사회가 복잡해질수록 사람들은 법을 전문가들에게 맡겨야 하는 문제로 생각하게 된다. 지금은 가히 '전문가의 시대'다. 기능적으로 분화된 사회, 과학기술 사회, 위험 사회 등 현대사회 분위기는 보통사람들의 문제해결 능력에 대해 점점 회의하는 쪽으로 흐르고 있다. 한편에서는 지식전문가층의 독점에 도전하는 기류도 나타나지만, 개인주의, 가치다원주의 경향과 함께 사회적 합의나 민주적 의사결정이 어려워지는 세태도 전문가 의존도를 높이는 요인으로 작용한다. 최근 행동경제학 분야에서는 일반인들이 전문가의 도움 없이는 얼마나 비합리적이고 무능할 수 있는지를 보여 주는 실험분석 결과를 내놓기도 한다. 이런 글들을 읽다 보면 일반인들의 책임능력을 믿는 사람들은 천진한 사람으로 취급되기 십상이다.

오늘날 전문가는 중세의 성직자와 거의 비슷한 지위에 올라 있다. 플라톤은 사람들이 구두를 만들거나 집을 짓기 위해서는 전문가를 찾아가지만, 우리 모두에게 관계되는 문제를 위해서는 그렇지 않다고 말한바 있다. 그러나 사람들은 이제 우리 모두를 위한 국가정책이나 법제를 위해서도 전문가부터 찾는다.

법률가는 오늘날 전문직 중에서도 으뜸가는 직업이 되어 있다. 법조직에는 이른바 파트타임 제도라는 것도 없다. 법교육이나 사법연수도 점점 전문적이 되어가고 있다. 법률가의 전문성에 더해서, 법판단에 과학적 주장을 활용하기 위해 정신과 의사, 건축가, 회계사, 사회과학자 등, 법정을 드나드는 전문가들 — 이들의 전문성을 검증하는 명확한 기준이나 심사당국도 없이 — 이 기하급수적으로 늘어나고 있다.

말할 것도 없이 전문가는, 그의 특수한 지식을 인간 지식의 총체와 조화시키지 않는다는 조건 하에서 전문가로 남을 수 있다.[1] 그러므로 전문가의 지식은 경청될지라도, 우리 모두와 관계되는 문제에 있어서 결정은 전문가의 몫이 아니라 역시 '위대한 아마추어'들의 몫이다. 이렇게 말한다고 해서 내가 여기서 법전문가를 키울 필요가 없다고 말하려는 게 아니라는 것을 물론 독자들은 잘 아시리라 믿는다.

일상법

경험적 연구 결과에 따르면 일반시민들은 대체로 법을 지켜야 하는 것으로 생각하고, 또 대체로 법이 지시하는 바를 따르고 존중하는 것으로 나타난다. 물론 개별 법률이나 특정 판결, 그리고 법률가들에 대해 불만이나 비판이 없지 않고, 심지어는 개별 법률이나 이에 따른 정부정책 시행에 불복종하는 경우도 없지 않다. 그러나 일반시민들은 전체로서의 법체계 내지 법제도 자체에 대해서는 긍정적으로 생각하며, 오히려 국회의원 등 공직자들이 법을 지키지 않는 것에 대해 우려하고 있는 것으로 나타난다.

시민들이 일상생활에서 다양한 목적을 추구하는 활동의 한 방편으로 법을 따르는 이런 태도는 사회에서 법이 작동하고 유지되는 데 중요한 역할을 한다. 독일의 법사회학자 에를리히Eugen Ehrlich는 이 법영역을 일찍이 '살아 있는 법', '직관법'이라고 불렀다.[2] '일상법' routine law이라고 부를 수도 있겠다.[3] 우리 사회에서 '국민 정서법' 혹은 '떼법'이니 하는 식으로 일부 행정 엘리트나 매스컴에 의해 거론되는 용어도 소극적으로 이 영역을 가리키는 것이겠다.

'일상법'은 국회가 제정한 '실정법'이나, '법관법'(판례법) 등 공무원들의 공무집행 형식으로 적용되는 '공식법', 자연법 같은 초실정적인 '이상법'에 비해 덜 연구되어 있는 게 사실이다. 연구되었다고 하더라도 대개 법사회학적 관심에서 이루어진 것들로서 법철학적·법이론적 관점에서 설명되는 경우는 드물다.

왜 일반시민들은 법에 대해 잘 모르면서도, 혹은 특정사안과 관련하여 법에 대해 반발하면서도 전체로서의 법체계에 대해 존중의 태도를 보일까? 자신들은 법을 잘 모르지만 법전이나 법률 교과서, 아니면 판례집에 다 나와 있고, 법률전문가들이 이에 따른 법지식을 갖추고 정답을 찾아낸다고 생각하기 때문일까? 그렇게 간단하지는 않을 것 같다. 우선 법률가에 대한 일반인들의 불신도 없지 않고, 그보다도 경험적으로 우리는 법전문가들이 법전과 판례를 다 뒤진 후에도 법에 대해 견해가 일치하지 않는 경우가 있음을 알고 있다.

우리 일반시민들이 법에 복종하는 것은 그냥 법이 있기 때문에 수동적으로, 혹은 위압 때문에 복종하는 게 아니라, 법이 따를 만하기 때문에 복종하는 것이다. 법에 따를 만하다는 것은, 법제정 권위의 정당성이나 절차를 신뢰하고 내용적으로 옳게 만들었다는 전제가 충족된다는 것이다.

2. 문외한들의 혼동?

법률가와 문외한의 구분 도식

강제만으로는 합리적인 인간을 지속적으로 법에 따르도록 할 수는 없다. 합리적인 사람들이 스스로 규칙의 지배 하에 놓이는 데는 법전과 판례라는 물리적 법자료들의 총량을 넘어서는 법이념에 대한 신뢰가 깔려 있기 때문이다. 일반시민들의 일상적인 법생활의 바탕에는 법이 도덕에 기초하고 있다는 생각이 깔려 있다. 즉 기존의 실정법과 공식법의 기준 역할을 하는 법적 지도이념으로서의 법의 지배에 대한 믿음이 깔려 있다.

시민들의 이러한 이상법에의 믿음은 신화나 상징 기제의 조작의 결과라고 말하는 사람도 있다. 법이 사회적 상징의 저장고의 하나로서 정서적으로 중요한 역할을 하는 것은 사실이다.[4] 그러나 법제도가 역사적 제도인 한은 이 상징은 사회 구성원들의 역사적 경험을 구체적으로 반영한 것이다. 그러기에 상징 기제로 가장 많이 쓰이는 정의의 여신상 '디케'는 우리들이 흔히 알고 있는 바와는 달리 한결 같은 모습을 띠지는 않았었다. 이 여신상은 어느 시대에는 두 눈이 아름답게 빛나는 모습으로 형상화되었는가 하면, 어느 시대에는 눈을 가린 모습으로, 혹은 무섭게 부릅뜬 모습으로 그려졌다. 중세의 감은 눈은 신적이고 초월적인 정의의 표현일 수 있고, 근대 전후의 부릅뜬 눈은 세속적인 신, 즉 군주의 모든 것을 보고 있다는 절대 권력의 이미지일 수 있다. 어떤 때에는 윙크하듯이 한쪽 눈의 안대를 살짝 내리고 있는, 혹은 멍청하디 멍청한 눈을 뜨고 있는 디케 상이 나타나기도 한다. 새로운 시대의 도래를 알리는 폭풍 전야의 불안한 모습이라 하겠다.[5] 각 시대마다 구성원들의 좌절과 희망, 혹은 억압의 법경험이 법상징으로 나타난 것이다.

많은 국가에서 이루어진 법개혁 내지 사법개혁은 정부 중심 혹은 전문가 중심으로 이루어진 경우에는 대개 실패하는 반면, 민간 주도 내지 민간 참여로 이루어진 때는 성공률이 높은 것으로 나타나고 있다. 예컨대 최근 호주의 사법개혁은 대표적인 정부 주도 모델로서 관료와 전문가 중심으로 기도하여 실패한 케이스에 속한다. 반면 캐나다는 민간 주도로 위원회를 만들어 사회적 맥락에서 출발함으로써 성폭력 관련법, 가족법, 불법행위법 등 주요 분야의 법개혁에 성공했다.[6] 우리나라에서도 지난 1995년 이래 사법개혁이 수차례 추진되었지만, 비교적 성공률이 높았던 때는 NGO 등 민간의 참여가 높았을 때였다.

일반시민들의 법에 대한 존중 태도는 법이념에 대한 신뢰와 연계되어 있다. 그런데 앞에서 언급한 분석 법이론가들은 법을 이념에 연관시키는 이런 태도를 비법률가의 인지적 혼동으로 설명하려 한다.

법이론가나 법률가들이 일반시민들과 다른 법개념을 가진다는 것은 예사로운 일이 아니다. 분석 법이론가들은 적법한 것과 정의로운 것을 서로 다른 것으로 간주하고 이 구별에 몰두한다. 반면 일반시민들은 무엇이 적법이냐의 문제와, 무엇이 정의로우냐의 문제를 떼어서 볼 수 없다는 다소 복잡한 문제 지평을 의식하고 있다. 법이론가들이 법사고에서 잘라내고자 한 그 복잡한 지평!

일반적으로 법은 현실에서 일상적으로 실현되는 것이요, 정의는 그 일상 현상인 법실현을 평가하는 추상적 척도라고 이해되고 있다. 그러나 정의란 따지고 보면 결국 현존하는 기준에 대한 성찰을 요구하는 것이다. 그러므로 정의는 기존의 법생활과 윤리 생활 속에서 그 표현을 얻게 된다.

사람들은 법이 지배하는 사회를, 법을 통해 권력 제한이 이루어지는 사회로 받아들인다. 그러기에 법의 지배는 한 사회의 문화 선진성의 척도 역할을 하기도 한다. 그러므로 문화 사회에서 사람들이 법이라고 이해하는 개념은, 당연히 법의 지배의 의미에서의 법과 같은 것을 뜻한다. 그런데도 실증주의 법이론가들 중에는 '법의 지배'가 법의 본질에 기초한 이념이라는 생각, 즉 법의 지배에 대한 '상식적 이미지'는 잘못된 것이라고 주장하는 이들이 있다. 그리고 법의 지배와 법개념 자체는 구별되어야 한다고 주장한다.[7] 법은 목적이나 가치와 무관한 중립적인 규칙 체계인 반면, '법의 지배'는 정치적이고 도덕적인 지도이념에 해당하므로, 법의 지배에서의 법과 법개념 자체는 구별해야 한다는 것이다.

이런 이원주의 입장의 배후에는 법에 대한 전문적이고 기술적인 접근과 비전문적 접근, 즉 법률가와 문외한의 구분 도식이 깔려 있다. 법률가에게 있어서 법은 일정한 규칙 체계 안에서 효력 요건을 갖추는 것으로 법이 되는 데 비해, 문외한에게 법은 "열려 있고 일반적이며 상대적으로 정적인 것들의 체계"라는 것이다.[8] 그래서 소위 문외한들은 법을 법이게끔 하는 틀 외에 이 열린 부문을 채우는 규정적 원리들을 임의로 떠올린다는 것이다.

그러나 법이라는 단어가 통상적인 의미로 쓰일 때와 '법의 지배'의 의미로 쓰일 때, 그 의미가 다르다고 간주할 이유는 없다. 우리의 통상적인 이해, 즉 법의 지배가 바로 법의 본질에 기초한 이념이라는 '상식적 이미지'를 포기하고, '전문가의 법'과 '문외한의 법'이라는 이원주의에 승복해야 할 타당한 이유는 어디에도 없다.

이용자의 관점

법의 지배가 이루어지는 만큼 법은 실현되는 것이다. 법이 지배한다는 것은 사람들이 법에 복종한다는 것만을 의미하지 않으며, 법에 대한 내용적·평가적 기준이 함께 고려되는 활동을 가리키는 것이다. 예컨대 규칙이 적용된다고 하더라도, 공무담당자가 이와 관련하여 과도한 재량 행위를 허용받고 있다면, 사람들은 법을 행위 기준으로 삼기보다는 이 공무담당자의 행위에 대한 예측을 지침으로 삼아 행동할 것이다.

일상적으로 일반인들은 법에 대해 내용의 관점에서 관심을 가지며, 그것을 중심으로 토론이 이루어진다. 이에 비해 법률가들은 법을, 그 출처 그리고 연원의 권위를 중심으로 고려한다. 그러기에 일반시민들은 법전을 '정의를 담은 문서'로 읽어야 한다고 여기는 데 비해 법률가들은 이것을 특수한 기술적 문서로 읽는다.

전문가주의는 이용자의 관점을 무시할 뿐 아니라, 심지어 법의 기준을 아예 '나쁜 사람'의 입장에서 보기를 권하기도 한다. "법이 걸어온 길은 논리가 아니라 경험이다"라는 경구적 표현으로 유명한 미국의 저명한 판사이자 법이론가인 홈즈O. W. Holmes는 『법의 길』The path of the law에서, 나쁜 사람들이 그러하듯이 법을 냉소적으로 생각하라고 조언했다. 오로지 세속적 결과에만 관심을 가지고 법적 효과에 대한 예측을 가능하게 해주는 지식을 추구하는 악한 사람의 입장에서 법을 바라보아야 한다고. 플라톤도 『국가』에서 법관은 타인의 영혼 속에 깃든 악을 식별할 줄 알아야 하기 때문에 젊어서는 안 된다고 적었다.

아리스토텔레스는 민주주의, 즉 다수에 의한 지배를 정당화면서, 다수가 소수보다 더 지혜로울 수 있다는 점, 그리고 '제작자'보다는 '이용자'가 더 잘 판단할 수 있다는 점을 들었다.9 공동선에 관한 한은 전문가보다 일반시민들이 더 나은 판단을 할 수 있다는 것이다. 일반인들은 비록 전문가는 아니지만 세금 정책이나 외교 정책, 교육과 같은 중요한 공적 문제들에 대한 견해를 가지고 있다. 그러므로 이들로 하여금 충분한 심의를 거친 후 결정하도록 하는 경우에는, 몇 사람의 전문가가 결정하는 것보다 공익에 더 잘 기여할 수 있다는 것이다. 전문가주의가 대세가 되면서 법지식의 전파도 힘들게 되는 측면도 없지 않을 것이다. 이에 따라 접근·참여·합의가 덜 용이해져, '이용자'로 하여금 법에 접근하는 길이 더 어렵게 보이도록 만들기도 하는 것이다.

3. 진리냐 정의냐

'합리적·평균적 인간' 테스트

'실체적 진실 발견'이라는 말이 있다. 법률가들은 법적 진실 발견을 위해 애쓰는 사람들이다. 법적 진실을 발견하는 데 있어서 어려움은 사실관계에 적용할 법률을 확정하는 데 있어서의 어려움일 수도 있지만, 대개는 사실관계 자체를 확정하는 어려움이다. 법관들의 이야기를 들어 보면, 한 사건에서 소요하는 거의 90퍼센트가 넘는 시간은 사실관계를 판단하는 일에 쓰이며, 10퍼센트도 안 되는 시간이 이 사실관계에 적용할 법률판단에 할당된다고 한다. 특히 형사사건에서는 사실판단 문제의 비중이 높다. 이미 과거지사가 된, 법률가들이 보지도 듣지도 못한, 어떤 경우에는 죽은 사람 외에는 그 누구도 보지 못한 사실을 밝히는 문제가 법적 진실 발견에 있어서 최대의 난제인 것이다. 이 진실 발견에서 실패하는 경우가 적다고 할 수는 없을 것이다. 그러기에 형사사건에서 합리적 의심을 넘어서는 확신 개념이나, 의심스러운 경우 피고인에게 유리하게 한다는 법원칙이 존재하며, 민사에서도 개연성의 형량 원칙이 중요한 역할을 한다.

법의 객관성을 테스트하는 기준으로 '합리적·평균적 인간'이라는 관점이 도입된 것도, 법률가의 이 진실 발견의 한계와 관련되어 있다. '합리적·평균적 인간' 테스트란, 일반 수준의 행위라면, 즉 주의 깊게 행동하기도 하지만 동시에 과실도 범할 수 있는 평범한 인간에 대하여 요구할 수 있는 것이라면, 법세계에서도 옳은 것이라는 평가를 받는다는 뜻이다. 예컨대 부주의로 타인에게 손해를 끼친 경우 주의 의무 위반자는 민사상 손해를 배상할 책임을 진다. 그런데 과연 어느 정도 주의를 게을리한 것이 이웃에게 용납될 수 없을 정도의 부주의한 상황이 되는 걸까? 법률가들은 이 상황을 개념적으로 규정하여 법적 명확성을 구하고자 했지만 실패했다. 불가능할 정도로 복잡해진 조문들 내지 규준들을 가지게 될 뿐이었으며, 많은 실제 사례에서 정의구현에 실패했다. 행위자의 고의 등 진정한 의도와 위법 의식을 철저히 따져야 하는 형사사건에 비해, 피해자에 대한 보상이 중심이 되는 민사사건에서는 부주의하게 행위한 사람이 고의가 있든 없든 혹은 동기가 어떠하든, 피해가 입증되기만 하면 정말로 비난받을 정도가 아니더라도 '합리적·평균적 인간'에 비추어 보는 객관적 테스트를 거쳐 책임을 묻고 부정의를 피하게 하는 것이다. 이 평균적·합리적 인간 기준의 도입으로 법원은 법형식을 변화시키지 않고서도 실제로 법에 변화를 가져오게 하는 효과를 얻게 된다.

진실 발견을 위해 평균인을 통한 객관성 테스트를 거치게 하는 것은, 진실 발견이라는 목적보다는 부정의를 덜 가져오게 한다는 데 목표가 있다. 법적 진실의 발견이라는 어려움 앞에서 법원이 평균적·

합리적 인간이라는 우회로를 거치는 이유가 여기에 있다. 물론 정의가 무엇인지에 대해 합리적 평균인도 확실히 말해 줄 수는 없다. 그러나 이들이 어떤 것은 명백히 부정의하다고 말하는 것은 법으로도 막을 수 없다.

법이 실체적 진실을 찾아 평균적·합리적 인간과 다른 길을 걸을 때도 있을 것이다. 그러나 이 둘의 괴리가 커지면 당연히 문제가 생긴다. 법률가들, 입법자들이 법적 진실 추구를 위해 평균적·합리적 인간들과 위험을 무릅쓰고 다른 길을 걸을 수는 있지만, 만약 너무 나아가 보통사람들의 정의감을 해친다면 그들로서도 감당할 수 없는 일을 자초하는 셈이다.[10]

과학주의 vs. 상식주의

분석 법이론을 포함하여 오늘날 주류 법이론은 법의 과학성에 기여하고자 했다. 지난 밀레니엄의 법학자로 켈젠을 선정한 배경에도 그의 순수 법이론이 법의 과학화에 기여했다는 평가가 작용했다. 법을 과학으로 보려면 과학적 진리를 추구해야 한다. 분석 법학자들이 도덕이니 정의니 목적 추구니 하는 이념이나 활동을 멀리하려는 것도, 정의보다는 진리를 우위에 두기 때문이다. 중세 유럽에서 교회법이 주축이 되었을 때, 이 진리 추구 경향은 아주 심했다.

그러나 '진리를 위한 지연은 부정의'라는 말이 있다. 법률가들의 진리 추구 경향이 그것 자체로 나쁜 것은 아니지만, 인류가 발전시킨

법절차 안에는 법률가들의 진리 추구가 일반시민들에게 부정의를 가져오지 않도록 하기 위한 안전장치 같은 것이 들어 있다. 예컨대 입증책임이나 배심재판은 전문가의 진리 추구에 있어서 오류 가능성의 부담을 경감시키는 제도이다. 입증책임의 경우 실체적 진실보다는 절차적 진실을 반영함으로써, 배심재판의 경우 전문가적 진실을 일반인의 정의감으로 대치시키면서.

역사적으로 보면 법은 사실 처음부터 전문가들의 터전은 아니었다. 재판에서도 일반시민들로 이루어진 배심재판이 중심이 된 형태는 역사에서 적지 않게 나타난다. 플라톤의 『변명』에 나오는, 소크라테스가 법정에서 자기변론을 하며 "아테네 시민 여러분들이여"라고 말문을 여는 대목을 떠올리지 않더라도, 동료 시민들에 의한 재판은 로마 공화정에서 그리고 중세에서도 일반적이었다. 재판 제도가 확대되면서 배심재판과 법률전문가들로 이루어진 재판 중에서 선택케 하는 제도도 오래 시행되었다. 아뭏든 우리가 지금 가지게 된 방식인 법률가에만 의존한 재판 제도가 정착된 것은 훨씬 나중의 일이었다.[11] 오늘날 형사소송법의 주요 원리들 중에는 배심재판을 전제로 설명되는 것들이 상당수 있다.

19세기 초까지만 해도 법률 서적의 서술 방식도 일반인들의 접근이 용이하도록 배려되었으며, 후에 와서야 전문가를 상대하는 방향으로 바뀌었다. 앞서 언급했듯이 인류 역사에서 상당 기간 비법률가가 재판에 참여하는 것은 당연한 것이었으며, 특히 단독판사에 의한 재판은 낯선 것이었다. 상식주의와 전문가주의 사이의 경합은, 법률가들의 부상, 거래와 경제 규모 확대, 예측가능한 사회에 대한 기대 감 등 여러 사회경제적 요인들이 함께 작용하면서 마침내 오늘날처럼 전문가주의의 승리로 귀결된다. 이와 함께 배심재판 원리도 약화 되거나 제한되고, 단독판사 제도도 당연시된 것이다.[12]

4. 법과학주의를 넘어서

법과학주의

전문가주의의 승리는, 법은 과학이라는 목소리가 커지면서 가능했다. 법의 과학성을 기치로 들고 상식 법학에 도전한 것이 시대 상황과 맞아떨어진 것이다. 상식 차원의 법을 과학으로 옮겨 놓는 데 기여한 것은 한편으로는 17, 18세기의 자연법론이었고, 다른 한편으로는 19세기에 로마법을 연구한 독일 판덱텐Pandekten 학파였다. 17, 18세기 세속적 자연법사상가들은 법의 체계화와 법학방법 연구(기하학적 방법 등)에 몰두하면서 근대국가의 법전 편찬을 도왔다.[13] 또 19세기에 이르러 독일의 판덱텐 학파의 법학자들은 로마법을 다시 연구하면서 로마법에 형식적·위계적·기술적 규칙구조를 가미시켜 법을 체계화해 나갔다.

이런 법과학주의는 근대과학의 발전과 같은 맥락에서 근대성을 주도하게 된다. 법을 통한 사회의 합리화, 조직화, 제도화, 안정화는 법이 과학 합리주의, 도구적 합리성을 취한 결과이다. 법과 과학의 상호 침투성은 오늘날 법정에서 정신장애 판정 등 광범위한 분야에서 인정되는 과학 전문주의에서 확인된다. 법과 도덕의 구별, 분업화, 관료제 등은 모두 이 합리성의 성과에 해당한다.

베이컨식의 "아는 것이 힘"이라는 말대로, 과학적 합리성과 결합한 법지식은 법실증주의의 의미로서의 과학주의로 등장했다. 그러면서 법은 효용을 극대화해 나가면서 사회통제와 사회발전 수단으로 자리 잡게 된 것이다.

실증주의의 전략은 법지식과 사회적 힘을 분리시키는 것이다. 법의 자율성, 보편성, 일반성을 확보하는 대신 법지식의 이론적 조건은 현실의 국가이해에 종속되게 한다는 것이다. 그 점에서 이 과학적 실증주의는 근대법이 자유와 평등을 목표로 하면서 간직한 "해방적 요소"를 잠식했다고 볼 수 있다.[14]

제도와 이상

법학에서 중요한 개념들, 즉 권리, 자유, 평등, 계약, 법의 지배 같은 개념들은 역사적 개념인 동시에 가치 개념이다. 그러므로 이런 개념들의 의미는 단순히 현상에 대한 서술적·분석적 태도로 접근해서는 온전히 파악할 수 없다. 분석적으로 분리하면 문제가 되는 것이 무엇인지 잘 이해할 수 없다. 우리는 나치가 법의 지배와 민주주의 가치를 침해했다는 것을 알고 있다. 이러한 인식은 나치의 입법 현황과 사법과정에 대한 서술과 분석을 통해 가능한 것이 아니라, 여기에 규범적·평가적 방법이 더해질 때 가능하다. 더 나아가 이런 개념들이 가치 개념이라는 것은, 이 개념들이 현실과 단절된 차원에 놓일 수 없다는 것이다. 왜냐하면 그것들은 현실의 제도 속에서 기능하는 가치이기 때문이다. 이 점에서 법가치는 현실 가치인 것이다. 독일의 법철학자 라드브루흐가 "법은 법가치, 법이념에 봉사한다는 의미를 가진 현실"[15]이라고 정의했을 때, 그는 이런 가치 관련적 법개념의 차원을 잘 드러내 준 것이다.

법철학이 실제의 역사적 제도를 다루는 경우, 이는 도덕적 성찰에 대한 기획일 수는 없다고 여겨지기 쉽다. 이와 반대로 법철학이 실체적·도덕적 성찰을 다루는 한, 이는 현존하는 제도의 성격에 관한 파악과는 무관한 것처럼 생각되기 쉽다. 그 결과 탐구 대상에 대해 개념적 명확성을 주된 과제로 삼은 분석적·도덕 중립적 기획과, 도덕적·규범적 기획을 분리하게 되는 것이다. 그러나 어떤 가치를 이해하기 위해서는 그 가치를 가장 잘 구현해 주는 행동과 실제상을 포착해야만 한다. 현실을 잘 모르고 경험이 미숙하면 도덕적 가치 파악도 그만큼 어렵다.[16]

법과 법의 지배는 현실의 제도로 나타나지만, 순수한 현실의 발현은 아니다. 그것은 현실의 제도인 동시에 가치를 지향하며, 그 가치에 비추어 현실의 제도를 측정하는 기준이기도 한 것이다. 그래서 현실의 제도를 운용하면서 난관에 부딪혔을 때 우리는 그 제도를 낳게 한 가치와 이념을, 그 제도화(실정화)의 역사적 경로를 탐구해야 한다. 법의 지배나 민주주의 가치에 대해 알고자 그 개념을 파악한다는 것은, 그것을 실현하기 위한 제도에 담긴 역사적 경험을 추구함을 뜻한다. 그러므로 제도가 난관에 부딪혔을 때, 우리는 법철학과 정치철학의 물음으로 되돌아가게 되는 것이다.

이미 주어진 것이 아니라 과제로서 주어진 것

실무가 그대로 법이 아니라 실무의 척도가 법이다. 실무는 그것이 전체적으로 잘 맞물려 수행됨으로써 그 이상을 그려 보일 때 법으로 여겨지는 것이다. 고도의 이상과 가치 추구에서 오는 좌절이 있다고 하여, 현실에서 우리가 멋대로 하지는 않는다는 말은 진실이다. 우리는 이상과 경험을 반복적으로 떠올리면서 어느 것이 더 나은 대안인가 혹은 덜 해악적인가를 찾아간다.[17] 법제도가 대부분의 나라에서 공통성을 지니고 있다는 것도, 법이 적나라한 실무 자체이지만은 않다는 것을 증명해 준다.

법은 국회가 만든 법률들과 법관들이 만들어 가는 선판례들의 총체가 아니다. 법치는 '입법치' 혹은 '사법치'를 뜻하는 것이 아니기 때문이다. 우리는 앞서 칸트에서도 법의 실정적·체계적 특성은 제재의 정당화라는 의미로서의 법의 측면과 결합되어 있음을 확인했다. 즉 자유가 공동으로 가능하기 위한 조건을 실현시키는 한에 있어서만, 실정적 강제력을 특성으로 하는 개별적 제정 행위들은 법이 되는 것이다. 이런 의미에서, 법의 체계적 특성, 즉 법이 필연적으로 체계를 구성한다는 의미도, 권위적·위계적 통일을 이룬다는 뜻이 아니라 전체로서의 이상에 맞는다는 차원을 지시하는 것이다.

법률전문가들이 서로 견해가 다를 때 우리는 그것이 무엇을 의미하는지, 어떤 견해가 더 나은지에 대해 계속 탐구할 수밖에 없다. 그런 의미에서 법은 언제나 지향해야 할 이념이다. 이때 이념이란 역사, 경험, 현실과 별도로 어딘가에 존재하는 것일 수 없다.

실천이성의 판단이라는 것이 이미 우리가 가지고 있는 어떤 확립된 규칙이나 원리를 개별 사례에 '적용'하면 된다는 식이 아니라는 것은 여러 학자들에 의해 지적되었다. 일찍이 아리스토텔레스도 도덕판단이 일반적인 규칙이나 원리를 특수한 상황에 적용하는 것이라는 생각에 이의를 제기한바 있다. 가다머Hans-Georg Gadamer도 아리스토텔레스의 윤리학에 대해 설명하면서, 우리는 우리가 이미 가지고 있어서 적용하기만 하면 되는 그런 의미의 도덕적 지식을 소유한다기보다는, 우리의 노력으로 도덕적 지식을 탄생시키는 상황에 직면하게 된다고 지적한바 있다.[18] 우리는 예컨대 '책임 원리'나 '비례성의 원리', '과잉금지의 원칙' 등에 대한 지식을 가지고 있다. 그러나 이 원리들을 '적용'한다고 할 때에, 판단의 요청을 배제할 정도로 이 원리들이 자족적인 지침이 된다고 느끼기는 어렵다. 그래서 칸트는 규칙과 같은 일반범주를 적용할 때 요구되는 판단을 설명하면서, 이 판단력은 실행될 수는 있으나 배울 수 없는 독특한 역량이라고 말했는지도 모른다.[19] 아리스토텔레스는 일찍이 이것을 "실천적 지혜"라고 불렀다. 특수한 상황들에 처해서 우리는 무엇이 중요한지 분간하고 또 무엇을 해야 하는지 알게 된다. 그리고 나중에야 우리는 그 판단을 설명해 주는, 그리고 미래를 위해 잠정적인 지침을 제시해

주는 원리나 규칙을 만들고자 시도하게 되는 것이다.[20]

이를테면 우리는 올바른 규칙이나 원리는 알고 있지만 그것을 어떤 상황에 어떻게 적용할지는 모를 수 있다. 행위자 스스로 특정 상황에서 어떤 행동이 적절한지 파악해야 한다. 그러고 보면 법이념도 법률도 '법의 가능성'에 불과하다. 이 가능성이 구체적인 법이 되는 과정에 일말의 정신적 대결이나 긴장이 없다면, 그것은 참다운 법실천이라고 할 수 없을 것이다.

주

1 전문가의 과학적 설명 논리가 법원칙의 '선택적 왜곡'을 가져오는 경우도 있다. 수년 전 미국 로스앤젤레스에서 일어났던 경찰관에 의한 흑인 구타 사건인 로드니 킹 사건에서 경찰관의 편에서 증언한 한 전문가는, 녹화 테이프를 장면 단위로 분석하여 보여주면서 그 개별 단위로 보면 킹의 행위가 적대적이었다고 여길 수 있는 증거가 된다고 주장했다. 사건의 경과가 그랬듯이, 또 사람들이 당연히 그렇게 보듯이, 전체로 보면 부당하게 가혹했던 경찰의 행위였음이 분명한데도 전문가의 왜곡이 이루어진 것이다. 제임스 Q 윌슨, 『흔들리는 법원』(이영란 옮김, 숙명여자대학출판국, 2005), 39쪽.

2 E. Ehrlich, *Fundamental Principles of the Sociology of Law*, Harvard University Press(1936).

3 C. M. Campbell, *The Legal Routine*, Belfast(1975), 11쪽.

4 최종고, 『법상징학이란 무엇인가』(아카넷, 2000).

5 Michael Stolleis, *Das Auge des Gesetzes. Geschichte einer Metapher*, Verlag C. H. Beck(2002).

6 Reg Graycar, "Frozen Chooks Revisited: The Challenge of Changing Law/s", *Changing Law. Rights, Regulation and Reconciliation*, R. Hunter & M. Keyes(ed.), Ashgate(2005), 49쪽 이하 참조.

7 예컨대 Joseph Raz, "Formalism and the Rule of Law", *Natural Law Theory*, Robert P. George(ed.), Oxford(1992), 309쪽.

8 Joseph Raz, *The Authority of Law*, Oxford(1979), 213쪽.

9 아리스토텔레스, 『정치학』, 1281a 42~1281b, "다수가 합처서 여는 잔치가 개인이 차린 저녁보다 풍성하며 (……) 개인들이 모이면 한 사람이되 많은 다리와, 손, 사고를 가진 것과 같이 될 것이며, 많은 사람을 거치면 부패도 그만큼 저지르기 더 어려워진다. 법정 같은 곳이 집합체의 일원들로서 사고하고 활동하는 구조를 가지게 되면

정치적 책임에 대한 부담도 그만큼 덜 수 있다."『정치학』1282a, "시민들은 집정관을 선출하고 이들을 감독할 자격이 있는데, 왜냐하면 기술을 가지고 어떤 물건을 제작한 사람보다 이 기술을 가지지 않은 사람들이 더 잘 판단할 수 있기 때문이다. 집을 지은 사람보다는 사는 사람이, 음식을 만든 사람보다는 초대된 손님이 더 잘 판단하듯이"(천병희 옮김, 도서출판 숲, 2009, 162쪽 이하).

10 Lord Reid, *The Law and the Reasonable Man*, The Proceedings of the Britisch Academy, Oxford University Press(1968), 205쪽 참조.

11 이와 관련하여 The Lord Justice Scarman, "Truth and the Legal Process", E. H. Young Memorial Lecture, University of Bristol(1976); 안경환·한인섭, 『배심제와 시민의 사법 참여』(집문당, 2005); 닐 비드마르 엮음, 『세계의 배심제도』(김상준 외 옮김, 나남, 2007)을 참조할 것.

12 Larry D. Kramer, *The People Themselves. Popular Constitutionalism and Judicial Review*, Oxford University Press(2004), 164쪽 참조.

13 이에 대해서는 박은정, 『자연법의 문제들』(세창출판사, 2007), 196쪽 이하 참조.

14 이는 남미의 진보주의 사회철학자 소사 산토스(Boaventura de Sousa Santos)의 주장이다. 그는, 법의 발전사를 사회통제의 요소와 해방적 요소의 긴장으로 파악하면서, 19세기 법과학주의에 이르러 이 긴장이 깨어지게 되었다고 설명한다. 그 결과 법의 해방적 잠재력이 사그러지고 통제력 일변도로 가게 되면서 법의 이론적·분석적 결함이 나타났다고 주장한다. 즉 오늘날 법의 모순은, 자유·평등·민주주의를 향한 법으로서의 근대법이 기대를 불러일으키면서도, 이 기대치와 사회구성원들의 경험 사이에 간격이 크기 때문에 생긴다는 것이다. 자유·평등·민주주의라는 목표의 요원함에서 오는 좌절이 어느 분야에서는 '기대의 과잉 충족'으로(예컨대 시장 극대화, 과학 합리주의), 그리고 다른 분야에서는 '기대의 과소 충족'으로(자유, 평등의 결핍) 쌓인다는 것이다. 산토스에 따르면 근대 이래의 법은 "기대와 경험 간의 정치적 연결고리"로서 이 '과잉'과 '과소'를 재구성하는 조정 역할을 맡게 된다. 자유·평등·민주주의의 기대를 안정화시키는 정치 관계를 구축하는 한, 규제는 성공적으로 작동한다. 그러나 이 새로운 규제가 안정화를 이루는 순간, 현실의 반대 세력의 더

강한 요구에 의해 새로운 해방적 기대가 생기면서 다시 불안하게 된다는 것이다. *Toward a New Legal Common Sense*, Second edition, Butterworths(2002), 5쪽 이하와 62쪽 참조.

15 구스타브 라드브루흐, 『법철학』(최종고 옮김, 삼영사, 2007), 63쪽.

16 Nigel Simmonds, *Law as a Moral Idea*, Oxford University Press(2007), 148 쪽. "사회 경험이 거의 없이 아주 젊은 나이에 법관이 되어, 예컨대 자신이 사기와 강박의 정확한 개념을 파악하고 있다고 생각하고 이를 적용하여 수많은 사건을 처리했다 하더라도, 후일 많은 경험을 쌓은 후 자신의 판결을 되돌아보면, 그는 과연 법률의 구성요건에 들어맞는 사기와 강박에 대한 정확하고 일관된 관념이 정말 있었는지 의심하게 된다. 실제의 상황에 처해 경험을 통해 그는 그 개념을 배우게 되고 또 그 내용을 채우게 된 것임을 느끼게 되는 것이다".

17 같은 책, 145쪽.

18 Hans-Georg Gadamer, *Wahrheit und Methode*, 3. Aufl., J. C. B. MOHR (1972), 300쪽.

19 임마누엘 칸트, 『순수이성비판1』A133/B172(백종현 옮김, 아카넷, 2009), 374쪽 : "그런데 일반 논리학이 어떻게 우리가 〔무엇인가를〕이 규칙들에 포섭해야 하는지를, 다시 말해 어떻게 우리가 무엇인가가 그 규칙들 아래에 드는 것인지 아닌지를 판별해야 하는지를 보편적으로 제시하고자 한다면, 이런 일 또한 다시금 다름아니라 규칙에 의거해 일어날 수 있을 것이다. 그러나 이 규칙 또한 하나의 규칙이기 때문에, 새로이 판단력의 지시를 필요로 한다. 그리하여 지성은 규칙들을 통해 배우고 보강할 수 있는 것이지만, 판단력은 특수한 재능으로서 배울 수 있는 것이 전혀 아니고, 단지 숙련될 수 있는 것임이 드러난다."

20 시몬즈는 이 대목을 다음과 같이 달리 표현한다. "지도적 도덕들은 결정해야 할 기회를 대비한 우리들의 잔잔한 성찰로부터 나오는데, 이 지도적 도덕들은 특수한 상황에 처해 비로소 그 내용이 채워지는 것으로서 (그 전에는 ― 역자 추가) 단지 '설계도로서 유효할 뿐'이다. 우리는 명확하게 형성된 원리의 한계를 발견한다. 그리고 그 원리가 불완전하게 표현해 주는 도덕적 가치에 대한 우리의 이해를 심화시켜 나

간다. 그것을 현실의 각양각색의 상황에 적용시키는 경험을 통해서"(Nigel Simmonds, 같은 책, 146쪽).

4장

법의 지배의 역사와 이념

1. 민주화 이후의 법의 지배[1]

민주화의 성과

해방 후 지난 반세기를 넘는 동안 우리 법은 한편으로는 산업화 과정에서 경제성장과 자본집중의 수단으로, 다른 한편으로는 정통성에 문제가 있는 정권의 사회통제 수단으로 군림해 왔다. 이런 상황에서 법치주의는 질서를 강조하고 국민에게 준법의식을 강요하는 역할을 했다. 법이 시민의 자유와 권리보호에 관여하며 이를 위해 권력을 제한하는 것이 '법의 지배'라는 말은 교과서에나 쓰여 있었을 뿐, 현실에서는 탈법치와 법치를 가장한 인치가 군림했던 것이다. 이런 과정에 동반된 민주주의는 통일주체국민회의를 통한 대통령 선출, 유신헌법의 국민 지지 등에서 나타난 것처럼 그 본래의 시민참여 가치와는 무관한 채 '한국적 민주주의'로 변색되었다.

이 세월 동안 헌법은 국민의 생활규범이 아닌 명목상으로만 존재하는 규범이었고, 법률 또한 국가재건최고회의, 국가보위위원회 등 사이비 입법기구에 의해 제정되었거나, 아니면 '통법부'라는 오명이 말해 주듯이, 국회는 다수 의석을 가진 여당의 밀어붙이기식 입법관행으로 국민들을 등돌리게 했다. 1970년 전태일이 분신하면서 '근로기준법을 지키라'고 외치기도 했지만, 법률의 내용 따로, 정부 및 공무담당자들에 의한 집행 따로 식의, 현실과도 괴리되고 국민 입법의사와도 유리된 법운용은, 국민들이 입법과정이나 사법과정을 통해 깨닫게 되는 법의 민주적 성격에 대한 올바른 이해를 방해했다. 그러는 가운데 권위주의 통치와는 양립할 수 없는 가치로서 법치주의와 민주주의에 대한 염원이 쌓여 갔다. 그래서 법의 지배는 정상적인 국민 대의기관이 만든 법률과 국민이 정한 헌법에 따른 기본권 보장, 국가권력 제한, 사법부 독립에 대한 요청으로, 그리고 민주주의는 대통령 직접선거, 공정선거, 인권 존중, 국회 정상화 등의 요청으로 나타났던 것이다.

1987년 민주항쟁은 정통성을 결한 통치의 종식과 함께 법의 지배와 민주주의 질서 수립의 역사적 분수령이 되었다. 이를 기점으로 우리 헌정은 수난기를 벗어나 이제 순조로운 이행기로 접어들게 되었다. 절차적 민주주의 확대를 꾀하는 정치개혁과 제도화가 단계적으로 이루어지면서, 명목상으로만 존재했던 헌법 규범도 국민의 생활 규범으로 자리 잡는 단계로 접어들게 되었다. 법을 통한 과거사 청산도 대체로 마무리되고, 헌법재판소 설치, 국가인권위원회 활동 등으로, 제도 면에서나 국민의식 수준에서나 우리의 법의 지배와 민주주의는 한 단계 도약하는 데 성공했다.

우리 제헌헌법을 기초하는 작업에 참여했던 유진오 선생은 일찍이 우리 헌정을 회고하면서, 제헌헌법이 위로부터 온 것도 아래로부터 온 것도 아닌 바깥으로부터 온 것이었다고 고백한 적이 있다.[2] 그러나 지난 20여 년의 민주화 투쟁의 성과가 오늘날의 법치주의의 성장을 가져왔음을 부인하기는 어려울 것이다. 최근의 개헌논의에서 보듯이 이제 헌법 자체의 정당성을 둘러싼 차원에서가 아닌, 헌법의 효율성 내지 기능성의 차원에서 헌법개정을 검토하는 단계까지 이르게 된 것이다.[3]

법의 지배와 민주주의의 충돌?

민주화가 가져온 성과는 분명 우리 사회의 법의 지배의 발전으로도 평가된다. 그러나 우리의 법치가 안고 있는 문제는 여전히 남아 있다. 밀어붙이기식 졸속입법 관행은 여전하고, 입법 내용과 실제 집행 사이의 간극은 아직도 일반시민들을 혼란시키고 있다. 국세청 조사나 검찰 수사에서 보듯이 법집행에서의 자의는 도를 넘고 있다. CEO들은 우리 사회경제 발전에 기여했다는 이유로 제대로 법의 지배하에 놓인 예가 드물다. 수사기록을 공개하라는 법원의 결정을 거부하는 검찰, 고위 법관의 부당한 재판 개입, 판결을 요식행위로 만드는 대통령의 사면권 남용, 국회의원들의 법 무시 태도, 유전무죄 무전유죄, 전관예우……. 이 모든 정황들은 법의 지배에 대한 국민들의 부정적 인식과 양가감정을 불러일으킨다. 그런 가운데 사법부는 과거 권위주의 시절 통치체제의 하부구조였던 제도나 관행을 완전히 청산하지 못한 채, 민주화 이후 급격한 자율 환경에 노출되면서 그 역량을 시험받고 있다.

분배 문제를 두고 갈등이 심한 데다가 최소한의 기본 가치에 대한 합의 과정이 순탄하지 못한 우리 사회에서 법의 지배가 민주주의를 안정적으로 만드는 데는 한계가 있다. 민주화 이전에는 법치주의와 민주주의 모두 우리가 이루어야 할 목표였으며, 민주주의의 씨를 뿌리면 저절로 꽃이 피어 민주법치 사회가 되는 줄로 생각했다. 그러나 '민주화 이후의 민주주의' 문제와 함께 법의 지배 문제가 거론되고 있다. 시민들의 기본권 요구 활동도 증대되고 헌법수호의 관점에서 새로운 제도와 기능들이 작동하면서, 이전에는 별로 주목되지 않았던 새로운 문제들이 제기되기 시작했다. 김대중 정부, 특히 노무현 정부로 들어서면서 정치권의 갈등사안들과 중요한 국책사업들이 민주정치 과정에서 공론을 통해 결말을 보지 못하고 법원으로 넘어가는 양상이 두드러지면서, 최근에는 법의 지배가 민주주의 발전에 장애물로 등장하는 게 아닌가 하는 우려도 나오고 있다. 특히 헌법의 최종 해석권을 재판관들이 가지게 되면서 헌법해석을 둘러싸고도 논쟁이 일게 되었다. 사실 가치규범이라는 그 속성상 헌법은 추상적이고 개방적일 수밖에 없으므로, 헌법에 대한 해석은 논쟁을 불러일으킬 수밖에 없다.

이런 가운데 다른 한쪽에서는 또 '민주주의의 과잉'이라는 말도 나오고 있다. 앞서 말한 대로 절차적 민주주의의 제도화에 우리가 어느 정도 성과를 본 것은 사실이다. 그러나 아직도 민주주의 가치를 실현함에 있어 많은 분야에서 시행착오를 겪고 있고, 개인들의 행동에까지 민주주의 규범이 확산되는 단계까지는 이르지 못했다. 이에 민주주의 과잉이라는 말이 나오는 데에는 난감하지 않을 수 없다. 이런 시점에서 최고 통치자를 포함한 위정자들, 보수 논객들은 법치주의를 준법과 법질서 유지의 의미로 치켜세우고, 반면 급진 진영에서는 법치주의를 민주주의의 정당성을 약화시키는 이데올로기로 폄하하는 듯한 태도를 보이고 있다. 민주화 이후 제도권 정치의 약세, 시민들의 좌절과 무력감, 개혁 허무주의, 대안 부재라는 분위기 속에서 '보수는 법치, 진보는 민주'라는 기치를 드는 양상이다.

이 단계에서 벌써 법치주의의 과잉에 대해서 걱정해야 하는 것인가? 그래서 민주정치를 축소시키고 법의 지배에 승리를 안기든지, 혹은 그 반대로 민주주의를 확대시키고 법의 지배를 후퇴시키는 두 방향 중의 하나를 선택해야 하는 걸까? 원론적으로 나는 법치주의가 우리 사회에서 민주주의를 제한시키는 결과를 가져올 수 있다는 문제 제기에 찬성하지 않는다. 강한 사법司法은 민주주의를 부흥시키며 약한 사법은 민주주의를 파괴한다고 말해야 옳다.

'민주화 이후의 민주주의'라는 과제를 안고 있는 우리에게 우선 법의 지배에 대한 올바른 이해가 선행해야 한다. 그래서 이 장에서는 법의 지배 이념의 역사적 탄생 배경을 살펴보고자 한다. 이를 바탕으로 법의 지배와 민주주의의 관계, 법을 통한 권리보호와 민주주의의 관계 등의 문제를 다뤄보고자 한다. 이 과정에서 법의 지배와 민주주의를 은연중에 대립적으로 주제화하거나, 민주주의를 통한 권리보호의 과제를 권리보호냐 다수보호냐 식으로 택일적으로 접근하는 태도의 문제점을 지적하고자 한다. 나는 법의 지배와 민주주의의 관계를 제대로 설정하기 위해서는 권리론을 재구성할 필요가 있다고 생각한다. 권리론에 대한 본격적인 글은 다음으로 미루고 이 장에서는 시론적으로만 언급하겠다. 마지막으로 전통적인 자유주의자들의 입장과 달리, 나는 법의 지배 원리가 사회복지 국가와도 결합할 수 있음을 지적하고자 한다.

2. 법의 지배의 이념적 기초

법의 지배 이념의 탄생

법, 권력, 개인

앞에서 우리는 법의 지배가 무엇인지를 둘러싸고 혼란스러울 정도로 의견이 분분함을 지적한바 있다. 이제 그 혼란상들을 정리해 볼 필요가 있다. 법의 지배와 같은 역사적·정치적 개념을 둘러싼 혼란상을 정리하기 위해서는, 이 이념의 역사적 기원으로 거슬러 올라갈 필요가 있다. 여기서 나의 관심사는 법의 지배의 개념을 어떻게 명확하게 정의하느냐가 아니다. 법의 지배를 둘러싼 개념적 논의는 문제를 이해하고 해결책을 모색하는 데 있어서 소통상의 명확함과 효용을 기하는 정도만으로도 족하다. 이런 의미에서 나는 법의 지배rule of law, 법치주의, 법치국가Rechtsstaat, 법치 등의 용어를 구분하는 일에 대해서도 일단 관심을 두지 않겠다.

역사적으로 법의 지배는 정치권력에 제한을 가하는 방향으로 법이 조금씩 발전할 때마다 등장한 이념이었다. 그러므로 법의 지배는 단순히 법이 존재하여 법에 의한 통치가 이루어진다는 것을 뜻하지는 않는다. 다시 말해 이념적으로 법의 지배는 독재와 양립할 수 없다. 그런 만큼 현실에서 항상 완벽하게 법의 지배를 실현하기도 어렵다.

권력이 막강했을 때는 자의적 지배를 배제한다는 이 희망은 그야말로 단지 희망에 불과했을 것이다. 또 법이 권력을 제약하게 되었다 하더라도 그 결과가 곧장 다수의 개인들의 자유와 권리보호에 직결되지는 않았을 것이다. 최고 통치자의 권력에 대한 제한은 처음에는 귀족들이나 소수 이익집단을 보호하는 결과를 가져왔을 것이다. 법을 통한 권력 제한의 압력이 점점 더 커지고, 더 많은 사람들이 이 희망에 가세하면서 마침내 보통사람들의 자유와 권리보호를 위한 권력 제한이 이념적으로도 분명해지고 제도화되었다. 서구 근대가 바로 이런 의미의 법의 지배 이념을 탄생시키고 그 제도화의 기틀을 놓은 시기에 해당한다.

그러므로 법의 지배 이념을 권력 제한에 무게를 두고 고찰하면, 이 이념의 탄생 시점은 근대 이전으로 거슬러 올라간다. 반면 개인의 권리보호를 중심으로 고찰하면 이것은 근대 자유주의와 함께 탄생한 이념이다. 즉 개인(자유, 권리)의 지위를 강화하는 쪽으로 법과 정치권력(힘, 국가, 주권, 군주)의 관계를 역사적으로 발전시켜 나간 것이다.

근대 이전의 논의에서는 좋은 통치의 이상은 법과 권력이라는 두 축의 긴장관계로만 그려졌고, 개인은 변수로 등장하지 않았다. 동서를 막론하고 인류는 오랫동안 강제력을 당연시하고 개인의 자유에 대해 소원했던 시대를 살아 왔다. 그러므로 이때는 통치자가 가진 전제적 힘을 어떻게 법이 제한할 수 있는가라는 문제가 주된 고민거리였던 것이다. 그러기에 플라톤이 권력과 법 사이의 긴장을 해결하기 위해 내놓은 답도 철인 정치, 즉 인치론이었다.[4] 민주주의를 꽃피웠다는 고대 그리스에서도 자유는 개인의 자유였다기보다는, 폴리스라는 공동체의 도덕과 전통을 반영한 아테네 시민들의 집단적 자기 지배를 의미했던 것이다.

중세에도 개인이 아닌 공동체 및 공동선에 기초하여 권력이 어떻게 제한 혹은 정당화되는가를 고민했다. 물론 힘의 불가피성은 전제되었다. 그것은 법의 존재를 확인하고 선언하고 집행하는 힘이나, 질서를 기초지우는 힘뿐 아니라, 법의 일반적 성격과 개별 사례의 다양성 사이에서 오는 긴장 때문에도 불가피한 요소였을 것이다. 토마스 아퀴나스는 부정의한 실정법은 타락한 법이라고 주장하면서 실정법의 효력을 상위법(자연법, 신법)에 종속시키면서도, 주권자의 권위 없이는 법이 강제적인 힘을 잃기 때문에 법이 주권자에게는 적용되지 않는 현실을 인정했다.[5] 그런 가운데 절대통치권을 둘러싼 황제와 교황의 세력다툼을 통해 일정 정도 권력에 대한 제한이―예컨대 황제가 즉위식에서 상징적 상위 질서에 대해 충성 서약을 하도록 한다든가 하는 식으로―부분적으로 실현되기도 했다. 영국의 경우 마그나 카르타Magna Carta도 권력에 대한 제약으로 작용할 수 있었다.[6] 유교에서도 이런 관점에서 금도를 벗어난 통치자들에 대한 저항권을 인정한 것이다.

권력제한에서 권리보호로

사람들이 억울함을 법에 호소할 수 있게 되었다거나 단순히 법제를 정비했다는 사실만으로 법의 지배의 단초가 열렸다고 말하기는 힘들다. 예컨대 조선시대에는 건국 초부터 법제 정비에 애썼고, 특히 영·정조 시대에는 '법전 편찬의 전성시대'라고 불릴 정도로 입법을 정비하고, 죄형 법정주의나 감형減刑 법칙 등 주목할 만한 제도적 장치가 있었다. 그러나 조선시대를 법이 지배한 국가였다고 말할 수는 없다. 거의 모든 경우 왕에게는 무제한의 예외가 허용되었기 때문이다. 그렇다면 법의 민족으로 불리는 로마는 어떨까? 고대 로마도 예컨대 '의심스러울 때는 피고인의 이익으로'in dubio pro reo라는 법원칙을 위시하여 중복제소 금지, 쌍방심리 원칙 등 눈에 띄는 법원칙을 발전시켰으나, 법에 대한 황제의 절대적 우위를 인정했다는 점에서 역시 법이 지배한 국가였다고 말하기는 어렵다.7

물론 절대국가나 절대군주라 하여 말 그대로 무제한의 절대적인 힘을 가질 수는 없었을 것이다. 역사의 기록을 보더라도, 군주의 절대성은 권력 그 자체의 지고성을 강조하는 의미로 이해되어야 하고, 통치자의 노블레스 오블리제, 권력의 자기절제, 좋은 군주 혹은 좋은 입법자는 법에 복종한다는 등등의 미덕이 강조되었다. 물론 이런 미덕의 강조만으로는 주권적 지위에 있는 군주의 입법자적 역할과 법준수자에의 요청 사이의 긴장이 해소될 리는 없다.

유럽 중세 후기는 종교개혁, 르네상스, 자본가 계급의 등장, 세속화, 신법 내지 자연법의 약화, 절대국가 탄생 등으로 특징지어지면서, 실정법은 이제 더 이상 신적 권위에 의존하지 않는 절대군주의 의지의 산물로 여겨지게 되었다. 그와 함께 다시 권력의 제한 문제가 등장하게 되었다. 즉 군주의 주권행사에서 입법자적 요소와 스스로 법에 구속되어야 하는 요소 사이의 긴장 문제가 남게 되었다.

지상의 권력자가 어떻게 권력을 남용하지 않고 인민의 수호자의 역할만 하도록 만들 수 있는가는 이론적으로나 실천적으로나 쉽게 해결되지 못하고 근대의 문턱에 이르게 된다. 근대 계몽주의와 자유주의 사상의 등장과 함께, 법을 통해 개인의 권리를 보호하는 방향으로 권력에 족쇄를 채우는 이론 구성과 제도 고안의 길이 열리게 된다. 대표적인 것이 사회계약론이다.

자유로운 개인이 중심에 놓인다고 하여 일체의 구속이 없어진다는 것은 아닐 것이다. 타인의 침해로부터 보호되고 자유로운 행동 영역이 확보되기 위해서는, 즉 자유를 실현하기 위해서는 자유가 어느 정도 제한되어야 한다. 법적 관점에서 자유는 인간 상호관계라는 외부 영역 및 실천세계와 분리될 수 없기 때문이다.

요컨대 개인들의 자유의 조화는 단순히 규범적 체계의 존재만으로는 충족될 수 없고, 법의 효과적인 집행이 보장되어야 한다. 자유와 강제의 변증법! 그러므로 법은 도덕적 이성에 기초하기보다는 개인들의 의지의 공존을 가능하게 하는 외적 강제의 가능성 원리에 의지하게 된다. 강제는 법의 내재적 일부가 되는 것이다. 갈등을 해결하고 폭력을 진압하는 주권적 존재를 요청하는 강제! 이런 이유에서 법적 강제력을 결한 자연상태로부터 법적 강제력을 가진 시민상태로의 이전이라는, 이성적인 사람이라면 합의할 "원초적 계약"[8]이 사회계약으로서 설명되는 것이다.

이렇게 법은 군주의 의지의 표현은 아니지만, 그 질서 지우는 역할을 수행하기 위해 강제력을 가진 주권을 필요로 한다. 주권적 힘을 개인의 자유와 연결시키는 데 있어서 봉착하게 되는 가장 어려운 문제는, 법은 주권[자]의 강제적 관여를 필요로 하지만 주권[자] 역시 감독자를 필요로 한다는 점이다. "인간은 같은 무리들과 함께 살려면 그의 동물적 성향을 누를 주인을 필요로 하는 동물인데(……) 같은 인간종으로부터 나올 수밖에 없는 이 주인 역시 주인을 필요로 하는 동물이라는 사실이다."[9]

'누가 감독자를 감독할 것인가?' 이 물음에 대한 칸트 이래의 해결책은 정의로운 헌법과 그에 따른 법률을 창설하는 일이었다. 국가의 의무는 이 정의로운 헌법의 원리인 자유, 법 앞의 평등, 독립을 존중하고 공권력으로 효과적으로 관철시키는 일이다.[10] 그러나 물론 헌법이 스스로 지배하지 못하는 한, 헌법 창설도 인간의지의 산물인 한, 감독자를 감독하는 문제는 어떤 식으로든지 남게 될 것이다. 권리보장을 위해 요구된 주권적 힘을 제어하는 문제!

법 안에 있으면서도 자유로운 개인

어떻게 법 안에 있으면서도 개인은 여전히 자유로울 수 있는가. 계몽주의자들의 자유주의적 관심은 여기에 놓여 있었다. 물론 애초의 자유주의적 관심은 모든 무지와 편견, 관습, 종교, 도덕적 권위의 속박으로부터의 자유를 의미했다. 이성의 힘과 과학의 확대를 통한 일체의 권위에 대한 전면적 의문은 도덕적 확실성의 파괴를 의미하는 것이기도 했다. 흄David Hume이 주장한 '존재'로부터 '당위'를 도출할 수 없다는 주장은 형식논리적 진술이었다기보다는 기존의 관습이나 도덕을 기반으로 규범을 이끌어내는 시도를 무력화시킨다는 의미를 지니기도 했다. 예컨대 여성의 종속적 지위라는 제도적·사회적 사실이 반드시 이에 따라야 하는 것으로 귀결되지 않듯이, 도덕규범이나 법규범이 광범위하게 지켜지고 있다고 해서 반드시 이에 따라야 하는 것은 아니라는 의미인 것이다.

어떻게 법 안에 있으면서도 개인은 여전히 자유로울 수 있는가라는 물음에 대해 근대 자유주의자들이 찾은 대답은 다음의 네 가지였다. 첫째, 법이 민주적으로 산출되는 한 개인은 자유롭다(정치적 자유). 둘째, 공권력을 행사하는 사람들이 미리 정해진 법에 따라 행위할 것을 요구받는다면 개인은 자유롭다(법적 자유). 셋째, 정부가 개인의 자율 영역을 침범하는 것을 막는다면 개인은 자유롭다(개인적 자유). 넷째, 정치권력이 분리되어 행사되면 그리고 특히 사법이 독립되면 자유는 커진다(제도적 보장을 통한 자유).

위의 사항들은 오늘날 헌법에 모두 담겨 있다. 우리가 일반적으로 이해하고 있는 다음과 같은 원리들이 모두 위의 자유주의 기획을 이어받은 것이다. 법주체의 균등한 능력, 법 앞에 평등한 개인, 모든 성원들에게 확실하고 예측가능한 법, 권리의 헌법적 보장, 진리·도덕·종교·경제로부터의 법의 자율성, 공사公私의 분리, 국가와 시민사회의 분리, 입법과 행정의 분리 및 입법의 우위, 합법성 원리와 법률 유보留保, 헌법상의 권리에 대한 입법권한 기속, 사법부 독립, 사법심사, 전문적 법학교육을 통한 법률가 양성 등등.

자유주의의 내적 긴장

헌법에 들어와 있는 위의 자유주의의 요청들은 서로 조화로운 듯 보이면서도 사실 긴장·갈등 관계에 놓이기도 한다. 법학자들 가운데는 정치적 자유 없이도 법적 자유가 가능하다는 견해에 동조하는 사람들이 있다. 정치적 자유를 제외하면 로마는 법치국가였다라고 말할 때 이 두 자유 간의 긴장을 읽을 수 있다. 사실 법의 일반성이나 자율성 혹은 삼권분립에 대한 단순한 언명이 그것 자체로 본래 민주적 의미를 띠고 있는 것은 아닐 것이다.[11] 법적 자유와 개인적 자유의 비대칭도 물론 가능하다. 억압적 법을 가진 권위주의 정권도 법적 자유를 충족시킬 수 있다. 개인적 자유와 정치적 자유 사이에도 역시 비대칭이 가능하다.[12]

자유주의 안의 가장 큰 긴장은 자유와 평등의 긴장이다. 고전적 자유주의에 따르면 자유주의는 자유와 평등을 약속한다. 그러나 자유 보호를 위한 공·사의 엄격한 구분이, 사적 영역에서의 불평등을 방기 내지 정당화하는 결과를 가져오고, 이에 따라 현실에서 자유와 평등의 갈등이 확대 재생산되면서 자유와 평등의 긴장이 생긴다. 보수주의 내지 자유주의적 평등 개념은 모두를 같게 한다는 것이다(형식적 평등). 반면 진보주의 내지 사회주의적 평등 개념은 다른 것을 다르게 한다는 것이다(실질적 평등). 전자는 자기결정(자율)적이기 위해 정부의 간섭을 받지 않을 소극적 자유 개념을 주장한다. 반면 후자는 자기결정력을 발휘할 실질적 조건을 위해 정부나 국가의 간섭을 촉구하는 적극적 자유 개념을 들고 나온다.

오늘날 자유주의의 이 내적 긴장은 가치상대주의라는 시대 분위기에서 가치다원주의와 가치단일주의 사이에서 어느 하나를 택할 것을 우리에게 강요하는 모습이다. 다원주의 입장은 가치들이 저마다 다른 가치들이므로 어느 하나로 환원시킬 수 없다는 것이다. 또한 경합하는 이들 가치들 중에서 어느 것이 좋은가는 그 누구도 대답할 수 없고, 다만 사상과 문화의 자유시장에서 발전, 변화, 소멸될 뿐이라 한다. 이러한 다원주의 입장에 따르면 결국 경합하는 가치들 중에서 선택의 문제만 남는다. 단일주의는 거대한 하나의 가치를 추구하는 입장을 취한다. 한쪽은 우리들을 도덕적 근거 없는 실존적 선택의 길로 내몰 수 있다. "가치체계는 모두 그것을 제창한 사람들의 편견, 이해관계의 반영에 지나지 않는다"라고 외치면서 말이다.[13] 다른 한쪽은 우리를 가치획일주의라는 하나의 깃발 아래 어쩌면 근본주의자의 길을 걷도록 강요하는지도 모른다. 어느 쪽이 되든 자유와 평등의 양립은 불가능하게 된다.

이들 자유 사이의 긴장은 피할 수 없는가? 그래서 가치다원주의냐 가치단일주의냐 사이에서 양자택일만 남게 되는가? 이론적으로는 그렇게 보일지 모른다. 그러나 현실의 실천세계에서 우리는 가치에 관한 한 다원주의냐 단일주의냐의 극단이 아닌, 그 중간에 서 있다.

현실에서 자유와 평등은 경합하지만 그러면서도 근본적으로는 상호 의존하고 서로 지지하는 관계에 놓인다. 그러므로 현실에서의 충돌 가능성에도 불구하고 자유와 평등의 조정은 실현 가능하며, 이 양자의 조정의 성공이 민주주의의 성공 여부를 좌우한다.

법률주의에서 입헌주의로

법률주의와 입헌주의

지금은 법을 누가 만드느냐를 두고 다툼이 없지만, 근대 이전 단계까지는 누가 법을 생산하느냐를 둘러싸고 황제, 교회, 귀족, 평민들 간에 다툼이 끊이지 않았다. 그리고 자연법이 대세였던 분위기에서 이들 자연법학자들의 권위도 제법 강했다. 이 싸움은 입법을 독점하는 근대국가의 탄생으로 마침내 종식된다. 이 과정에 동반되는 정치이념이 법률주의라는 실증주의 모델이다. 법률주의란 공권력의 행사와 국민의 권리와 의무에 관한 사항은 모두 법률로 정한다는 것을 의미한다. 이제 법을 법이게끔 하는 것은 권한 있는 당국에 의해 창출되었다는 사실 자체에 놓이게 되었다. 그러니까 근대법과 근대 이전의 법의 차이는 법의 내용이 크게 달라졌다는 데 있다기보다는 형식적인 관점에서의 차이다. 더 이상 내용적 진리에 의해서가 아니라, 법 창출의 권위에 의해 법은 법이 되는 것이다. 한마디로 정당성의 원천이 달라진 것이다. "진리가 아니라 권위가 법을 정한다!" 옳은 것이고 진리이기 때문이 아니라 권한 있는 당국에 의해 만들어졌으므로 법은 존재하고 효력이 있게 되는 것이다. 이런 법률주의의 탄생은 형식적 의미의 '법의 지배'의 정초를 뜻한다.

당시의 관점에서 보면 이러한 법률주의의 탄생은 당대의 이념적·철학적 요청에 부응하는 것으로서 혁신적인 의의를 지니는 것이었다. 일체를 국가의 법률로 정함으로써 자의를 배제한다는 것이기 때문이다. 법률주의에는 이성적으로 기획하여 권력을 분리시키고 배분하면 인간의 활동 영역이 좀 더 합리적이 된다는 믿음이 함께하고 있다.

그러나 법제정 원천에 대한 이런 설명만으로 법의 지배의 이념적 기초가 전적으로 다져진 것은 아니다. 근대와 함께 시작된 고전적 실증주의 모델인 법률주의는 형식적 이념으로서 어느 의미에서는 법의 지배의 필요조건에 불과했다. 양차 세계대전을 겪으면서 인간존엄의 가치와 자유의 소중함을 깨달은 사람들은, 이제 실질적인 기본권 보장체제를 갖추는 것이 필요하다고 보았다. 그래서 법률의 존재뿐만 아니라 법률의 효력의 인정 기준으로서 인권헌장을 도입하고, 법률에 대한 위헌심사권을 사법기구에 부여함으로써 실질적인 기본권 보장체제를 갖추는 방향으로 나아간 것이다. 양차 세계대전을 겪으면서 실질적인 법의 지배 이념으로서 입헌주의라는 새로운 실증주의 모델이 탄생한다.

법률주의가 국민의 권리와 의무에 대한 사항을 법률로 규정한다는 것이라면, 입헌주의는 "법률의 목적, 내용이 기본권 보장이라는 헌법이념에 부합"[14]해야 함을 뜻한다. 입헌주의는 입법권을 포함한 모든 공권력은 통상 헌법에서 정한 실질적 원리들인 권력분립과 기본권에 의해 제한된다는 것을 의미한다. 이에 따라 중요시되는 것은 법의 내용적 정당성이다. 입헌주의와 함께 실질적 의미의 법의 지배가 헌법이념으로서 탄생하게 된 것이다. 물론 법률주의와 입헌주의는 둘 다 실증주의의 산물이다.

법의 지배의 민주적 기획

지금까지 법의 지배 이념의 역사적 전개과정에 대해 간단히 살펴보았다. 이러한 과정을 돌이켜보면 법치주의는 위정자들이 시민들에게 요구하는 사항이 아니라 이와는 정반대로 시민들이 위정자에게 요구하는 사항임을 알게 된다. 시민의 준법의식을 강요하기 위한 위정자의 구호가 아니라, 권력의 일탈을 경고하기 위한 시민들의 구호였음이 분명해지는 것이다.

법률주의에서 순전히 형식원리에 의해 인정되었던 법효력 문제는 입헌주의에서는 다소 복잡하게 전개된다. 형식 면에서는 효력이 있지만 내용 면에서는 효력이 없는 경우가 생기기 때문이다. 이 내용상의 효력 판단이 헌법해석을 통해 이루어질 때, 그 특성상 추상적이고 개방적일 수밖에 없는 헌법해석을 둘러싸고 해석자인 재판관의 재량 남용이 문제가 되기도 한다. 법효력의 문제에서 법률주의가 '어떻게'에 관심을 가졌다면, 입헌주의는 '무엇'에 더 관심을 가지는 셈이다. 법효력의 실질적 조건에 해당하는 이 '무엇'의 문제가 입헌주의의 민주적 기획에 해당한다.[15]

기본적 권리의 보장이라는 헌법적 이념으로서의 입헌주의는 법의 지배와 민주주의의 조화 원리이다. 국민의 의사, 이를 대변하는 선량選良들, 정치토론을 거친 의회입법, 법관의 법판단의 단계들을 종합하여 통일적으로 구성하는 원리가 입헌주의이다. 이러한 입헌주의 이념을 실현하는 길은 말처럼 쉽지 않다. 입헌적 민주주의 기획의 매 단계에서 왜곡과 추상화가 일어나기 때문이다. 국민의 의사란 것이 왜곡·추상화되고, 국회의원들의 존재가 선량이라는 이름으로 왜곡·추상화되고, 국회에서의 그들의 투표 행위가, 종래는 법관의 법해석 단계에서 왜곡·추상화되고……. 민주주의 사회에서 법이 지배한다는 것이 당연해 보이기도 하지만, 그 실현이 어려운 것은 이 때문이다. 하긴 법률보다는 헌법이 우위에 놓인 역사는 서양에서도 불과 지난 반세기에 지나지 않는다. 우리의 경우 지난 20년에 불과하다.

'법의 눈'

민주주의 철학의 대부 루소는 자유로운 시민이 법에 복종하기 위해서는 시민들 스스로가 입법에 참여해야 하며 그래야 법이 정당성을 지닌다고 보았다. 그의 이론은 이를테면 법의 지배와 민주주의가 완전히 일치하는 이상적인 상태를 그린 것이다. 치자와 피치자 사이에, 입법자로서의 시민과 법 복종자로서의 시민 사이에, 의지에 있어서나 이해관계에 있어서 일체의 차이가 사라진 상태! 그러나 현실의 대의민주주의 하에서는 법의 지배가 가장 이상적으로 실현될 수 있는 이런 조건은 만들어지지 않는다. 치자와 피치자 사이에는 엄연한 간극이 존재하고, 피치자인 시민들 사이에도 개인적으로든 집단적으로든 이해관계가 갈리기 마련이다. 이 갈등하는 제반 세력들의 이해관계 사이에 어느 정도 균형이 유지될 때 법의 지배는 현실이 되고,[16] 이때 루소식의 이념형은 이런 실천을 평가하는 잣대의 역할을 할 수 있을 뿐이다.

권리와 민주주의를 동시에 보호하는 법의 지배의 전통을 수립하는 길이 헌법을 수호하는 길이다. 헌법은 시민들이 법의 지배를 위한 주요 제도들을 수호할 수 있도록 공동의 협력을 가능하게 하는 장치이다. 시민들이 권리와 민주주의가 모두 수호되어야 하는 소중한 가치라는 것을 받아들여 소수자를 보호하고 표현의 자유의 소중함을 지키고, 무엇보다도 정부와 국회의 일탈을 지속적으로 감시할 때, 법의 지배의 주요 제도들은 제대로 작동한다. 서구에서 근대 계몽시대와 혁명기를 거치면서 군주주권이 국민주권으로 바뀌는 때, 즉 인치에서 법치로 전환되는 시기에 나타나는 중요한 상징물의 하나가 바로 '법의 눈'이었다.[17] 그것은 인간 해방에 대한 믿음의 표현이자 권력에 대한 시민들의 감시의 눈을 의미했던 것이다.

3. 법의 지배의 유형과 요청 강도

형식적 법치와 실질적 법치

법치의 유형들

법의 지배에 대해서 이야기할 때 많이 거론되는 개념쌍이 형식적 법치와 실질적 법치이다. 입헌주의에 대해 이야기할 때 실질적 법의 지배라는 말이 나왔지만, 법의 지배에서의 이 형식과 실질의 관계 문제를 좀 더 살펴보기로 하자. 일반적으로 형식적 법치관은 자의성을 배제하기 위해 법이 지녀야 하는 형식적 특성 – 합법성의 출처와 형식의 적절성 – 을 따진다. 즉 행위를 지시하는 규칙들의 실제 내용과는 상관없이, 권한 있는 당국에 의해 법이 공표되고 무엇보다도 개인들에게 예측이 가능하도록 명확하고 소급적이 아닐 것을 요구한다. 이것에 더해 실질적 법치관은, 행위를 지시하는 규칙들의 실제 내용까지 따진다. 법의 내용이 정의나 도덕원리에 합치하는지 여부까지 검토하여, 형식적 요소에 더하여 특정 내용의 권리들을 법의 지배의 기초로 삼는다.[18] 그래서 형식적 법치에서 실질적 법치로 갈수록 법의 지배를 요구하는 강도도 높아지고 내용도 복잡해진다. 학자들은 법치의 유형을 크게 형식적 유형과 실질적 유형으로 나누면서 그 요청 강도에 따라 단계적으로 대체로 다음과 같이 분류한다.[19]

형식적 법치의 ① 낮은 단계는 법에 의한 통치(통치행위의 수단으로서의 법), ② 중간 단계는 형식적 합법성(일반성, 효력의 불소급, 명확성, 행위예측가능성, 법적 안정성), ③ 높은 단계는 민주적 합의에 의한 합법성(합의절차에 의해서 제정된 법의 지배)이다.

실질적 법치의 ④ 낮은 단계는 개인의 권리보호(재산권, 계약 자유, 사생활 자유, 사적 자치), ⑤ 중간 단계는 인간존엄 및 정의의 요청, ⑥ 높은 단계는 사회복지(실질적 평등, 복지, 공동체 보존)이다.

요청의 강도

형식적 법치는 형식적 합법성을 강조하는 유형이다. 어떤 영역에서 어떤 활동을 담을지에 대해서는 열려 있기 때문에, 원론적으로 형식적 법치관은 자본주의 경제체제와 개인의 자율을 위해서도 봉사할 수 있고, 사회적 복지를 법 내용으로 받아들일 수도 있다. 복지의 내용이 사회적 선택과정을 통해 규칙으로 법체계 안에 들어오기만 하면 형식적 합법성은 작동하는 것이기 때문이다. 켈젠, 하트를 위시하여 많은 영미 분석법학자들이 법의 지배를 언급할 때, 대개 이 형식적 합법성을 염두에 둔다고 보면 맞는다. 이들은 법의 지배를 법 자체에 의해 야기되는 위험을 최소화하기 위해 고안된 장치 정도로 생각한다. 다시 말하면 법이 추구하는 실제 목적이나, 법이 제정되는 방식, 입법자들의 법 준수 의무 등에 대한 고려들은 법의 지배와 무관한 주제라고 여긴다.[20] 이런 법치관은 비민주적·권위적 정권이나 의도적으로 인권을 짓밟는 사악한 정권도 표방할 수 있다. 사악한 정부가 기존의 법률 안에서는 허용되지 않는 것을 감행하고자 할 경우 정부는 법형식을 갖추기 위해 법률을 개정하기만 하면 될 것이다. 형식적 합법성이 표방하는 도덕성은 규칙을 준수한다는 의미에서의 도덕성에 그칠 것이다. 이 점에서 형식적 합법성은 법치의 역사적 전통 개념보다는 법에 의한 통치 개념 쪽에 더 가깝다고 봐야 한다는 지적도 있다.[21] 피 흘리지 않고 정권을 갈아치우고 합법적인 변화를 가져올 수 있는 메커니즘 정도로만 민주주의를 이해하고, 어떻게 내용적으로 좋은 법을 만드는가 하는 문제와는 별도의 의제로 보게 되면 민주적 절차에 따른 합법성 단계도 형식적 법치 유형으로 분류될 수 있을 것이다.[22]

실질적 법치의 단계는 민주적 절차에 의해 만들어진 법률이라도 개인의 재산권과 자유를 보호하는 내용을 담아야 법치에 합당하다고 보는 것이다. 이 단계에서는 무엇을 법치의 실질적인 내용과 기본적 권리로 삼을 것인가, 그리고 권리 구제는 어느 정도가 적절한가 등이 이슈로 등장한다. 인간존엄과 정의의 요청에 부응하는 실질적 내용을 담아야 법치에 합당한 것으로 본다고 할 때, 민주정치 영역은 바로 이 법치의 실질적 내용을 둘러싼 공론장이요 합의의 장소라고 말할 수 있다.

사회복지적 법치관은 형식적 합법성과 개인의 권리, 민주주의에 더하여, 사회권을 법의 지배 이념 안에 포함시키는 것이다. 시민적·

정치적 권리에 더해서 인간의 정당한 열망과 존엄이 실현될 수 있는 사회적·경제적·교육적·문화적 조건의 확립을 요청하는 단계이다. 즉 가장 높은 법치의 단계는 정부가 사람들의 생존조건을 향상시키고 이를 위해 배분적 정의를 실현할 적극적 의무를 지고, 개인의 자기결정이 가능하기 위한 실질적 조건을 갖추도록 노력하는 단계이다. 우리 헌법의 인간존엄 조항은 이 단계까지를 법치의 요구 수준으로 볼 수 있게 하는 길을 터놓고 있다.

법치론, 정의론, 입헌민주주의론

법치론과 정의론

돌이켜보면 구한말 이래 서구식의 법치원리를 받아들여 오늘에 이르기까지 우리가 이해해 온 법치는 대부분 형식적 법치관이었다. 위의 유형에 비추어 보자면 법에 의한 통치와 형식적 합법성의 중간 정도였다고 볼 수 있겠다. 그러나 법질서가 지속된다는 것은, 형식적 합법성(법률주의)이 관철된다는 의미가 아니라 민주적 질서를 실현시키는 질서가 지속되고 일관적이 된다는 것을 뜻한다. 또 이런 의미의 합법성은 인간의 인격가치의 인정에 기초한, 그리고 그것을 표방하는 제도에 의해서 보장된 정의이념들과 한 패키지를 이룬다.[23]

법의 지배의 제단에 너무 많은 사회적 목표를 갖다 바치는 것은 법을 무능하고 공허하게 만드는 것이라는 주장도 있다.[24] 그럴지도 모른다. 그러나 형식적 합법성에만 머물면, 법의 지배는 정치적 악용에 빌미를 제공하면서 결국 법을 무능하고 공허하게 만들 것이다. 그렇게 되면 인권을 부정하고 빈곤을 당연시하며, 인종차별, 남녀불평등, 종교박해를 용인하는 비민주적 법체계가, 인권을 존중하는 민주주의보다 오히려 법의 지배의 원리에 더 잘 부합하는 셈이 된다.

적지 않은 법이론가들이 형식적 합법성만을 법치의 주된 요소로 파악하고자 한다. 그러나 법의 지배에 대한 상식적인 이해와 역사 발전의 방향은 타마나하도 지적한 대로 오히려 실질적 부분(권리, 민주주의, 정의)을 포함하는 쪽에 더 가깝다. 역사는 형식적 합법성 원칙하에 법의 민주화, 그리고 법의 실질화를 통한 보완을 꾀하면서 법의 지배 이념에 더 근접하는 방향으로 발전해 온 것이다.

존 롤스의 정의론은 이런 의미에서 법치론이기도 하다. 롤스가 설계하는 정치적 자유주의는 "모든 세계관·가치관들이 공존할 수 있는 상위의 정치적 틀"로서 요구되는 것이며 내용적으로는 입헌민주주의 기획으로 볼 수 있다.[25] 즉 롤스는 "자유롭고 평등한 시민들의 공정한 협력체계로서의 사회"에서 이루어질 원칙이자, "상호성의 공공영역을 구성해 주는 정치적 원리"를 자신의 정의론에 담고자 한 것이다.

법의 지배는 권력남용이나 일탈을 제어하는 역할만 하는 게 아니라, 공공성의 정치 영역을 확보해 주는 틀이다. 이런 의미로서 그것은 롤스의 정의론의 핵심 내용을 이루는 요청들, 즉 기본적인 정치적 자유에 대한 평등한 보장, 기본적 권리의 우선적 확립, 이를 보장하기 위한 사회적 여건과 자원의 보장 요청으로 나타난다.[26] 롤스의 『정치적 자유주의』Political Liberalism는 법치론이 정의론으로, 그리고 정의론이 입헌적 민주주의론으로 연결되는 서술관계를 잘 보여 준다.

법을 규칙만이 아니라 규칙과 원리로 구성된 것으로 보려는 드워킨의 법철학도, 규칙과 원리의 배후에 놓인 공동체의 도덕가치와 정치적 비전을 법해석에 끌어들임으로써 법의 지배와 복지를 화해 가능한 것으로 본다. 이 밖에 법사회학자 중에도 법의 지배가 자의적인 지배로 군림했던 '억압적 법'repressive law의 단계로부터 '자율적 법'autonomous law을 지나, 오늘날 '응답적 법'responsive law의 단계에 이르면서 실질적 정의에 대해 더 고려하는 단계로 발전했다는 분석을 내놓는 이도 있다.[27]

형식과 실질의 문제

절차적 정당성과 실체적 정당성을 구분하는 일은 말처럼 쉽지 않다. 형식은 실질내용을 형성하고 유지하는 것으로서 형식이 된다. 형식이 창설하고 확인하는 실질내용은 형식이 실질을 유지해 나감에 있어서 지도이념의 역할을 한다. 형식적 특성들이 실질내용을 유지하는 관계를 잘 설명해 주는 용어가 미국의 법철학자 풀러Lon L. Fuller가 말하는 '법의 내적 도덕성'이다. 『법의 도덕성』The Morality of Law에서 풀러는 법을 법이게끔 하는 여덟 가지 특징들을 제시했다.[28] 일반성·공포·불소급·명확성·무모순·불가능을 명하지 않을 것, 항상성, 공권력의 행사와 법률의 일치 등이 그것이다.[29] 풀러의 여덟 가지 조건은 법이 부정의의 원천이 되지 않기 위해 규칙이 지녀야 할 형식적·절차적 특성에 주목한 것이다. 이러한 특성들은 개별적으로 보면 형식적이지만, 종합적으로 보면 법을 공정하고 올바른 내용으로 이끄는 기준 역할을 한다.

절차적 요청들은 정부나 공권력의 행사자가 전적으로 자의적일 수는 없도록 만든다. 어차피 순전히 사악한 의도를 가진 정부라면 법이 요청하는 절차에 따른다는 원칙에 부단히 매여 있어야 할 충분한 이유도 없을 것이다. 그 점에서 절차적 요건들은 실질적·도덕적 가치를 지닌다. 이 여덟 가지가 모두 실현된 상태를 풀러는 "법의 내적 도덕성"이라고 표현했다. "법의 힘에 부가된 것이나 외부로부터 부과된 것이 아니라, 이 힘이 원래부터 성립되기 위한 본질적인 것"으로서의 이 도덕성을 그는 법의 효력의 요건으로서 '적법성'legality이라고 표현하기도 했다. 그러므로 "법존재 그 자체가 좋은 법의 전제조건"이 되는 것이다.[30]

기준들과 열망들의 아말감

법체계에서 형식과 실질의 통합은 법이 인간 이념에 원천을 둔다는 점에서도 분명해진다. 자유로운 인간의 공존을 가능하게 하는 형식요건인 한에서 법체계는 그 자체로 가치체계다. 인간의 자유와 인간존엄은 법체계를 산출하는 순수 형식인 동시에 법체계가 수호해야 하는 실질가치다.

법의 지배는 법질서에 지속성과 일관성을 부여하는 '기준들, 기대들 그리고 열망들의 아말감'[31]이다. 그것은 개인의 자유, 치자와 피치자 사이의 관계에서 정의와 공정성을 요구하는 이념이다. 그러므로 법의 지배 논의에서 정의와 합목적성이 함께 논의되지 않으면 공허하다. 권력을 제한한다느니 형식적 합법성이니, 권리보호니 하는 것들은 모두 그것 자체로는 아무런 내용을 말해 주지 않는다. 현대사회에서 법의 지배는 합법성과 함께 자원의 재분배의 적실성을 따진다.

법의 민주화, 실질화를 통한 보완 요구가 커지고 그만큼 법의 지배의 이름으로 감수해야 하는 불확실성도 커지고 있다. 법치에 실질을 끌어들임으로써 생기는 문제는 민주정치의 공론 영역에서 적극적으로 해결해 나가야 할 사항이다. 입법이나 법논증에서 맥락적 요소와 분배적 정의를 더 많이 고려하는 쪽으로 나아가면서 그만큼 법의 지배가 새로운 도전에 처하게 된 것은 사실이다. 법의 지배에 있어서 도전은 민주주의의 새로운 실험을 의미하기도 한다. 법치주의와 민주주의는 이인삼각 경기처럼 묶여 있기 때문이다. 다음 장에서 이 문제를 좀 더 살피기로 하자.

주

1 이 장의 내용은 「법치주의의 민주적 기획 문제」, 『법철학연구』(한국법철학회, 2010,
  제13권 제1호, 281~304쪽에서 다룬 주제들과 문제의식을 발전시킨 것이다.

2 유진오, 「민주정치에의 길」, 『월간중앙』 6월호(1973).

3 양건·박명림·박은정·김재원 외, 『새로운 헌법 필요한가』(대화문화아카데미,
  2008).

4 플라톤은 『국가』와 『정치가』에서 철인 통치자를 이상으로 삼았으나, 만년의 작품인
  『법률』에서는 지성을 갖춘 사람들의 중지를 모아 인간이 제정할 수 있는 최선의 법률
  을 만들어 개인이 아닌 법이 지배하는 나라를 꿈꾸었다. 그는 『법률』에서 법에 따라
  사는 것이 불가피한 이유로, 사람들이 언제나 공적인 것에만 관심을 두기 어려운 점,
  절대권력을 행사하는 자는 반드시 탐욕에 빠진다는 점, 현실적으로는 그 어디에도 최
  고의 지성을 갖춘 인물이 없다는 점을 들었다(9권 875a, 875b, 875c, 875d. 여기서
  는 박종현 옮김, 서광사, 2009, 668쪽 이하 참조). "법이 휘둘리고 권위를 잃은 곳에
  서는, 그런 나라에는 파멸이 닥쳐 있는 게 보이니까요. 그러나 법이 통치자들의 주
  인이고, 통치자들은 법의 종들인 곳에서는 구원이 그리고 신들이 나라들에 주었던 온
  갖 좋은 것들이 생기는 걸 저는 봅니다"(4권 715d, 같은 책, 325쪽).

5 Thomas Aquinas, *Treatise on Law*, Regnery Gateway(1987), 96. Art. 5, 100쪽 이
  하 참조.

6 예컨대 마그나 카르타가 실제 얼마나 위력적이었는지에 대해서는 의견이 엇갈린다.
  즉 마그나 카르타의 의미가 과장되었다는 주장도 있다. 그러나 그 어떤 자유인도 배
  심재판과 국가법에 의하지 아니하고는 구금되지 않는다는 등의 내용이 왕에 의해 서
  명되었다는 사실은 획기적이라는 평가를 받는다. 이에 대해서는 Brian Z.
  Tamanaha, *On the Rule of Law. History, Politics, Theory*, Cambridge University
  Press(2004), 25쪽 이하 참조.

7 제한정부적 요소를 가진 로마 공화정기에도 비상사태를 종식시키기 위한 경우 독재 관(dictator)에게 제한 없는 권력을 부여하여 법을 정지시켰다. 이에 대한 다른 견해 로는 최병조 교수의 "서양 고대 로마의 법치: 이념과 현실", 김도균·최병조·최종고, 『법치주의의 기초, 역사와 이념』(서울대출판부, 2006), 155쪽 참조.

8 Immanuel Kant, "Über den Gemeinspruch: Das mag in der Theorie richtig sein, taugt aber nicht für die Praxis", *Kants Werke Akademische Textausgabe VIII Abhandlungen nach 1781*, 297쪽.

9 Immanuel Kant, "Idee zu einer allgemeinen Geschichte in weltbürgerlicher Absicht", *Kants Werke Akademische Textausgabe VIII Abhandlungen nach 1781*, Berlin(1968), 23쪽.

10 칸트에 의하면 국가의 존재이유는 개인의 복지, 행복과는 무관하며 헌법이 권리 원 리에 가장 근접하는 조건을 보호하는 것이다. 그러므로 자유와 평등은 국가에 의해 서 제정된 실정법 원리들이 아니라 시민사회의 정의로운 헌법을 보장하는 순수한 이성의 원리들이다. 법과 권리를 정초 짓는 데 있어서 주권이나 국민의지가 아무 역 할을 하지 않는다는 점에서 루소와 다르다.

11 로베르토 웅거, 『근대사회에서의 법』(김정오 옮김, 삼영사, 1994), 228쪽 참조.

12 이러한 긴장들에 대해서는 Brian Z. Tamanaha, 같은 책, 36쪽 이하 참조.

13 프랜시스 후쿠야마는 자유주의에 의해 "가치체계는 모두 그것을 제창한 사람들의 편견, 이해관계의 반영에 지나지 않는다"고 보는 상대주의의 과다를 초래하게 된다 고 주장했다. 그리고 공동체는 권리를 지키기 위해서 존재하고('완전한 권리'), 의무 는 단지 계약자의 이기적 바람 때문에 존재하는 것에 불과하기 때문에('불완전한 의 무') 공동체적 결속은 해체된다고 봤다. 가치다원주의하의 선택이 급기야 공동체의 결속을 파괴시킨다는 것이다. "선택 폭이 너무나 크기 때문에 신념은 사람들을 결속 시킨다기보다 오히려 단절시키기 쉬운 것이다." 그는 오늘날 높은 이혼율을 예로 들 면서 가족으로서의 의무도 부담이 커지면 계약을 파기하고자 하는 경향을 띠게 된 다고 말했다. 프랜시스 후쿠야마, 『역사의 종말. 역사의 종점에 선 최후의 인간』(한 마음사, 2003), 451, 470쪽 이하 참조.

14 헌재 1994. 6. 30. 93헌바9.

15 Luigi Ferrajoli, "The Past and the Future of the Rule of Law", *The Rule of Law. History, Theory and Criticism*, P. Costa & D. Zolo(ed.), Springer(2007), 332쪽.

16 법의 지배는 사회 집단 세력들 사이의 힘의 균형이 이루어질 때 가능하게 된다고 보면서, 이러한 법정치학의 관점에서 법의 지배와 민주주의의 관계를 분석한 책으로는 아담 쉐보르스키·호세 마리아 마라발 외, 『민주주의와 법의 지배』(안규남·송호창 외 옮김, 후마니타스, 2008)이 있다.

17 이에 대해서는 독일의 법사학자 Michael Stolleis, *Das Auge des Gesetzes. Geschichte einer Metapher*, Verlag C. H. Beck(2002)를 참조.

18 Paul Craig, "Formal and Substantive Conceptions of the Rule of Law", *Stanford Law Review* 739(1982).

19 이 분류와 이에 대한 설명은 타마나하를 따랐다(Brian Z. Tamanaha, 같은 책, 91쪽 이하). 김도균 교수는 앞의 글에서 형식적 법치의 세 유형을 권위주의적 법치관/중립주의적 법치관/민주주의적 법치관으로, 실질적 법치의 세 유형을 자유지상주의적 법치관/자유주의적 법치관/복지주의(사회주의)적 법치관으로 명명한다. 이에 대해서는 "근대 법치주의의 사상적 기초: 권력제한, 권리보호, 민주주의 실현", 『법치주의의 기초. 역사와 이념』, 43쪽 이하를 참조.

20 대표적으로 Joseph Raz, "The Rule of Law and Its Value", *The Authority of Law: Essays on Law and Morality*, Clarendon Press(1979), 224쪽.

21 Brian Z. Tamanaha, 같은 책, 96쪽.

22 타마나하에 의하면 민주적 전통과 민주주의 건설의 노력 없이 도입된 민주주의 메커니즘은 특정 세력이 자신의 이익을 다수의 그것으로 위장하는 수단이 될 수 있다. 법치 없는 권위주의 정권보다 법치를 기반으로 하는 민주주의 체제가 덜 안정적이고, 덜 예측가능하고, 더 독재적일 수 있다(Brian Z. Tamanaha, 같은 책, 100, 101쪽).

23 타마나하도 이런 입장에 있다. Brian Z. Tamanaha, 같은 책, 110~112쪽.

24 Joseph Raz, *The Authority of Law*, Clarendon Press(1979), 210, 339쪽.

25 법의 지배를 '사회적 원리의 공공성에 대한 희망'이라고 규정하는 정태욱 교수는 롤스의 정의론이 법치론과 연결되는 관계를 잘 설명하고 있다. 『정치와 법치』(책세상, 2002), 57쪽 이하.

26 롤스는 교육과 직업훈련 기회의 공정한 평등, 소득과 부의 적절한 분배, 정부의 실업구제, 기본적 건강 보장 등을 사회적 여건과 자원으로서 열거한다. 존 롤스, 『만민법』(장동진 옮김, 이끌리오, 1999), 85쪽 이하.

27 Philippe Nonet and Philip Selznick, *Law and Society in Transition: Toward Responsive Law*, New York(1978).

28 론 풀러, 『법의 도덕성』(강구진 옮김, 법문사), 55쪽 이하.

29 풀러와 약간 다른 내용으로서 솔럼(Lawrence Solum)의 일곱 가지 조건도 참조할 만하다. 초법적 명령은 준수할 의무가 없다, 정부와 공직자들의 행위는 일반적 공적 규칙에 의해 제한된다, 공개성, 보편성, 규칙성, 공정한 소송절차, 예측가능한 행위에 대한 요구 등. "Equity and the Rule of Law", *The Rule of Law*, Nomos XXXVI, Ian Shapiro (ed.), New York University Press(1994), 122쪽.

30 론 풀러, 같은 책, 182쪽.

31 T. R. S. Allan, *Law, Liberty, and Justice: The Legal Foundation of British Constitutionalism*, Oxford University Press(1993), 21, 22쪽.

5장

—

법의 지배와 민주주의

1. 법의 지배 안의 긴장

많은 사람들이 고대 아테네의 민주정치에 대해서 이야기한다. 아테네 사람들에게 민주주의는 법의 지배와 동의어였다는 말은 일리가 있다.[1] 왜냐하면 아테네에서 법은 시민 활동의 산물이었기 때문이다. 30세 이상 남성들은 기본적으로 추첨에 의해 돌아가면서 공무를 담당했다. 그들은 입법과정과 재판에 참여했다. '소크라테스의 재판'에서 재판관들이 수백 명이었던 사실은 잘 알려져 있다. 법률 전문직은 존재하지 않았으며 입법과 법 서비스를 독점하는 공직자들도 존재하지 않았다.

이러한 민주주의의 민중지배 시스템이 가져올 불안정과 전제화의 위험성 때문에 당시 아테네는 법을 새로 만들거나 고치는 절차를 아주 까다롭게 했다.[2] 국민주권을 '법주권'에 복종시키면서 민주주의를 유지하기 위한 방안이었던 것이다.

플라톤이나 아리스토텔레스 같은 철학자들도 이러한 민중지배 시스템의 불안정을 주목했을 것이다. 이들 철학자들이 민중민주주의의 독재를 두려워했다면, 아테네 시민들은 귀족들 그리고 참주들의 독재를 두려워했던 것이다. 플라톤이 철인통치론을 이상으로 내걸면서도 차선책으로서 법치론을 들고 나온 것은 민주주의의 불안정을 염두에 두고 법이라는 안정적이고 지속적이며 제약적인 요소를 도입코자 한 것이다.[3] 그러니까 이들 철학자들이 민중민주주의 독재를 두려워하여 '민주주의에 대한 제약으로서의 법치'를 도입코자 했다면, 아테네 시민들은 귀족들과 참주들의 독재를 두려워했기에 '자기지배의 산물로서의 법치'를 꿈꾸었던 것이다. 여기서 이 두 입장 사이의 긴장이 엿보인다. '민주주의에 대한 제약으로서의 법치'와 '자기지배의 산물로서의 법치' 사이의 긴장이다.[4] 플라톤이 의식한 것도 이 긴장이었고, 이것을 그는 '민주주의에 대한 제약으로서의 법치' 쪽에 더 무게를 두고 해결하고자 했던 셈이다.

많은 입헌민주주의 주창자들은 플라톤이 의식했던 이 긴장을 해소하기 위한 방안을 찾고자 했다. 그러나 그 노력은 오늘날까지도 완전히 성공했다고 볼 수 없다. 오늘날 민주사회에서 그 긴장은 권리요청과 관련하여 나타나고 있다.

2. 권리보호냐 다수보호냐

입헌주의적 권리보장의 문제점

입헌주의 vs. 국민주권

오늘날 입헌민주주의는 헌법상의 권리보장을 핵심 내용으로 삼는 법의 지배 유형이다. 그런데 입헌주의에서 이 권리보장적 경향이 강화되면, 자유와 권리보호의 절대적 원천으로 엄격한 헌법주의 — 위에서 말한 플라톤의 입장 — 를 택하게 된다. 이럴 때 강화된 수준의 입헌주의 원리는 어떤 정치적 다수도 이 권리장전을 변경할 수 없다는 입장으로 귀결될 수 있다. 예컨대 독일의 법치국가Rechtsstaat 모델이 이런 경향을 띤다. 나치를 겪은 독일은 권리보호를 법의 지배의 틀 안에 확고히 위치시키기 위해 인간존엄 보호를 포함한 실질적 가치 내용을 기본법 안에 포함시키고, 이 권리 조항은 의회적 다수를 통한 입법으로도 바꿀 수 없으며, 인간존엄 조항에 관한 한 헌법개정의 대상도 될 수 없다는 점을 선언하고 있다. 또한 이를 제도적으로 보장하기 위해 헌법재판소를 설립하고 헌법기관들의 상호 견제와 통제를 꾀하고 있다. 우리나라도 헌법상의 인간존엄 가치 선언, 기본권의 실질 보장을 위한 헌법재판소 설치를 통해 독일과 비슷한 수준으로 강화된 입헌주의 방향에 서 있다고 볼 수 있다.

이러한 입헌주의의 입장은, 민주주의가 국민 참여 및 다수에 의한 의사결정이라고 상정할 때, 비록 대의기관인 입법부의 다수결에 의한 의사라 하더라도 그것이 헌법에서 선언된 국민의 의지에 반대될 경우 헌법을 우위에 세우는 입장이다. 다시 말하면 입법부는 기본권을 침해하지 못하며 적법절차를 준수해야 한다고 보는 입장이다.

그런데 다른 한편 국민주권이라는 의미—위에서 말한 아테네 시민들의 입장—의 민주주의 정치체제를 요구하는 입장(국민주권, 집단 결정 시 시민참여, 경쟁적 정치토론, 정부의 정치적 책임, 시민의 정치적 책임, 정치적 소통의 투명성, 공공영역 활성화 등)에서 보면, 강화된 입헌주의로서의 법의 지배는 너무 경직되어 보일 수 있다. 민주주의를 국민 참여와 다수에—의회적 다수를 포함하여—의한 의사결정이라고 상정할 때, 이 민주정치 활성화를 위해서는 제도적·헌법공학적 해결책보다는 다수결에 의한 국민의 일반의지, 감시하는 여론, 경쟁적 정치토론, 이 과정에서의 시민의 주도적 참여가 더 용이해지고 또 활성화되는 방향이 중요할 수 있다. 여기서 권리보호냐 다수보호냐 사이의 긴장이 나타난다. 이 이념적 긴장은 로크John Locke와 루소의 대립으로도 설명될 수 있다. 자연권을 불가침으로 보는 로크의 자유주의적 접근을 일정 부분 승계한 미국식 입헌주의 모델과, 루소의 사상과 1789년 권리선언을 이어받아 권리보호를 정치공동체 주체들의 활력에 의존시키는 프랑스식 민주주의 접근 모델의 차이로도 설명될 수 있겠다.

공적 논쟁의 보장

강화된 입헌주의 원리에 따른 권리보호의 방향은, 의회에서의 기존의 정치적 단순 다수에 의거함으로써 헌법적 보수주의로 귀결될 수도 있다. 다음 장에서 다루게 되겠지만, 특히 사법의 헌법해석에 의존하게 됨으로써 그럴 가능성이 더 높아질 수 있다. 정치권 안에 합의 문화가 빈약한 경우, 정치적·사회적으로 중요한 문제들이 법제도적 해결책을 찾아 민주적 공론장을 빨리 떠나버리는 문제가 생길 수 있는 것이다. 제도적 해결책은 그 속성상 법형식과 그에 따른 기능상의 분석에 의존하는 측면이 있기 때문에, 이 과정에서 다수의 결정이나 국민적 합의를 불신하는 경향을 띠기도 한다.

민주주의 담론만으로는 권리헌장 수호를 위한 절차와 제도적 제한에 미비할 수 있는 것은 사실이다. 다수의 결정도 개인의 그것처럼 오류 가능하며, 진보는 언제나 집단적으로만 이루어지는 것도 아니다. 특히 오늘날 같은 대의제 하에서는 의회의 다수 손에 개인의 권리와 민주주의 문제가 맡겨지는 셈이 된다.

요컨대 입헌주의 원리에 따르더라도, 소통과 이에 따른 합의를 올바른 결정의 원천으로 보는 관점이 필요하다. 다수가 관계된 공적 사안들에서 성급한 결정을 피하고 토론을 보장하는 신중한 공적 논쟁이야말로 권리보호 원리에도 부합하는 것이다.

권리의 반민주적 특성?

개인의 권리와 민주주의의 양립 가능성

강화된 입헌주의 원리가 국민주권 원리와 갈등관계에 놓인다고 보는 사람들은, 그렇기 때문에 개인의 권리와 민주주의는 양립하기 어렵다고 주장한다. 개인의 권리와 민주주의가 화해할 수 없다는 입장에 서는 권리 주장자들은 이 둘이 충돌할 때 법의 지배는 민주주의에 제한을 가함으로써 개인의 자유를 중시해야 한다고 주장한다. 그렇다면 권리는 반민주적 특성을 지니는가?

권리와 민주주의의 양립 가능성을 회의하는 배후에는 민중민주주의에 대한 두려움이 놓여 있다. 그래서 자유가 자율을 의미한다는 점에서는 시민의 자기지배(민주주의)로서의 정치적 자유가 강조되지만, 자유가 특히 재산권이나 소수자 권리보호 등 개인적 자유를 의미할 때는 다수의 압력으로부터 보호받기를 원하는 것이다. 자유주의의 전통은 개인의 권리와 민주주의가 충돌할 때, 권리가 우선이요 민주주의는 그 다음이라고 주장한다. 플라톤이 의식했던 '자기지배로서의 법치'와 '민주주의를 제약하는 요소로서의 법치' 사이의 긴장이 남아 있는 것이다.

개인의 자유와 권리 목록이 민주적 합의에 따라 제정된 헌법에 포함되어 있다면 민주주의는 작동하는 것이다. 이때 민주주의에 대한 제한은 자기제한이므로 권리의 반민주성을 논하기는 어렵다. 오로지 자유로운 개인들만이 민주주의적 자기결정이 가능하다면 재산권, 언론의 자유 등 개인의 자유는 민주주의가 전제하는 자기결정의 실현을 위한 필수조건이 된다.

법관의 권리확정 역할

권리보호와 그 보장을 위한 장치가 민주주의 정치체제와 긴장할 수 있다는 또 다른 견해는, 권리가 법치국가에서 그 권리 내용을 확인해 주는 법관의 권한에 의존한다는 점을 든다. 헌법상의 권리는 스스로 적용·주창되는 것이 아니라, 특정 적용 상황에서 보호되는 권리의 내용이 무엇인지, 또 적용의 한계는 어디까지인지 말해 주는 사람이 있어야 한다. 즉 입법권에 제한이 있다는 것을 확인해 주는 사람이 있어야 한다. 그 권한은 법관에게 주어져 있다. 반면 이러한 중요한 임무를 지니는 법관은 민주적 정당성을 표방할 수 있는 선출직도 아니며, 최고재판소의 경우 아주 소수의 엘리트 전문집단에게, 쉽게 갈아치울 수도 없는 이들에게 민주적 입법의 거부권이 주어지는 셈이 된다. 결국 사법부라는 반反다수제를 이용할 경우 다수의 권리를 위험에 빠트릴 수 있게 된다는 것이다.

논리적으로 사법기관은 다수의 압력을 받지 않아야 개인의 권리의 실질적 보호라는 요청에 더 부응하는 것이 된다. 특히 소수자 권리보호 방향의 법치적 제한이 필요하다. 이런 의미의 법의 지배는 민주주의의 파괴 위험을 막을 뿐 아니라 더 나아가 민주주의를 강화시킨다. 이때 소수자의 권리라 하더라도 권리의 내용이 무엇인지 분명한 경우에는 문제가 없는데, 법관의 권리확정 역할이 불확실한 경우 다툼이 생긴다. 특히 법관이 정치적 편향을 보이거나 사법부 구성이 소위 코드에 따라 움직일 때는 위험해진다. 결국 권리로 주장되기 위해서는 사회구성원들 사이에 권리에 포섭되는 해당 가치에 대해 상당한 합의가 이루어져 있어야 한다는 결론이 나온다. 즉 권리는 어느 정도 보편적이어야 하는 것이다.

권리의 보편성 문제

권리논의의 혼란상

일부에서 권리의 반민주성을 거론하는 데는 오늘날 권리담론의 혼란상도 한몫을 하고 있을 것이다. 법치주의가 보호해야 하는 권리들이 끊임없이 늘어나는 가운데 이제는 인간이 권리를 가진다라는 보편규범 내용이 자명하지 않게 되고, 때로는 시민들 사이에 그것까지 권리로 보호해야 하는가라는 의문이 생기는 지경까지 이른 것이다. 그러므로 권리론을 다시 정리해 볼 필요가 있다. 현실에서는 여전히 권리보호로부터 배제된 다수의 고통받는 사람들이 존재하는데, 권리 과잉이니 인권 인플레니 하는 소리가 나오고 있기도 하다.

20세기 후반부터 권리담론은 괄목할 만하게 증대했다. 지난 반세기 동안 인간의 기본적 권리보장을 위한 국제사회의 다양한 형태의 노력은 국제협약 제정, 모니터링 및 이행 상태에 관한 UN 보고 의무, 이에 따른 국내법 정비, NGO들의 활동 등으로 이어지면서, 제도 개선과 사회의 인권의식 고양이라는 결실을 맺었다. 그러나 그런 가운데에서도 여전히 현실과 이상의 간격, 외관과 실상의 간격이 존재한다.

　동유럽 붕괴에 따른 이데올로기 종식 후 인간이 권리를 가진다 함은 세계사회에서 거의 유일하게 합의 가능한 보편규범으로도 부각되고 있다. 그런가 하면 국제정치 무대에서 인권전쟁을 발발케 하고, 인권을 핑계 삼아 자국의 이익을 챙기는 현상도 나타나고 있다. 국내적으로나 국제적으로 인권법이 강해지면서, 특정 이익단체나 세력들이 이에 편승하여 자기 편에 유리한 해석을 구하는 현상, 복잡해지는 인권 규약 등의 해석이 엘리트 관료 내지 법률 전문가들에 의해 편의적으로 해석되면서 막상 현장에서 고통받는 사람들과는 멀어지는 현상도 나타나고 있다. 우리나라에서도 권리 문제를 일부에서 과도하게 정치성을 띠는 문제로 부각시키는 경향이 없지 않다. 예컨대 국가보안법이나 노동기본권 등과 관련하여, 그 해석 시 당연히 함께 고려되어야 할 인권 관련 국제규약을 적용하고자 할 때, 이를 정치적으로 보려는 경향이 있다.[5]

　이와 함께 권리의 남용 및 오용에 대한 비판의 목소리도 나오고 있다. 권리 목록이 증대되면서, 권리라기보다는 단순한 소망사항들도 너무 넓어진 권리 관념으로 들어오고 있는 것이다. 예컨대 우리 헌법에서 '행복을 추구할 권리'는, 사실 헌재 재판관 5, 6명이 합의만 하면 무엇에든 기본적으로 이 권리를 적용시킬 수 있다는 생각도 드는 것이다. 이러는 가운데 권리의 철학적·보편적 기초를 부정하는 목소리까지 나오게 되었다.

이런 불만과 혼란 상황은 인권 이슈가 좌파나 우파 양 진영 모두로부터 비판을 받게 만들기도 한다. 한쪽에서는 더 많은 권리를 주장하지만, 다른 쪽에서는 법적으로 실현 가능성이 희박한 권리 목록의 증식에 대한 우려와, 권리요청에 따르는 강한 수사修辭가 배타적 개인주의를 부추겨 시민의 책임, 정치적 소통, 공공영역을 약화시킨다는 문제를 들고 나오고 있다.

권리담론에 대한 도전

권리 문제를 생산적으로 검토하기 위해서는 권리의 법적 관점과 도덕적 관점 그리고 정치적 관점을 구분할 필요가 있다. 즉 모든 권리가 다 동일한 법적 구속력을 가질 정도로 법화되어야 할 필요는 없다. 이 점에 주목하여 영국의 법학자 윌리엄 트와이닝William Twining은 최근 저서에서 권리를 조망하는 관점을 다섯 가지로 정리하고 있다. 첫째, 법적 혹은 법제상의 권리로서의 논의(국내 인권법 그리고 국제 인권규약 등의 입법 및 해석 이론, 법사회학적·경험적 연구). 둘째, 실체적 도덕가치로서의 논의(인권 가치의 보편성 문제, 유교 혹은 이슬람 등 다양한 신념체계와의 관계). 셋째, 합의를 도출해내는 절차적 담론(다인종 사회에서 공존의 틀로서의 인권 대화). 넷째, 정치적 이상과 실행의 신념(인권침해로 고통당하는 사람들의 경험을 바탕으로 한 투쟁). 다섯째, 서구 식민지배 내지 신식민지배 이데올로기론.[6]

권리요청에 대한 회의적인 시각에는 권리 개념이 모호하다는 주장도 가세하고 있다.[7] 권리담론에 대한 도전들은 권리의 존재 자체에 대한 회의, 권리요청의 보편성에 대한 회의, 권리담론의 남용에 대한 비판의 양상으로 나타난다. 여기서 도덕적 권리로서의 인권에 대한 회의주의의 다양한 갈래들―가치판단은 개인의 주관적 선호에 불과하다, 그러한 가치판단은 합리적으로 근거 지어질 수 없다, 모든 가치는 문화권에 따라 다르기 때문에 권리의 보편성을 주장할 수 없다, 실용주의적 고려가 우선시된다, 최대 다수의 최대 행복, 자본가 계급의 이익을 반영한다, 공동체주의의 덕을 해친다 등등―을 일일이 살펴볼 수는 없다.

벤담Jeremy Bentham은 예나 지금이나 권리 논의의 무의미성을 주장한 대표 주자로 꼽힌다. 그는 프랑스, 미국의 인권선언을 혹독하게 비판했다. 권리란 실정법에 의해 창설된 것이라는 실증주의 입장을 취하는 그는, 실정법상 인정된 권리 이외에 천부인권이니 하는 자연법적 권리는 한마디로 '넌센스'라고 봤다.[8] 이에 따라 천부적 인권이나 권리의 보편타당성을 주장하는 일체의 도덕적 권리 논의를 무의미하고 유해한 것으로 거부한 것이다. 이러한 주장의 배경은 그의 '최대 다수의 최대 행복'과 법명령설이다. 그에 따르면 자연법적 권리는 이행될 수도 없으면서 유해하게 전염병처럼 퍼져 기대감만 불러일으켜, 결국에는 무정부 상태를 초래하게 된다는 것이다.[9]

벤담은 철저히 효용성을 기초로 권리담론을 의미 없는 것으로 취급했다. 그러나 효용성 이외의 도덕적 원리들도 존재함은 물론이다. 또 권리가 주장된다고 하여 반드시 거기에 의무가 대응되어야 하는 것도 아니다. 예컨대 동물을 학대하지 않을 의무는 있지만, 이에 대응하는 권리는 없는 경우가 있다. 또 먹을 권리, 일할 권리 등이 그 실현을 위한 책임을 당장 누구에게 구체적으로 부과하기 어렵다고 하더라도, 그 요청의 중대성을 전한다는 점에서 큰 의미가 있다. 실현될 수 없는 권리 주장이 무정부 상태를 초래한다는 주장 역시 역사적 경험에 반한다. 오히려 20세기의 권리신장을 위한 운동이야말로 많은 사람들이 인정하듯이 법의 지배를 든든히 하는 데 일조했다.[10]

권리담론이 생태 문제나 문화예술적 유산, 사라지는 언어 등에 대한 관심사들과는 동떨어져 있으며, 도덕에 어떤 새로운 것을 보태지 않는다는 주장도 있다. 예컨대 고문 금지나, 표현의 자유, 음식과 주거에 대한 기본 필요 등은 구태여 권리를 끌어들이지 않고도 우리가 기왕에 가지는 도덕적 언어로 충분히 판단할 수 있다고 지적하는 것이다.

이러한 비판들에는 권리주장자들이 권리론을 포괄적 도덕이론으로 상정하려 한다는 전제가 깔려 있다. 그러나 권리의 중요성을 주장하는 사람들이 권리론을 언제나 포괄적인 도덕이론으로 제시하고자 하는 것은 아닐 것이다. 이러한 비판들은 권리언어로 잘 논거 지어진 도덕적 가치를 표현함으로써 얻을 수 있는 수확이 무엇인가를 밝히는 과제를 남긴다.

권리의 보편성에 대한 회의

도덕적 불가지론의 입장에 서면 인간존재에게 의미 있는 보편성의 물음은 부인된다. 이에 따라 인간이 가지는 권리의 보편성도 거부

된다. 권리의 보편성을 회의하는 사람들은, 만약 보편성을 지니는 인권이 존재한다면, 이는 극히 일부일 뿐 주장되는 권리들은 대부분 보편적이지 않으며 그러므로 진정한 권리가 아니라고 본다.[11] 또한 설사 보편적 권리들이 존재한다 하더라도 너무 추상적이고 모호하기 때문에 별 쓸모가 없다고 주장한다. 윤리 영역을 권리와 그에 대한 의무의 관계로만 지나치게 좁힘으로써 연대나 덕의 추구 등에 대해서는 설 자리를 주지 않아, 권리론이 도덕적 관심을 빈곤하게 만든다는 주장도 있다.[12]

분석철학 계열의 권리 비판자들은 인간본성으로부터 권리의 보편성을 이끌어 내는 것은 방법상의 오류라고 주장하기도 한다. 즉 인간본성은 '존재'의 차원인 바, 이로부터 권리라는 '당위'를 이끌어 내면 소위 '자연주의적 오류'에 빠진다는 것이다. 또 생물학적 본성으로부터 권리를 이끌어 낼 수 있다 하더라도 이는 먹을 권리, 주거권 등 최소한의 권리에 한정되며, 나머지 권리의 보편성은 부정된다고 주장한다. 저마다 다른 문화 내지 신념체계에서 살기 때문에 보편성 주장은 불가하다는 문화상대주의의 입장도 있다.

이러한 비판과 그에 대한 대응책을 여기서 상세히 다루기는 어렵다. 어쨌든 적정하고 절제된 권리론을 재구성할 필요성은 인정해야 할 것이다. 사실 이론의 관점에서 보면 권리론은 취약할 수 있다. 그 기원에 있어서 개인의 권리에서 출발했고 역사적 투쟁의 산물이었던 만큼, 권리론이 철학적 근거 지음에 있어서 불완전한 것은 어찌 보면 당연한 것이다. 요컨대 권리 관념과 그 보편성에 회의적인 사람들도 권리에 기초한 담론―예컨대 여성의 권리, 장애자의 권리 등―의 도덕적·정치적 힘은 긍정할 수 있을 것이다. 이 점에서 권리와 관련하여 철학적·형이상학적 보편성을 추구한다는 의미보다는 지적 소통을 통한 보편화 추구를 강조하는 학자들의 견해는 주목할 만하다. 그럼으로써 문화권에 따른 권리 수용의 장애를 피할 수도 있다는 것이다.[13]

권리담론의 남용 및 오용에 대한 비판

권리담론의 정치적인 위력은 대단하다. 세계적으로도 한 나라에서의 권리투쟁의 정치적·법적 승리가 다른 나라에 곧장 영향을 미치기도 한다. 권리에 기초한 논변은 여타의 논변들을 곧잘 제압하며, '전부 아니면 전무'식의 용어를 구사하면서 타협의 여지를 주지 않는다는 비판도 뒤따른다. 권리의 수사修辭적인 힘이 그만큼 세다는 뜻일 것이다. 그러나 개인이 가지는 핵심적인 권리를 공공이익의 고려라는 관점으로부터 보호하기 위해서라면 권리 '으뜸패'의 전략은 포기할 수는 없는 것이다. 하물며 개인의 자율과 생존의 이익, 고통의 제거는 개인적인 것인 동시에 공동선의 문제이기도 하다.

어쨌거나 권리가 이런 정치적 힘을 발휘하는 만큼 권리가 제도화되면 이에 따르는 부정적인 측면도 생긴다. 핀란드의 국제법학자 코스켄니미Martti Koskenniemi는 이에 대해 다음과 같이 지적했다. "인권의 수사는 사회에 적극적이고 해방적인 효과를 미치는 한편, 권리가 정치 및 행정 문화의 핵심 부분으로 일단 제도화되면, 그 유동적인 효과를 잃고 법률주의 패러다임으로 굳어져 버려, 권리언어로 번역되는 것에 저항하는 제반 가치나 이익들을 주변화시키고 만다. 이런 방식으로 권리를 선善에 우선시키는 자유주의 원리는 기술관료적 언어에 의해 정치문화의 식민화로 귀결되며, 결과적으로 선의 관념을 드러내고 실현시키는 공간을 남겨두지 않게 된다."[14] 이런 측면에서 일부 급진적인 학자들이나 활동가들은 권리의 법제화를 거부하는 주장을 내세우기도 한다. 그러나 이런 주장들은 권리 관념을 거부한다기보다는 내부에서의 비판의 소리로 받아들여야 할 것이다. 인권담론의 남용과 오용에 대한 비판들은, 인권법 영역이 단순히 어떤 보편 기준들을 적용하는 게 아니라 끊임없는 토론과 논쟁을 필요로 하는 분야임을 깨닫게 한다.[15]

권리 논의가 여타의 정치담론을 밀어낼 수 있다는 주장도 일부 선진국에서 나오고 있다. 예컨대 하버드 법대의 그랜든Mary Ann Glendon 교수의 권리 비판도 그런 맥락에 놓인다. 그녀는 현재 미국의 권리론이 안고 있는 문제점을 다음과 같이 지적하고 있다. 첫째, 권리 목록이 끝없이 증식하고 확대되어 어디에나 권리를 부여하는 식으로 낭비되고 있는 점. 둘째, 사회의 모든 충돌들이 권리의 충돌로 여겨질 정도로 법률주의로 굳어가는 현상. 셋째, 권리의 절대성에 대한 과장된 주장. 넷째, 지나친 개인주의와 편협성으로 인해 개인적·시민적·집단적 책임에 대한 존중 사고가 외면되는 점이다.[16]

그러나 권리담론이 공적으로 퍼지면서 중요한 사회문제에 대해 긴 안목으로 창의적으로 사고하는 일이 밀려나고 있다는 주장은 아직 우리에게는 크게 다가오지 않는다. 다만 경제적이고 즉각적이며 개인적 차원의 사안들은 권리 이슈를 통해 쉽게 주제화될 수 있는 반면, 도덕적이고 긴 안목을 필요로 하며 사회적 함의를 가진 이슈들은 이로 인해 주변화될 수 있다는 지적도 새겨 볼 필요는 있다.

새로운 방향

권리 논의에서 오늘날 가장 큰 문제는 이론적으로 정의되고 일반적으로 공유된 권리 목록이 부재하다는 것이다. 그래서 최근에는 인간만이 아니라 생물이나 배아에까지 권리가 확대 적용되는 경향을 보이고 있는 것이다. 요컨대 권리의 증식과 함께 자명성 내지 보편성에 대한 신뢰가 약해진 것이다.

이런 문제의식 하에 새로운 기준을 설정하고자 하는 시도들이 나타나고 있다.[17] 예컨대 인간존엄에 기초하여 권리의 자유주의적 재구성을 시도하는 영국 옥스퍼드대학의 그리핀James Griffin 교수는 공리주의, 의무론, 덕 이론 등 지금까지의 서구 도덕이론이 대개 지나친 야심과 함께 행위자에게 과도한 주문을 했다고 비판한다. 그러면서 그는 "아래로부터" 그리고 실제 일어나는 현상과 인간 이익을 바탕으로 좀 더 절도 있게 권리를 논할 것을 제의한다.[18] 그리핀에 의하면 인간의 권리는 인류 번영이나 행복, 선 등의 실현보다는 인간으로서 존재한다는 그 자체를 보호한다는 의미를 지닌다. 이것이 근대 이래의 계몽 철학이 강조한 '인간존엄'이라고 파악하는 그는, 요컨대 인권법의 전통에 따르면서 인간의 권리 개념을 더 확정적인 것으로 만

듦으로써 입헌적 "계몽주의 기획"을 완성할 수 있다고 보는 것이다.

그리핀은 인간존재성은 행위자로서 자신의 목표를 선택하고 자유롭게 추구하는 데 있다고 말한다. 즉 '선택'으로서의 자율 개념과 '추구'로서의 자유 개념이 행위자가 가지는 본질적인 가치에 해당한다. 그러므로 권리가 존재하기 위해서는 "자율과 자유로서의 인간됨"과, 이를 다른 사람들에 대해 효과적으로 또 사회적으로 조정 가능한 방식으로 요구할 수 있게 하는 실천성이라는 조건을 충족시켜야 한다.[19]

이런 검토를 거쳐서 그리핀은 보다 더 확정적이고 핵심적인 권리를 추려보고자 시도한다. 그래서 오늘날 국제인권법과 헌법상의 기본권에 가장 근접하는 "핵심적인 권리", 이해할 수는 있지만 "의심스러운 권리", 단지 소망사항이거나 지나치게 넓고 망상적이어서 "정당화될 수 없는 권리"로 재정비하고자 한다. 그에 따르면 핵심적인 권리들은 생명권, 인간의 안전, 정치적 결정권, 표현·결사·출판의 자유, 신앙의 자유, 최소한의 교육을 받을 권리, 물리적 생존을 상회하는 수준의 생존을 위한 물질적 자원을 지급받을 권리, 고문을 당하지 않을 권리 등이다. 의심스러운 권리로는, 정의의 실패에 대한 보상을 요구하는 권리, 동일 노동·동일 임금으로서의 노동권, 공적에 따른 승진, 건강하고 안전한 작업 조건에 관한 권리 등을 들고 있다. 정당화될 수 없는 권리로는, 평화권, 최상의 건강을 누릴 권리, 일할 권리, 명예권, 상속권, 전쟁을 고무하는 선전으로부터 자유로울 권리, 행복추구권 등을 열거한다.[20]

그리핀의 자유주의적 권리 재구성론은 정치적·시민적 자유권에 중심을 두고 있는 것으로 보인다. 그리고 여기에 최소한의 교육과 생활 등 사회적·경제적 권리를 부가하는 식의 이른바 '엷은 권리론'으로 특징지을 수 있겠다. 그의 시도는 중요하게 다루어야 할 권리에 대한 도덕적 관심을 환기시키고 권리 정화를 시도한다는 점에서 주목할 만하다. 다만 의심스러운 권리나 정당화될 수 없는 권리 항목들에 대한 논란은 여전히 남는 셈이다.

그밖에 제3세계 관점에서 빈곤과 발전 문제를 권리와 연관하여 논하는 이론들도 주목할 만하다. 예컨대 인도 출신의 경제학자이자 도덕철학자인 아마티아 센Amartya Sen은 빈곤 문제에 주목하면서, 무엇보다도 빈곤이 단순히 저소득의 문제가 아닌 기본적·실체적 자유의 박탈, 잠재능력을 키울 수 있는 기회의 박탈을 의미함을 강조한다.[21] 그는 '소유'의 문제에서 '존재'의 문제로 인권 철학의 초점을 이동시킨다. 저발전과 빈곤의 원인은 자연재해가 아니라 민주주의의 결여 등 정치적 요인에 의한 권리 박탈에 있다고 본다. '센코노믹스'라고도 불리는 그의 경제학은, 인간과 인간 사이의 관계보다 재화와 개인 사이의 효용관계에 초점을 맞추는 공리주의를 비판하면서, 인간의 윤리적 관계와 민주적 가치를 경제학 안으로 끌어들인다. 그의 '양심의 경제학'은 인권과 민주주의가 서로 도움을 주고받는 관계임을 잘 보여 준다.

3. 법의 지배와 사회정의

법의 지배와 사회권

자유권 vs. 사회권

사회권이 법의 지배 안에 들어오는가 여부를 둘러싼 대립은 기본적으로 시민적·정치적 권리와 사회적·경제적 권리의 대립 논의를 반영한다. 헌법상 사회적·경제적 권리를 우선시하려는 측과, 그 권리는 아직은 헌법상 보장되는 보편적 권리로 보기 힘들다는 측 사이의 대립은 서구와 제3세계의 인권 시각의 대립으로도 거론된다.

경제발전을 통한 이익의 결과가 불평등한 분배 문제를 가져오면서 형식적 합법성으로서의 법치관은 자산가를 위한 법의 지배라는 공격을 받게 된다. 19세기 말 이런 불균형의 시정을 위한 제반 사회 요구와 그에 따른 조처가 뒤따르자, 이를 법치의 훼손으로 받아들이는 주장이 출현했다. 예컨대 영국의 헌법학자 다이시Albert V. Dicey는 일찍이 아래로부터의 압력에 의한 다양한 복지장치 도입을 법의 지배의 후퇴로 경고하면서, 사회정치적 목적으로 "무법의 방법들"을 도입해서는 안 된다고 주장했다.[22] 다이시가 복지장치 도입에 반대한 것은 형식적 법치관을 가진 그로서는 사회복지 국가 발전에 따른 행정 작용의 확대가 우려되었기 때문이다.

사회권이 법의 지배를 훼손한다는 다이시의 주장은 신자유주의자 하이예크F. A. Hayek로 이어졌다. 그는 개인들에게 활동범위를 미리 알게 해주는 예측가능성과 일반성 덕분에 법적 자유가 자유를 증진시킨다고 파악하면서,·이러한 관점에서 보면 행정행위에 입각한 사회정의와 복지의 시도는 이에 반하는 개별성과 재량에 입각하므로 법치를 훼손한다고 봤다.[23] 분배적 정의는 법치와 본질적으로 합치할 수 없다고 주장하는 사람들은 법의 지배가 경제적 불평등을 만들어 낸다는 것을 시인한다.[24]

하이예크 같은 학자들이 분배적 정의를 반대하는 이유는 공정한 분배의 기준에 대한 사회적 합의가 불가능하리라고 단정하기 때문이다. 또 설사 가치체계에 대한 합의가 가능하더라도, 비교할 수 없는 가치들 사이의 갈등은 불가피하다고 주장한다. 그러면서 그는 자유사회의 가난뱅이가 사회주의 평등사회의 주민보다 더 잘살며 심지어 자유롭기까지 하지 않는가라고 반문한다.

'자유사회의 가난뱅이'

하이예크가 어떻게 반대하든 복지체제는 오늘날 법치국가 안에 자리를 잡아가고 있다. 행정국가적 성격(행정처분, 전문가 중심의 결정, 준사법기구를 통한 결정)도 환경보호, 소비자 보호, 사업장에서의 건강 보호 등 여러 이슈와 함께 확대되고 있다. 이러한 행정적 개입도 절차 중심으로 이루어지며 사법을 통한 행정심사 대상이 된다는 점, 행정 내부의 기능 분화, 내부의 준사법기구를 통한 통제 등을 떠올릴 때, 하이에크의 주장은 지지되기 어렵다.[25] 또 행정 재량의 확대 문제는 복지체제 도입 때문만은 아니고, 기본적으로 사회가 복잡해짐에 따라 입법 양이 불가피하게 증대되었기 때문이기도 한 것이다.

오늘날 '자유사회의 가난뱅이'에 대해서 생각해 보자. 현재 서울에서는 매년 평균 300여 명의 노숙자가 사망한다.[26] 잘사는 나라에서도 오히려 빈곤에 허덕이는 사람들의 수가 늘어나고 있다는 통계는 이제 새삼스럽게 인용할 필요도 없게 되었다. 상대적 빈곤이 아니라 절대빈곤이 늘어나는 추세다. 21세기에 들어오면서 빈곤 문제가 정치 이슈화되지 않는 맹점이 나타나고 있다. 선진국들에서 가난한 사람들을 돕자는 정치인들은 퇴출되고 있다. 한 현장 활동가가 비유한 대로, 배가 고파서 길거리에 누워 있어도 그냥 지나가는 사람들이 태반인데, 만약 버스에서 여대생이 성추행을 당한다면 그냥 지나치는 사람은 거의 없을지도 모르겠다. 가난한 사람들은 방치가 아니라 사회적 배제 수준에 있다고 말해도 과언이 아니다.[27]

법의 지배와 사회복지

법치의 틀 속에서 가능한 복지국가

흔히 정치적·시민적 권리와 경제적·사회적 권리의 구분은, 전자는 사법판단이 가능하고 후자는 불가능하다는 식으로 대립되어 이해되어 오기도 했다. 이 점은 좌우 양편에서 공히 그러한데, 진보 쪽에서는 사회권을 사법으로 가져가면 사법의 속성과 한계상 권리를 위한 투쟁을 약화시킬 뿐이기에 오히려 비사법적 투쟁이 전략적으로 낫다고 주장한다. 반면 우파는 경제적·사회적 권리는 '점진적으로 실현될 권리'의 성격을 가지는 강령적 권리에 불과하므로 설사 법제화되었다 하더라도 재판규범까지 되지는 못한다고 본다. 그러나 이는 다 잘못된 생각이다. 사회경제적 권리규정이 그 기준이나 이행 시기, 이행 방법 등에 있어서 많은 재량이 부여되는 식으로 되어 있다 하더라도, 길게 보면 사법으로 가져가는 것이 합리적이다.

1990년대 중반부터 시작한 우리나라 NGO들의 복지권을 실현하기 위한 권리구제 운동은 성공적이었다. 법원으로부터 전향적인 판정을 다수 이끌어 냈던 것이다.[28] 뿐만 아니라 소송을 통한 투쟁 이후 학자들은 이 문제에 대해 고민하게 되었으며, 이러한 과정을 거쳐 법제정으로 이어지는 데 큰 역할을 했다. 국가인권위원회도 2006년에 사회권 연구팀을 구성하는 등 이 문제에 관심과 노력을 기울이기 시작했다.

법치의 이름으로 사회권까지 요구하면, 권리들 사이의 긴장이나 권리와 민주주의의 긴장과 불화가 사회가 감당할 수 없을 정도로 커진다고 우려하는 사람도 있다.[29] 그래서 일부 학자들은 실질적 평등을 끌어들이는 것은 법치 문제를 사회철학의 장으로 넘기게 되는 것이라고까지 주장하는 것이다. 그러나 실질적 평등은 사회적 가치인 동시에 엄연한 법가치다. 법치의 이름으로 광범위한 사회적 이슈들을 논한다고 법의 지배가 의미를 잃게 되는 것은 아니다. 물론 사람들이 정부에게 바라는 모든 좋은 것들의 집합이 법의 지배인 것은 아니다. 그러나 앞에서 언급했듯이 많은 서방 복지국가는 법치의 틀 속에서 유지되고 있다. 복지 실현과 관련된 행정조치로 법치의 근간이 흔들리는 것은 아니다. 이론가들은 모순을 언급했지만, 실질적 법치 유형들은 기능하고 있으며 더 발전하는 단계로 꾸준히 움직이고 있다.

정치적·시민적 권리와 경제적·사회적 권리를 본질적으로 다르게 보거나, 후자를 정책 가이드라인 내지 도덕적 소망 정도로 파악하는 경향은 냉전시대 서방 일부 학자들의 발상이었다는 지적도 있다.[30] 미국의 철학자 지워스A. Gewirth는 다양한 욕망과 목표를 가진 사람들로 이루어진 사회에서 자신의 능력을 최대로 발휘하는 방향의 인생설계는 자유와 안녕에 대한 권리가 보장되어야 가능하다고 지적하면서, 자유권과 사회권이 인간다운 행위를 위한 필연적 조건인 점에서 서로 묶여 있는 인간의 권리로 본다.[31] UN 사회권 규약만 하더라도 당시 비준 국가가 158개국이나 되었다.

형식적 합법성만이 법이 채택해야 하는 형식은 아니다. 예컨대 관료적 개입이나 행정조처도 법치의 틀 안에서 이루어지고 있고, 최근에는 사법 영역에서도 공정성 같은 일반조항들이 들어오고 있다. 그리고 이런 것들 때문에 법시스템의 압도적인 규칙 속성이 손상되지는 않는다. 이런 것들이 예측가능성을 감소시켰다는 비판도 사실 이론적 관측에 불과하다. 서방사회는 이미 한 세기 이상이나 사회복지국가가 형식적 합법성과 함께할 수 있다는 것을 증명해 보였다.[32]

사회정의는 경제를 넘어서는 문제

우리나라에서 사회권은 대체로 법제화에는 성공했지만 막상 해석과 적용의 단계에서는 경제 논리에 밀려 제동이 걸리는 경우가 많은 것으로 보고되고 있다.[33] 그러나 많은 학자들이 지적하듯이 압축 성장을 거친 직후인 우리 사회에서 사회권과 자유권은 동시에 해결해 나가야 할 과제다.

경제성장이 곧장 민주주의를 가져오는 게 아니라 분배적 정의가 이루어져야 경제적 민주주의가 달성된다. 우리 헌법은 119조 2항에서 그 지향을 분명히 하고 있다. "국가는 균형 있는 국민경제의 성장 및 안정과 적정한 소득의 분배를 유지하고, 시장의 지배와 경제력의 남용을 방지하며, 경제 주체 간의 조화를 통한 경제의 민주화를 위하여 경제에 관한 규제와 조정을 할 수 있다." 헌법재판소는 우리 헌법상의 이와 같은 경제질서가 "사회복지·사회정의를 실현하기 위하여 국가적 규제와 조정을 용인하는 사회적 시장경제 질서로서의 성격을 띠고 있"음을 밝히고 있다.[34]

법의 지배와 결합하는 사회정의는 경제 중심으로 접근된 정의는 아니다. 예컨대 최저 생계비도 최저 임금이 아닌, 최소한의 문화적 삶을 영위하는 데 필요한 생활임금 수준에서 접근할 필요가 있다. 그렇게 됨으로써 문화적 생존을 위한 포괄적 법의 지배 전략이 사회정의 안에 들어오는 것이다.

4. 법의 지배와 민주주의

법과 소통

민주주의는 법의 지배를 통해서만 적정한 절차와 형식을 갖출 수 있다. 그리고 안정적인 민주주의 발전을 위해 법의 지배는 필수적인 제도다. 지난 한 세대 동안 우리 헌정 발전 과정은 민주주의의 성장이 우리 사회에서 법의 지배로 확보되는 기본권 성장을 가져왔음을 보여 준다. 서구 정치사의 관점에서 보면 기본권은 자유주의에 뿌리를 둔다. 반면 우리의 경우 1987년 헌정체제를 탄생시킨 민주화 운동은 권위주의 정권 타도를 목표로 삼았기 때문에 개인의 자유와 권리 중심의 자유주의적 요구와는 어느 정도 거리가 있다.[35] 사실 법을 애초에 자유주의 기획으로 출발시킨 서구 법치국가 모델에 기초하여 분석하면, 법의 지배와 민주주의를 서로 긴장관계에 놓이는 것으로 이해할 여지가 더 커진다. 그러나 우리의 경우 앞서 말한 대로 민주주의의 성장이 법의 지배의 성장으로 나아간 것이다.

복잡한 현대사회를 조정하고 조화시켜 나가는 핵심 역할을 법에서 찾으면서 법을 민주주의의 맥락에서 잘 설명한 사람은 하버마스

Jurgen Habermas다. 그에 의하면 법은 소통을 발전시키는 가능성이다. '소통적 합리성'은 서로 다른 이익을 추구하는 사람들 사이에 합의가 가능할 수 있는 이상적 조건들을 발전시킨다. 그리고 법은 복잡한 현대사회의 다양한 시스템들과 생활세계를 연결할 수 있는 유일한 매개수단이 된다.[36]

하버마스의 이론을 빌리지 않더라도 법의 권위는 생활세계로부터 나온다. 생활세계의 연대 유지에 요청되는 합의를 목표로 하는 소통적 합리성을 번성시키는 데 필수적인 것은 인간의 기본적 권리보장이다. 그러므로 기본적 권리는 오로지 법적 과정에 의해서만 보장될 수 있는데, 이때 법적 과정이란 민주적 구조를 지지하도록 설계되는 한 그렇게 불린다. 법과 민주주의는 이런 식으로 서로 분리될 수 없이 엮여 있는 것이다.

'일반의지'를 어디서 경험하는가

불만족스러운 현실

대의민주주의가 제도의 측면에서나 리더십의 측면에서 드러내는 많은 모순점들은 21세기 초반 세계가 풀어야 할 큰 숙제 중의 하나다. 우리 헌법재판소 판례에 따르면 민주주의는 "국가권력의 형성 및 행사의 근거를 국민적 합의에 두는 것", "주권자인 국민이 되도록 정치의사 과정에 참여하는 기회가 폭넓게 보장되는 것", "적법절차에 따른 수단과 절차의 존중"으로 설명된다.[37] 다 좋은 이야기다.

국민적 합의와 참여 확대! 그런데 이런 말들이 다 추상적이고 피상적으로 들리는 게 지금의 상황이다.

합의나 참여는 우리가 함께 가꾸는 공동체를 전제한다. 그런데 오늘날 우리에게 공동체 소속감은 추상적 가설로만 머문다. 자신이 이웃에 미친 영향에 대해 개인들은 확인할 길이 없다. 자신들의 협동의 증거를 보지 못하는 개인들이 소속감의 결여를 느끼는 것은 당연하다.

법은 일반의지의 표현이라고 하는데, 이 일반의지를 어디서 경험할 수 있단 말인가. 이론 서적에는 너무 추상적으로 적혀 있다. 대의민주주의 안에서의 선거행위를 통해서도 이것을 경험하기 힘들다. 어느새 특권층이나 엘리트들이 피선거권을 장악하면서 지배와 피지배의 간극을 더 느끼게 만든다. 또한 선거 과정이 민주적이라 하더라도 오로지 절차적 과정을 통해서만은 일반의지를 느끼기 어렵다. 법은 국민 의지를 여러 방식으로 표현하는 길을 열어 두며, 결코 투표장에서만 이 의지를 표현하라고 요구한 것은 아닐 터인데도, 우리는 대표자를 뽑기 위해 선거에 참여하는 것 이외에는 별다른 힘을 가지지 않는 것으로 생각한다. 그리고 이런 상황을 불만스러워 하는 것이다.

이론가들은 민주주의를 추상화시키면서 최소한의 민주주의 개념으로 만족하는 경향을 보인다. 그리고 대의민주주의를 전제로 하기 때문에 시민참여, 시민주도가 제도적으로 상당히 어렵고 복잡하게, 그래서 비효율적으로 보이게끔 구도가 짜인다. 그런 가운데 법의 지배는 시민의 자유에 개입하지 않는다는 정도의 권력 제한의 의미로만 그려진다. 복지나 정의의 요청은 비켜나간다. 이에 비해 민주주의는 그 이상을 너무 높게 잡아 역사책에나 나오는 이야기로 여기게 만든다. 아니면 민주주의는 피를 흘리지 않고 정권을 교체하는 장치 정도로 여기게 만든다.

국민주권과 법의 지배를 상호보완하는 길

국민주권과 법의 지배를 상호보완하는 길, 법이 여러 방식으로 일반의지를 표현하는 길은 없는가? 시민들이 보다 더 직접적으로 법에 영향을 미칠 수 있는 길은? 그 첫걸음은? 내 생각에 그것은 토론이다! 즉 일반의지는 경험적으로 토론을 통해 표현된다고 믿는 것이다. 나는 시사토론 프로그램을 많이 보고 듣는 편이다. 예전에는 토론 프로그램들이 없었다. 중요한 정치적·사회적 이슈가 있더라도 고위공직자의 '담화문' 정도가 고작이었다. 그것은 말이 '담화'일 뿐 '국민 여러분!'이라는 일방적 부름 아래 주입식 내용과 주문을 전달하는 것이었다. 그런데 이제는 각본대로 움직인다는 보장이 없는 토론 시대가 열린 것이다.

어떤 때는 토론을 할수록 대립과 의견 차이만 커진다고 느껴질 때도 있다. 독자들 가운데도 혹 그런 프로그램을 접하면서 나와 비슷한 아쉬움을 느낀 분도 있을지 모르겠다. 토론 사회의 달인이라는 어느 인사가 대담에서 이런 말을 한 기억이 난다. 우리 사회는 할 말이 너무 많아서 토론이 안 되는 사회이며, 근대화·산업화·민주화가 한꺼번에 이루어지면서 그때그때 풀어야 할 숙제들을 미처 마무리하지 못했기 때문에 앙금도 많고 공통의 합의 기반과 상식의 영역도 좁은 나라이며, 그래서 토론할 것도 많고 토론 자체도 어려운 나라라는 것이다. 공감한다. 그런데 그럴수록 더 토론이 필요하다는 생각이 든다. 토론을 할수록 의견 차이가 더 벌어진다는 느낌에 대해서는 이런 사족을 달고 싶다. 우리가 결정을 내려야만 하는 사안을 앞에 놓고 토론할 때는 사정이 달라질 것이라고.

주

1　J. W. Johns, *The Law and Legal Theory of the Greeks*, Oxford(1956), 90쪽.

2　법의 개선에 대한 논의는 정신이 가장 맑은 새벽 시간에, 그것도 원로들과 각 방면에서 오랜 경험을 쌓은 인사들로만 구성된 회의에서 다루게 한다는 것에 대해서는 플라톤, 『법률』 12권, 960c~960e, 961a~969d(박종현 역주, 서광사, 839쪽 이하)를 참조할 것.

3　"옛 법률의 시대에는 우리의 민중이 어떤 것들에 대해서는 주인이 못 되고, 어느 면에서는 자발적으로 법률에 복종했습니다"라는 플라톤의 표현(『법률』 3권 700a, 284쪽)이나, 아리스토텔레스가 『정치학』에서 "법은 열정에 영향을 받지 않는 이성이다"라고 표현한 것을 떠올려 볼 것. 다수 의지의 우월성이 파벌의 우월성으로, 파벌의 우월성이 당파적 법제정으로 연결될 우려를 나타낸 것이다.

4　Brian Z. Tamanaha, 같은 책, 10쪽.

5　이에 대해서는 조용환, 「조약의 국내법 수용에 관한 비판적 검토」, 『법과 사회』(법과 사회이론학회 편, 2008 상반기, 제34호), 137쪽 참조.

6　William Twining, *General Jurisprudence. Understanding Law from a Global Perspective*, Cambridge University Press(2009).

7　권리 개념에 대한 분석서로는 김도균, 『권리의 문법 – 도덕적 권리·인권·법적 권리』(박영사, 2008)가 있다. 이 책에서 저자는 권리를 청구권, 자유권, 형성권, 면제권이라는 네 요소의 결합체로 파악하는 호펠드(Wesley N. Hohfeld)의 권리 개념에 대해서도 상세히 다루고 있다.

8　Jeremy Bentham, *Rights, Representation and Reform: Nonsense upon Stilts and Other Writings on the French Revolution*, Schofield etc. (eds.), Oxford(2002), 330쪽.

9　"소원이 공급은 아니다, 배고픔이 빵은 아니다"(Jeremy Bentham, 같은 책, 330

쪽). 그런데 트와이닝이 분석한 바와 같이, 벤담이 반대하는 것은 권리 내용 자체라기보다는 권리의 담론 양식과 관련되어 있다(William Twining, 같은 책, 188쪽). 말하자면 '먹을 권리', '일할 권리', '발전할 권리' 등의 요청들이 열망을 불러일으켜, 아무런 실현 발판도 없이 할당 몫에 대한 책임이나 법적 구속력도 없는 이행을 촉구하는 식으로, 소망의 사고로 표현되는 데 반대하는 것이다.

10 William Twining, 같은 책, 190쪽.

11 Meyer & Lukas & Paulson & Pogge(eds.), *Rights, Culture, and the Law*, Oxford University Press(2003), 253쪽.

12 Joseph Raz, "On the Nature of Rights", 93 *Mind* 194(1984).

13 Danilo Zolo, "The Rule of Law: A Critical Reappraisal", *The Rule of Law. History, Theory and Criticism*, P. Costa & D. Zolo(eds.), Springer(2007), 39쪽. '아시아적 가치'를 둘러싼 권리논쟁에 대해서는 마지막 장인 "법의 지배와 세계질서"에서 다루겠다.

14 Martti Koskenniemi, "The Effects of Rights on Political Culture", *The EU and Human Rights*, Philip Alston(ed.), Oxford University Press(1999). 트와이닝은 이런 현상이 정치의 법화 내지 사법의 정치화, 그리고 이에 따른 민주주의 과정의 약화로 나타난다고 이해한다(Wiliam Twining, 같은 책, 185쪽).

15 이와 관련해서는 William Twining, 같은 책, Chapter 6 참조.

16 Mary Ann Glendon, *Rights Talk: The Impoverishment of Political Discourse*, New York(1991), Preface x, 171쪽.

17 자유주의의 재구성, 도덕적 다원주의, 담론적 절차 이론 등의 방향에서 실천적 권리 담론을 꾸준히 전개해 온 학자들의 연구 성과에 대해서는 "Human Rights: Southern Voices"(William Twining, 같은 책, Chapter 12)를 참조할 것. 이들 연구 성과들은 특히 세계화 관점에서 제3세계의 입장을 반영한다는 점에서 새로운 바가 많다.

18 James Griffin, "Discrepancies between the Best Philosophical Account of Human Rights and the International Law of Human Rights", Proceedings

of the Aristotelian Society(2001).

19 James Griffin, "First Steps in an Account of Human Rights" 9 *European Journal of Philosophy* 306(2001), 315쪽.

20 James Griffin, *On Human Rights*, Oxford University Press(2009), 206쪽 이하.

21 Amartya Sen, "The Element of a Theory of Human Rights", 32 *Philosophy and Public Affairs* 315(2004)를 참조할 것. Amartya Sen에 대해서는 Polly Vizard, *Poverty and Human Rights: Sen's 'Capability Perspective' Explored,* Oxford University Press(2006)를 참조할 것.

22 알버트 다이시, 『헌법학입문』(경세원, 1993).

23 F. A. Hayek, *The Political Ideal of the Rule of Law*, Cairo(1955), 56쪽.

24 하이예크, 『노예의 길』(김이석 옮김, 2006, 나남출판), 87쪽 이하. "분배적 정의라는 실질적 이상을 직접적으로 겨냥하고 있는 정책들은 모두 법의 지배를 파멸로 이끈다."

25 Brian Z. Tamanaha, 같은 책, 72쪽 참조.

26 한림대 의대 주영수 교수의 논문 「노숙인 사망실태와 해결방안 모색」(한국보건사회연구원, 『노숙인 정책의 평가와 개선방안 정책보고서』, 2007)에서처럼, 서울 시내 쉼터 입소자 중 사망자를 사망통계에서 확인한 방식으로 계산하면 약 300명이고, 인도주의실천의사협의회가 발표한 "1998년~2001년 노숙인 사망실태 분석 - 서울시를 중심으로"에서처럼, 의료기관 내 사망자(행려병자)와 거리 사망자를 합산하면 400명 이상에 이른다.

27 최저생계비가 선진국에서는 평균 일반인의 70~80퍼센트인 데 비해 우리는 40퍼센트 수준이다. 그나마 정부는 수급대상자가 늘어나지 않게 하기 위해 최저생계비를 낮추려고 한다. 여기서는 자세히 다룰 수 없지만, 사회권 확보를 위해서는 구체적 기본권리 운동이 중요하다. 예컨대 주거난방 기본권, 기름난방 기본권, 금융피해자들의 권리 등등. 우리나라처럼 대학교육이 대중화되어 있는 상황에서는 대학등록금 문제도 빈곤층의 사회권의 맥락에서 다루어야 할 사안이다.

28 박은정 엮음, 『NGO와 법의 지배』(박영사, 2006), 177쪽 이하.

29 예컨대 타마나하가 그러하다. 이에 대해서는 Brian Z. Tamanaha, 같은 책, 113쪽을 참조할 것.

30 조효제, 『인권의 문법』(후마니타스, 2007), 286쪽 이하 참조.

31 A. Gewirth, *Human Rights: Essays on Justification and Applications*, University of Chicago Press(1982), 56쪽. 지위스는 경제적으로 열악한 국가에서 정치적·시민적 자유보다 사회권에 대한 요청이 더 높은데, 이때 식량, 의료 등의 정당한 배분은 자유 보장과 합의라는 정치과정 안에서 이루어져야 가능하다고 설명한다.

32 타마나하도 행정 재량이 위임입법과 절차적 요건들에 의해 관리될 수 있으며, 법관에게 일반조항 같은 광범위한 개념에 대한 해석을 구하거나 이익형량을 맡기는 것도 여타의 분야에서 압도적으로 잘 작동하는 규칙으로서의 법체계를 필연적으로 파괴하는 것은 아니라고 진단한다(Brian Z. Tamanaha, 같은 책, 98쪽).

33 예컨대 노동권 분야에서는 이승욱, 「헌정 60년 노동관계법의 전개와 노동인권 상황의 변화」, 『법과 사회』(법과사회이론학회 편, 2008 상반기 제34호), 220쪽.

34 헌재 1996. 4. 25. 선고, 92헌바47.

35 최장집 교수도 '민주화 이후의 민주주의' 문제를 다루면서 이 점을 지적했다. 최장집, 『민주화 이후의 민주주의: 한국민주주의의 보수적 기원과 위기』(후마니타스, 2002).

36 하버마스에 따르면 사회는 부분적으로는 시스템(경제·정치·법시스템)으로, 그리고 부분적으로는 '생활세계'로 이루어져 있다. 생활세계는 일상적인 사회 경험이 이루어지는 환경으로서 그 안에서 관습, 문화, 도덕이념, 대중적 이해 등이 형성되고 생산된다. 생활세계는 사람들이 다른 사람들의 소통 활동을 해석하는 데 도움이 되는 경험적 '배경지식'을 제공하면서, 다양한 사회 시스템을 유지하는 데 필요한 연대와 요청되는 정당성의 원천이 된다. 물론 이 이 생활세계는 이들 시스템에 의해 끊임없이 식민화되고, 침식·변형되기도 한다. 위르겐 하버마스, 『사실성과 타당성』(한상진·박영도 옮김, 나남출판), 2000.

37 각각 99헌바28, 93헌가4, 89헌마31.

6장

—

법의 지배와 사법부

1. 사법권의 확대[1]

사법화(司法化) 현상

지난 20여 년 이래 법의 영역에서 눈에 띄는 변화는 사법권의 부상 내지 확대이다. 사실 미국의 연방대법원 정도를 제외하면, 사법은 어느 나라에서든 이렇다 할 뉴스거리를 별로 만들어 내지 않는 분야였다. 1980년대 후반부터 이러한 사정은 달라졌다. 우리나라는 물론, 주요 서방 선진국들, 남미와 아시아 지역의 개발도상국들, 구동유럽 붕괴 이후 새로 태어난 체제전환국들에서도 사법권은 점차 부상하고 있는 것으로 파악되고 있다. 2000년 미국 대선에서는 사실상 미연방 대법원에 의해 대통령이 결정되었다는 사실을 기억할 것이다. 우리나라에서도 지난 10여 년 이래 중요한 정치적·사회적 갈등 사안들이 종국에는 법원으로 넘어가 해결되는 양상이 부쩍 늘어나고 있다. 5·18 과거청산, 대통령 탄핵 여부, 신행정수도 건설 근거 법률의 위헌결정, 동성동본 금혼 위헌, 이라크 파병 여부, 낙천낙선 운동의 선거법 위반, 간통죄 합헌, 사형제도 합헌, 존엄사 허용, 국가보안법의 폐지 여부, 양심적 병역거부 문제 등등. 이러한 사안들을 다루면서 사법부, 특히 헌법재판소와 일반적인 사법권의 최종심인 대법원의 활동들이 정치적으로나 사회적으로나 전면에 부상하게 되었다.

　우리 사법부는 오랫동안 정통성 없는 정권을 거치면서 정치권력에 대한 통제는커녕 종속적 지위에 머물렀으나, 민주화에 따른 1987년 헌정체제 가동 이후, 특히 위헌법률심판, 헌법소원 등 헌법재판권을 행사하는 헌법재판소가 설치되어 제자리를 잡으면서, 사법권의 확대 경향은 두드러지고 있다. 헌법재판소는 일반적인 사법권의 최종심인 대법원과 견제 내지 협력관계를 유지하면서 지속적으로 위상을 강화하고 있다. 사법권의 확대는 기본권 보호나, 헌법기관 간의 권한쟁의 조정 같은 헌법재판 분야 이외에도 다양하게 나타나고 있다. 즉 형사재판 분야에서 과거 권위주의 정권의 범법에 대한 법적 청산, 정치인의 부정부패 단죄, 행정재판 분야에서 소비자 보호, 환경보호 등등.

　정치적·사회적으로 중요한 이슈 내지 갈등 현안들의 사법화司法化는 이제 거의 일상화되었다고 보아도 좋을 것 같다. 법적 관점에서 결말이 나는 경향이 다방면에서 늘면서, 정치인들이나 공직자들, 심지어 일반시민들도 일상 논쟁에서 사법적 용어로 토론하거나, 사법과정에서 중시될 만한 쟁점들을 예상하는 식의 논지를 펴는 경우도 눈에 띈다. 중요한 사회문제가 터지면 언론은 곧장 법학자들의 의견을 구하기도 한다. 일찍이 토크빌이 미국 사회를 관찰하면서 미국에서 모든 사회문제는 조만간 법정으로 넘어간다고 말한 적이 있었지만, 우리나라에서도 어느덧 중요한 사회문제들이 이슈화되기가 바

쁘게 법화되고 있는 것이다.

사법권의 전지구적 확대

오늘날 사법권의 확대는 어느 면에서 전지구적 현상으로 나타나고 있다. 사실 법관들의 판결을 통해 형성되는 법인, 소위 법관법法官法의 강세는 원래 영미법 국가의 특징이었다. 그런데 이제 대륙법 국가에서도 법관법의 강세가 드러나고 있는 것이다. 나치의 독재를 겪은 직후 독일은 실질적 인권보장을 위한 제도적 장치로서 그리고 헌법재판을 전담하는 기관으로서 헌법재판소를 설치했다. 이 독일식 헌법재판 모델은 미국식 사법심사 모델과 나란히, 개인들의 권리보호와 국가 정책조정 분야에서 적극적인 사법개입의 선례들을 제시하면서 다른 국가들에도 영향을 미쳤다.

우선 공산권이 무너진 후 구동유럽 국가들도 새로운 입헌주의 체제로 전환하면서 대개 이 모델들을 도입했다. 냉전의 종식은 미국식 민주주의와 법제도의 승리로 받아들여지면서, 헝가리, 폴란드 등 민주주의 신생국인 이들 체제전환국의 법학자들은 미국식 민주주의의 강점을, 법원을 통한 소수자 보호에 있다고 이해하고 미국의 사법과 법절차에 큰 관심을 가졌다. 이 새로운 제도에 근거하여 최고재판소의 법관들은 법의 지배를 실질적 법치관으로 이해하면서 국회가 만든 법률들을 대거 무효화시키기도 했다. 그럼으로써 일부 정쟁들이 법원 주도로 타개되는 양상이 여론의 주목을 받으면서 사법 문제가 정치 이슈화되기도 했다.[2] 브라질·콜롬비아 등 남미국가들, 인도·

필리핀 등 동남아시아 국가들에서도 군부 개입, 종족갈등, 내전 등에 처해 사법은 신생 민주주의를 보호하고 입헌주의 법원칙을 확립하는 방향으로 기여함으로써 그 역할이 돋보였다. 또 의회다수결을 통한 정치권의 힘만으로는 극복할 수 없는 부패 척결, 빈곤 하층계급 등 소수자 인권문제 해결에서도 사법이 일정 정도 긍정적인 역할을 하면서 여론의 지지를 받기도 했다.[3]

미국, 독일, 프랑스, 캐나다 등 주요 선진국에서 사법개입은 지난 수십 년간 인종차별 종식, 여성의 낙태권, 소수자 보호, 공립학교에서의 종교 교육, 대통령 선거, 이민정책, 테러 용의자의 법적 보호 등에 이르기까지 광범위하게 확대되었다. 물론 사법화가 언제나 긍정적인 평가를 받지는 않는다. 사법화가 여당과 정부의 정책을 재구성하게 만드는 수준으로까지 영향을 미치면서 정치권과 긴장관계에 놓이고, 정치권에서는 사법개혁안을 둘러싼 정쟁이 벌어지는 경우도 있다. 예컨대 영국에서는 행정에 대한 사법심사 확대 시도가 법관들과 보수정권 사이의 마찰을 빚기도 했으며, 프랑스 등 일부 서구 국가들에서 사법이 국민 기대에 부응했는지에 대해서는 평가가 엇갈린다. 캐나다의 경우 진보적 사회정책에 대한 사법의 잇따르는 지지가 비판대상이 되면서 개입을 자제하는 방향으로 돌아선 예도 있다. 이탈리아에서는 사법화가 법관들의 자질 부족 문제를 이슈화시키기도 했다.[4] 1980년대까지 권위주의 정권 지배하에 있었던 아르헨티나, 칠레, 브라질 등 남미 국가에서 새로운 헌정 질서와 함께 부각된 최고법원 내지 헌재의 사법심사가 민주주의의 공고화에 기여

했는가에 대해서도 견해가 엇갈리고 있다.[5]

유럽연합 같은 초국가 차원에서는, 유럽연합의 법체제에 따라 법관들의 결정이 개별 국가들의 법질서 재편에 영향을 미치고 있다. 유럽인권재판소, 국제사법재판소, 국제형사재판소 등 국제 사법기구들의 적극적인 활약도 사법권의 전지구적 확대 분위기를 만드는 데 한몫을 하고 있다.

'정치의 사법화'

정치사회 영역이 이렇게 사법에 의존적으로 되어 가는 현상은 분명 새로운 흐름이며, 입헌주의 제도 도입의 초기에는 필경 생각하지 못한 일임에 틀림없다. 사법권 내지 사법권력의 부상은 사법심사제 같은 획기적인 제도의 도입과도 물론 연관된다. 그러나 이보다는 더 다양한 배경과 사회구조적 변화요인에 따른 것이라고 봐야 할 것이다. 그것은 일정 부분 사회변화를 반영하는 현상이기도 하면서, 이 현상 자체가 정치 현실의 지평과 여러 사회 영역들의 변화를 초래한다는 점에서 심대한 의미를 지닌다.

위에서 '사법권력'이라는 표현을 썼지만, 사법권에서는 입법이나 행정에서와 같은 권력적 구심점(구심력)이 없다는 점에서 사법권력이라는 표현은 적절하지 않다는 견해도 있을 수 있다. 사법권은 그간 입법권이나 행정권에 비해 덜 권력적이고, 설사 권력적이라 하더라도 그 남용 위험이 상대적으로 덜하다고 여겨지기도 했다. 그러나 신영철 대법관이 서울지방법원장 재직 시절 재판에 개입한 사건이 불거지면서 사법행정의 중앙집중화, 사법의 관료화 문제가 다시 제기되는 사례는 사법에도 막강한 권력적 구심력이 작용함을 보여 준다.

사법에 의해 중요한 정치사회 현안들이 결정되면서 최근에는 '정치의 사법화' 문제가 거론되고 있다. 국가의 주요한 정책결정이 정치적 공론과정이 아닌 사법과정에 의해 결말지어지는 현상인 정치의 사법화의 대표적인 예로는 헌법재판소의 노무현 대통령 탄핵심판 시 대통령의 정치활동을 포함한 권력행사의 범위를 축소시킨 헌법해석, 불문의 '관습 헌법'에 근거한 신행정수도 건설 근거법률의 위헌결정 등이 꼽히고 있다. 국책사업 등 정부정책 결정을 둘러싸고 정치권의 대립이 심해지고 여론도 갈려 국정이 표류되면서, 그 갈등 현안들은 최종적 해결을 위해 사법부로 넘어가는 것이다.[6]

의회 우위 전통의 퇴색

사법기관에 의한 결정은 때로는 여야의 정치권이나 그 사안에 관심을 가진 시민들과 대립되는 것이기도 하고, 때로는 동조하는 것이기도 할 것이다. 이때 사법기관의 판단에 불만을 가지는 사람들이 많아지면, 사법기관을 통한 사회적 갈등 해결은 형식상으로는 법적 결말이 났다 하더라도 실질적으로 그 사안에 종지부를 찍는 것으로 보기 어려울 수도 있다.

이러한 분위기에서 '정치의 사법화'가 민주주의 발전에 걸림돌로 등장할 수 있다는 소리가 나오고 있다. 즉 '정치의 사법화'로 정치 영역과 민주적 공론 영역에서 다루어져야 할 사안들이 소수 엘리트 법관들에 의해 결정됨으로써 민주주의 발전을 해칠 수 있다고 우려하는 것이다. 학자들 가운데도 정치의 사법화 현상을 법치주의와 민주주의의 갈등 문제로 다루는 사람들이 꽤 있다. 이들은, 특히 위헌법률심판권을 행사하는 재판관들의 경우 선출직도 아니어서 국민에 대한 직접적인 책임을 지지 않아 민주적 정당성이 약한 터에, 이들이 국민적 대의기관인 국회 다수결에 의한 입법을 위헌 결정으로 무력화시킨다면, 이는 결과적으로 재판관들이 또 다른 입법자 내지 초입법자의 역할을 하는 게 아닌가 하는 의구심을 가지는 것이다.

정치의 사법화는 민주주의와 대립하는가? 그래서 사법권의 확대 혹은 법의 지배의 승리는 민주주의의 후퇴로 이어지는가? 원론적으로 보면, 강한 사법은 민주주의를 번영시키고 약한 사법은 민주주의를 파국으로 몰고 간다. 입헌민주주의 체제하에서 입법부, 행정부와 함께 사법부도 국가기관으로서 국민에게 봉사하면서 시민들의 권리 보호와 민주주의 신장에 기여하는 것은 당연하다. 민주화된 사회에서 사법에 의한 입법권력 통제는 입법권의 남용에 의한 인권침해를 구제하고 독재자의 헌법 일탈행위에 대처케 함으로써 헌법의 지배를 강화하고 정치과정의 헌법화를 가져와 많은 문제를 해결해 주기도 하는 것이다. 사실 민주주의를 의회 내 다수의 지배 형식과 일치시키는 고전적인 의회 우위의 전통은 오늘날 많이 퇴색되어 가고 있다. 이런 흐름 속에서 정치권력을 견제하고 시민들의 권리를 보장하기 위해 독립적 지위를 가진 법관들로 하여금 공적 권한들을 심사케

하는 법의 우위가 한 흐름으로 나타나고 있는 것이다.

그러나 무엇이든 과도한 경우는 문제가 되기 마련이다. 입법이든 사법이든 권력이 남용되면 문제를 일으킨다. 정치의 사법화를 우려하는 시각과 함께 '사법 독재'니, '법관 공화국'이니, '사법 지배주의'니 하는 표현이 나오는 것도 이 점을 염려하는 것이다. 또한 사법의 역할이 확대되는 데 비해, 그 중요한 기능을 수행할 능력을 제대로 갖추고 있느냐도 중요하다. 제대로 준비되지 않은 상태에서 사법적 개입의 확대는 사회문제를 해결해 주는 동시에 또 다른 문제들을 야기하는 것이다. 요컨대 정치의 사법화는 긍정적인 측면과 부정적인 측면을 다 가진다. 그러므로 정치의 사법화가 민주주의에 미치는 영향도 양면적이고 복합적이다.

검토해야 할 문제들

사법 의존도가 커지는 현상이 그것 자체로 부정적이거나 곧장 민주주의에 대한 위협으로 이어진다고 볼 수는 없을 것이다. 우리 헌법은 자유민주주의를 기본 질서로 선언하면서 기본적 인권보장의 실질적 실현 수단으로서 헌법재판 제도를 명문화했다. 그에 따라 정치의 사법화는 입헌민주주의의 실현의 의미를 지니는 것으로서 이 사법화 자체가 문제시되는 것은 아니다. 또한 법관은 선출직에 비해 민주적 정당성이 약하다고 볼 수도 있겠으나, 대법관과 헌법재판관의 경우 선출직에 의해 임명된다는 점에서 간접적인 민주적 정당성이 인정된다. 그리고 법관의 민주적 정당성은 직접적·정치적 책임에 따른 민주적 정당성이라기보다는, 미리 정해진 절차에 따라 국민들이 납득할 수 있는 결정을 내림으로써 정당화될 수 있는 것이다. 또한 현실적 기능에 비추어 정당화되는 측면도 존재하는 것이다.7 그리고 원칙적으로 우리 민주주의 모델은 입헌민주주의로서 다수가 할 수 있는 일을 제한할 수 있게 설계되어 있다. 이 점에서 권리보호와 국민주권을 결합시키는 방향에서 사법권이 정치권력을 제한하는 길은 민주주의 원리에 부합하는 것이다.

'정치의 사법화'는, 우리 사회에서 헌법규범이 이제 생활규범으로 정착되어 가는 과정에서 나타나는 하나의 현상으로 이해할 수 있다. 이런 관점에서 나는 사법화 현상을 계기로 사법의 특성에 대해 좀 더 이해하는 시선을 가져보기를 제안한다. 현재의 우리 상황에서 '사법 독재'니, '사법 지배주의'니 하는 말을 입에 담기에는 아직 이르다. 그러나 국민의 기대와 사법 역량 사이의 간격은 상당하다. 사법에 대한 우리 사회 일각의 불신 경향은 사법부에게도 대단한 불행이지만, 더 크게는 국민에게 불행한 일이 아닐 수 없다.

그동안 우리는 사법권의 독립 문제에만 매달렸고, 또 이 영역이 전문직이라는 이유로 제도적 필연성과 전문직 종사자들의 선의에 의해 유지되는 것으로 막연히 생각해 왔다. 민주사회에서의 법관의 바람직한 역할은 어떤 것인가? 우리는 우리 삶에 중요한 영향을 미치는 문제들에 대해 어느 선까지 법관들에게 판단을 맡겨야 하는가? 그럴 수 있기 위한 전제는 무엇인가? '민주화 이후 민주주의'의 과제를 안고 있는 우리 사회는 이런 물음들에 대해 이제 진지하게 고민하고 대안을 마련해야 하는 시점을 맞고 있다.

이와 같은 문제의식을 바탕으로 나는 우선 이 장에서 사법의 위상과 사회 변천에 따른 법관의 역할 변화를 정리해 보고, 이를 바탕으로 '정치의 사법화'의 배경 내지 이런 현상을 촉진시키는 요인들을 살펴보겠다. 이와 함께 사법적 결정의 특성을 분석하고 '정치의 사법화'가 민주주의에 미치는 영향을 검토하고자 한다. 그 영향을 검토함에 있어서 시민사회의 활성화 정도, 사법의 역량 문제를 염두에 두고자 한다. 정치의 사법화와 민주주의 문제를 제대로 포착하기 위해서는 특히 사법의 정치적 특성, 재판의 민주적 특성을 주목해야 한다. 이 단계에서 헌법재판의 특수성도 거론할 것이다. 법의 지배와 민주주의의 통합은 다름 아닌 헌법재판에서 구현되기 때문이다.

나는 정치의 사법화 문제가, 끊임없이 변화하는 사법과 정치의 관계를 이해하는 문제라고 생각한다. 사법화는 단순히 한 요인에 의해 발생하는 현상이 아니기 때문에 사법부의 독립을 해치지 않으면서 사법권의 남용에 대처하는 일은 간단하지 않다. 나는 이 글에서 사법화에 대한 섣부른 대안을 내놓기보다는, 제반 문제점들을 좀 더 거시적인 관점에서 파악하고자 애쓰면서 사법화 문제를 둘러싼 논의를 풍성히 하는 데 일조하고자 한다. 갈등과 대립의 와중에서 많은 시행착오를 겪으면서도, 법원에 의한 속결식의 해법보다는 공직자들을 포함한 우리 사회구성원들이 바람직하다고 생각하는 방향이 '느림의 정치'를 터득해 가는 쪽이라고 믿는다. 이 장의 마지막에서 다룬 '좋은 법관' 부분은 써놓고 보니 다소 소박한 감도 없지 않으나, 학자이기 이전에 시민의 한 사람으로서 이런저런 바람을 담은 것으로 이해해 주기를 기대한다.

2. 사법의 위상 및 법관의 역할 변화

사법의 위상 변화

사법부는 전통적으로는 정해진 법률과 절차에 따라 당사자 간의 분쟁을 해결하는 기관이다. 적극적으로 찾아가서 분쟁을 해결해 주는 기관도 아니고, 해결을 기대하면서 법원으로 넘어오는 사건들을 다루는 소극적인 이미지의 기관인 것이다. 이런 소극적 이미지가 바뀌면서 오늘날 사법은 입헌민주국가의 핵심기관으로서 민주정치 발전이나 사회변화에 적극적으로 영향을 미치고 있다. 이 과정에서 사법부 안의 내적 변화와 함께 외적으로는 독립이 강화되었고, 사법 고위직의 역할에도 이전과는 다른 면이 나타나고 있다. 헌법재판의 증가로 사법의 정치적 위상도 커졌다. 우선 사법의 이런 위상 변화와 함께 사법의 역할이 확대되는 원인 내지 배경을 정리해 보도록 한다.

첫째, 법시스템의 확대이다. 오늘날 법으로부터 자유로운 영역은 거의 없다고 해도 과언이 아니다. 새로운 규제 영역들이 늘면서 법규는 폭발적으로 증가하고 있다. 입법이 늘면 말할 것도 없이 재판도 늘어난다. 양적 변화는 질적 변화를 가져온다. 즉 입법 양의 증대는 입법 구조와 법 기능의 변화를 가져오고, 더 나아가 법관이 하는 일에 영향을 미친다. 특히 지난 수십 년간 법시스템 확대에 일조한 것은 사회복지, 생활보호, 건강 증진, 남녀평등, 청소년 보호, 장애인 보호, 적극적 평등조처 등 정치적 비전과 목적을 담은, 한마디로 정책적 성격의 법률들이다. 이러한 입법들은 형법과 같은 규제입법과 달리 정책지향적 내지 정책촉진적 성격을 지닌다.

이러한 법률들은 정책실현을 위한 단순한 도구적 기능만이 아니라 정책촉진 기능을 하는 법률들이다. 즉 정책 달성을 위해 필요한 자원을 조달하고 배분하는 계획과 절차들을 정하고 있는 것이다.[8] 이러한 방향으로의 법시스템 확대는 사법을 이른바 '분쟁지향형' 소송에서 '정책지향형' 소송으로 이행케 한다. 적극적 평등조처와 같은 야심찬 입법 스타일은, 법관들이 법을 해석하고 적용하는 단계에서 자연스럽게 바람직한 제도나 정책 유형에 대한 판단을 하게 만든다. 이러한 야심찬 입법들에 의해 법판단에서 법관들의 재량 범위는 넓어지고 목적적 해석이 늘어나고, 이와 함께 사법판단의 형성적·창의적 측면이 돋보이게 한다.

둘째, 헌법규범의 생활화와 시민들의 기본권 의식 확산이다. 앞 장에서 살펴봤듯이 시민들의 기본권 보장은 헌법의 최종해석권자 내지 권리수호자로서의 사법의 적극적 기능을 전제한다. 특히 헌법재판소 출범 이후, 시민적 자유 회복은 물론 사회경제적 권리로까지 그 적극적 기능이 확대되는 움직임도 나타나고 있다. 법은 질서를 유지하기 위한 것이기도 하지만 무엇보다도 권리를 보호하는 것이라는 생각이 우리 사회에서 법문화로 정착되어 가고 있다. 개인주의 가치의 확산과 사회 다원화에 따른 다양한 권리 주장의 목소리는 성적 소수자, 양심적 병역거부자 등 소수자의 권리보호와 관련한 법원의 역할도 돋보이게 했다. 입법이나 행정은 그 속성상 다수의견을 반영하기 마련이다. 국가인권위원회의 역할도 인권의식의 신장에 기여했다. 헌법소원도 해마다 증가하고 있다. 예컨대 일본 등과 비교하더라도 위헌법률심판의 경우 대법원 체제보다 독자적 기관으로서 헌법재판소를 가지고 있는 나라에서 위헌결정들이 더 많이 나오고 있다.

셋째, 민주화 이후 사법부 독립이 강화된 것이다. 권위주의 정권 시절 타 국가기관과의 관계에서 수동적이고 종속적인 역할을 했던 사법부는 이제 이들과 수평적 관계를 유지할 수 있게 되었다. 특히 과거 정권이 저지른 국가범죄 및 인권유린 사건에 대한 법적 청산 작업에 국민이 힘을 실어줌으로써, 과거사 청산 작업이 사법기관의 헌법해석에 의해 성공적으로 이루어지게 되었다.

넷째, 사법심사제 도입이다. 법률의 위헌성에 대한 판단이 사법에 맡겨지면서 명실공히 사법의 무게감이 부각되는 계기를 맞게 된 것이다.

다섯째, 민주화 이후 1990년대에 대거 늘어난 시민운동단체들의 사법을 통한 권리구제 운동, 즉 공익소송 운동도 사법의 존재를 부각시키고 위상을 강화시키는 데 한몫을 했다. 우리나라의 대표적인 NGO인 '참여연대'는 1994년에 창립 당시 변호사, 법학 교수들이 유례 없이 대거 참여한 조직으로서, 이들의 활동은 사법부가 복지,

생활보호, 환경·여성·장애인 보호, 경제 정의, 소비자 보호 등의 분야에서 전향적인 판결을 이끌어내는 데 견인차 역할을 했다.[9] 인권 변호사, 공익법 운동 변호사들의 적극적인 활동은 사법시험 합격자 1천 명 시대에 들어서면서 얻게 된 수확이기도 할 것이다.

여섯째, 국가의 분배적 정의 내지 복지 실현의 미진함이 어떤 면에서는 사법 의존도를 높였다고 볼 수 있다. 행정소송이나 사회경제적 권리구제 소송, 불법행위·소비자·환경·건강·안전 관련 소송의 증대 경향은, 국가가 시민들의 안녕을 지켜 주지 못하고 기업 등 거대한 사적 권력들의 부당한 행위로부터 시민들을 보호하는 데 역부족이라는 증거이기도 할 것이다. 이때 사법은 복지국가의 약화 과정에서 생기는 갈등들을 어느 정도 분산시키는 역할을 맡는다. 반면 기업들이 자신들의 이해관계를 위해 사법을 이용하는 빈도도 증가했다고 볼 수 있다.[10]

일곱째, 국제 사법기구들의 적극적 활동이다. 특히 유럽연합이나 인권조약에 의한 초국적 재판 체계가 설립되어 점차 확대되면서 개입 영역이 늘어나게 되었다. 법 분야에서 국제 사법기구들의 전향적 활동상들은 개별 국가들에게 직접 혹은 간접적으로 영향을 미치면서, 어느 한 나라에서의 긍정적 효과가 다른 나라로 파급되는 현상까지 낳았다.

마지막으로, '위험 사회'와 과학기술 사회가 초래하는 불확실성이 증가하면서 사람들은 안전과 책임 규명의 효과적인 방법으로 사법을 택하기도 했다고 본다.

법관의 역할 변화

위와 같은 사법의 역할 변화 및 확대는 법률을 해석하고 적용하는 법관의 역할 변화와 그 확대로 이어진다. 사회변화와 함께 법관의 역할은 한편으로는 사법의 법형성력 내지 창의성을 높이는 방향으로, 다른 한편으로는 사법의 정치적 독립을 높이는 방향으로 나아갔다. 달리 표현하면 사법 재량에 대한 제한들이 줄어드는 방향으로의 발전이기도 하다. 이를 표로 나타내면 다음과 같다.[11]

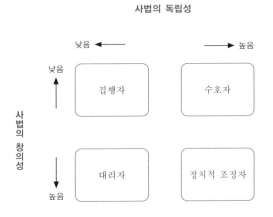

세로축의 '사법의 창의성'은 사법 결정이 어느 정도로 법령이나 판례 등 기존 자료들을 바탕으로 정해지는지를 가늠해 준다. 가로축의 '사법의 독립성'은 입법부, 행정부 등 다른 국가기관으로부터의

독립 정도를 나타낸다. 그래서 이 창의성과 독립성의 정도에 따라 네 유형의 법관의 역할이 가능하게 된다. 집행자, 대리자, 수호자, 정치적 조정자로서의 역할이 그것이다. 법관의 역할은 집행자, 대리자, 수호자 등의 방향으로 변해 왔다고 볼 수 있다.

집행자로서의 역할

집행자로서의 역할은 법관이 입법의지의 충실한 집행자가 된다는 것이다. '법관은 〔입법부에서 정한〕 법률을 되뇌는 입'만 있으면 된다는 '법률 노예'라는 의미의 극히 수동적 역할이다. 이런 역할은 모든 법률이 해석을 통한 개입의 필요 없이 모든 사건들에 직접 적용될 수 있다는 것을 전제한다는 점에서 비현실적이다. 그렇지만 위계와 서열이 강조되는 관료사법 체계에서는 이러한 집행자 유형이 나타난다. 이런 유형에서는 고위직 법관의 정치종속성 현상이 나타나고, 하위직에 대한 이들의 영향력 행사도 가능하다. 그리고 법관들 사이에 강한 동질성이 형성된다는 특징을 보이기도 한다. 이런 법관상은 민주주의와 충돌할 여지도 생기지 않는다.

대리자로서의 역할

대리자로서의 역할은 기본적으로는 입법의지를 따르면서 그 범위 안에서 일정 정도 조정력을 행사한다고 볼 수 있다. 그러므로 집행자로서의 역할보다는 더 현실적이다. 이런 유형은 영국과 같은 의회 우위의 원칙이 존중되는 국가의 법관상이며, 대륙법 체계에서는 법관에게 법률의 흠결을 보충하는 정도의 역할을 부여한다. 그런 만큼 이 단계에서도 법관의 활동이 민주주의 원칙과 갈등을 일으킬 여지는 별로 없겠다.

수호자로서의 역할

수호자로서의 법관상은 시민들의 권리를 수호하는 데에 적극적이다. 이를 위해 경우에 따라서는 정치기관인 대의기구의 지배적 의사에 반할 수 있으며, 혹은 반해야 한다는 정도까지 나아간다. 수호자상은 입헌민주주의의 권력제한 이념에 뿌리를 둔 유형으로서, 특히 사법심사제를 운영하는 국가의 법관상이라 할 수 있다. 법관의 역할은 정치권력 기관이나 다수로부터 개인 혹은 소수자들의 권리를 보호하는 것이므로, 이를 위한 적극적 법형성 활동이 인정된다. 입법 후 사회 상황의 변천으로 인한 법률의 결함을 메우는 데에도 이런 역할이 필요하다.

그런데 이 단계의 법관의 활동은 소수자 권리보호를 위해 때로 다수의사에 반하는 결정을 할 수 있다. 그 점에서 다수지배라는 민주주의와 갈등관계에 놓일 수도 있다. 그러나 다른 한편 정치과정을 순기능적으로 만드는 데 기여하기도 한다.[12] 헌법해석을 통해 선거의 공정성을 감시하고, 정치적 소수자들의 권리를 보장함으로써 민주적인 정치체제가 되도록 지켜 줄 수 있는 것이다. 이 단계에서 법관은 '법률 노예'의 지위에서 민주주의와 헌법의 수호자로 거듭난다.

정치적 조정자로서의 역할

정치적 조정자로서의 법관상은 민주주의의 수호를 위해 법관의 역할이 헌법상의 기본 가치에 어느 만큼 충실한지에 의해 가늠된다. 헌법적 가치는 사법권의 기초이자 한계를 구성하는데, 포괄적이고 추상적인 문서인 헌법의 특성으로 인해 사법 결정이 과연 어느 정도로 헌법 텍스트에 충실해야 하는가의 문제가 생긴다. 전통적인 해석원리를 따르고 자기절제를 하면서 일반적인 헌법원리에 충실해야 하는가, 아니면 권리보호를 위해서 텍스트의 맥락을 벗어나면서까지 공동체의 정치적·도덕적 가치를 추구해야 할 것인가? 이때 후자의 입장을 택하는 법관상이라고 말할 수 있다. 이는 특히 미국과 같이 오래된 성문헌법을 가진 국가에서 문제가 되고 있다.

정치적 조정자로서의 법관은, 헌법이 권리에 대해 추상적으로 정하고 있을 뿐 명확하지 않기 때문에, 개인의 권리를 최대한 실현시키기 위해서는 공동체의 이념인 헌법을 해석함에 있어서 최대치의 이상을 실현해야 한다는 적극적인 태도로 나아간다. 앞서 2장에서 살펴본 드워킨의 사법철학이 제안하는 법관상에 가깝다고 하겠다. 드워킨은 구성적 해석에 입각하여, 법관은 개인의 권리에 호소하는 정치적·도덕적 원리에 따라 기본권을 최대한으로 실현할 수 있도록 헌법을 해석해야 한다고 주장한바 있다.

이와 같은 적극주의는 사법의 민주적 정당성 문제를 야기한다. 도덕원리와 사법의 역량에 대한 믿음을 바탕으로 위헌적 입법을 무효로 선언하는 등, 입법통제에 적극성을 발휘하는 이런 사법상에 대해 단정적으로 민주주의에 반하는 것이라고 말하기는 어렵다. 이 단계의 재판관은 헌법을 도덕 내지 정의의 문서로 확대하여 읽을 수 있게 되면서 헌법 조문으로부터 직접 도출되지 않는 권리나 원리를 원용함으로써, 결국 무엇이 개인이 가지는 권리인가에 대해 기존의 것과 다른 답들을 도출할 수도 있게 된다. 이때 법관의 창의적 법형성력은 최대한 보장되는 셈이다. 그리고 재판관은 다른 정치기구로부터 독립할 뿐만 아니라 법시스템으로부터도 상대적으로 독립적 지위에 놓인다고까지 말할 수 있을지도 모른다. 이러한 지위는 사법이 가지는 정치적 개입의 잠재력이 확대된다는 점에서 정치적이다. 미국의 사법 전통에서 연방대법원 대법관의 경우 일정 부분은 이런 단계에 속한다고 보겠다.

지금까지 사회변화에 따른 법관 역할의 변화상을 살펴보았다. 과거 사법부가 다른 국가기관과 마찰이 없었던 것은, 그리고 민주적 정당성의 문제도 제기되지 않았던 것은 입법의지에 충실한 집행자의 역할에만 머물렀기 때문이다. 그러나 이제 적극적 법해석을 요하는 방향으로의 제반 변화와 함께 집행자, 대리자의 역할만으로는 사회와 법의 간격을 메우는 일이 불가능하게 된 셈이다. 그렇다면 이제 법관에게 수호자, 더 나아가 정치 내지 정책 파트너의 역할이 당연히 맡겨지는 것인가.

3. '정치의 사법화' 현상

불안정한 정치체제의 특성?

'정치의 사법화'는 정치적·사회적·경제적 갈등 문제들이 정치력과 사회적 공론을 통해 정치과정에서 해결되지 못하고 사법과정으로 넘어와 결정되는 현상을 일컫는다. 정치의 사법화는 사법의 적극적인 의지에 의해서 이루어진다기보다는, 분쟁해결 기구라는 사법부의 속성상, 다른 기관들이 효과적으로 해결할 수 없거나 해결을 꺼리는 문제까지 법원으로 넘어오게 됨으로써 생기기도 한다. 정치의 사법화 현상을 불안정한 정치체제의 한 특성으로 해석하는 학자들도 있다.[13] 말하자면 제도적 모순들로 인해 정치적 책임을 투명한 방식으로 행사하기 어렵게 되거나, 정부의 책임능력 감퇴, 정부의 불투명한 의사결정 절차, 복잡해지는 정부구조, 관료사회의 위계질서 혼란 등이 정치의 사법화를 부추긴다는 것이다. 이 점에서 정치의 사법화 현상을 오늘날 민주주의의 실패 조짐으로 읽으려는 시각도 있다.

물론 정부정책에서의 불투명성, 참여 실패, 정치 부패 등이 사법에 의존하게 만드는 측면도 있을 것이다. 어느 면에서 정치의 사법화는 입법과 행정 권력 같은 정치 권력에 대한 불신의 반작용인 측면도 있을 것이다. 그러나 정치의 사법화 현상은 미국, 독일, 프랑스 등 정치체제가 비교적 안정적인 국가들에서도 진행되고 있다. 또한 사법에 대한 국민들의 신뢰가 그다지 높지 않은 남미 국가 등에서도 나타난다.

최근 우리 학계에서는 정치의 사법화가 민주주의를 위협한다는 시각에서 주목하는 학자들이 더러 있다. "사법 권력 또는 법률가 권력의 비정상적인 확대가 민주정치의 근본을 위협하는 상황"[14]이나, "정치의 사법화를 이용해서 특수이익들이 우월적 지위를 선점하려는 노력들이 헌정공학적 형태로 등장할 위험성"[15] 등이 지적되고 있는 것이다. 1987년 헌법체제에서 헌법재판소를 설치하면서 이 헌법재판소 설치로 야기될 정치의 사법화에 대한 고민을 빠트렸기 때문에 사법부의 위상을 약화시키는 방향의 헌법개정이 필요하다고 주장하는 정치학자도 있다.[16]

그러나 위와 같은 비판적 시각은 부분적으로는 사법적 결정의 특성과 정치의 사법화 현상의 배경에 대한 협소한 인식에 기인한 감도 없지 않다. 이 점에서 사법적 결정의 특성과 정치의 사법화의 배경에 대해 더 잘 분석할 필요가 있다.

'정치의 사법화'를 촉진시키는 요인들

정치의 사법화가 실행되고 지속될 수 있는 것은 무엇보다도 민주주의의 최소 조건이 갖추어졌기 때문이다. 이 점은 정치의 사법화가 민주주의의 위협이 될 수 있다는 인식 이전에 간과해서는 안 되는 부분이다. 예컨대 과거 어느 군사독재 정권이, 독립적인 법관이 공공정책을 결정하도록 놓아 둔 적이 있었는가. 어떤 독재 정권도 자신들이 원하는 결과를 얻기 위해 굳이 사법적 절차라는 우회로를 관용할 리가 없다. 그렇다면 민주주의는 정치의 사법화의 필요조건이라고 말할 수밖에 없다.[17]

둘째로, 정치의 사법화는 권력분립의 실질적인 정착에서 비롯되고 촉진되는 현상이라는 점도 간과되어서는 안 된다. 독립적인 헌법기관이라면 입법부 및 행정부와 경합적으로 정책결정을 할 수 있다. 민주화가 가져온 사법부의 독립 강화와 이에 따른 실질적인 권력 견제와 균형에 의해 사법권은 입법권, 행정권과 나란히 정치체제의 불가결한 축으로 자리 잡게 되는 것이다.

셋째, 정치의 사법화는 권리담론의 확대에 따라 소수자 보호라는 명분에서 사법이 비교우위를 점함으로써 촉진되기도 한다. 특히 인권헌장 도입 등 UN을 중심으로 국제사회에서의 인권이 강조되면서 국가주권 원리마저도 인권보장에 비추어 제약되어야 한다는 수준의 권리담론이 정치적으로 우세해졌다. 그리하여 다수의 의사를 반영하여 결정하는 의회나 정책 중심으로 판단하는 행정부에 비해 사법부의 위치는 소수자 보호라는 법정책적 의제를 선점하게 만드는 것이다. 입법적 사안들은 왕왕 반내당이 쟁점을 권리담론으로 전환함으로써 다수결의 장에서 비다수결의 장인 사법으로 넘어갈 수도 있다.

넷째, 다수결에 입각한 의결기관이 효과적인 정책결정에 실패할 때 일반인들 혹은 이익집단들은 이들 기관보다는 사법의 전문성을 신뢰하는 쪽으로 기울 수 있다. 다수결에 의한 대의기관인 의회의 비효율과 정당정치의 지리멸렬이 사법화를 촉진하는 것이다.[18] 그리고 오늘날 전문가 중심주의라는 시대 분위기는 일반대중들로 하여금 선출직 국회의원들보다는 사법이라는 전문가 조직을 더 쉽게 신뢰하게 만들기도 한다.

다섯째, 의회가 정치적 결정에 부담을 느끼는 민감한 사안들도 사법화의 길을 걷는다. 호주제, 간통제, 종중재산 분할, 군복무자 가산점 등등의 문제가 그러하다. 세계적으로도 낙태 문제, 재소자의 지위 향상, 소수자를 위한 자원 재분배, 조세부담을 늘리는 교육개혁, 종교 갈등 등의 문제에서 의회는 결정의 부담을 피하고자 사안들이 법원으로 넘어가는 것을 기꺼이 지켜본다. 그럼으로써 사안을 중요시한다는 명분과 함께 자신들은 뒤로 물러나 앉고 법원을 대리인으로 내세우는 격이다.

여섯째, 야당이나 이익집단들이 정부 혹은 다수당의 정책에 반대하는 수단으로 법원을 이용함으로써 사법화가 촉진되기도 한다. 즉 의회에서 다수결로 관철할 수 없는 경우에 사법으로 가져가는 것이다. 이때 사법이 이 사안을 감당할 수 있는가 없는가는 별개의 문제이다. 그밖에 한정 합헌 같은 헌법재판소의 결정 기법의 다양성도 헌법재판소가 정책결정에 적극적으로 참여할 수 있게 해주는 측면이 있다.

4. 사법과 정치

사법의 정치적 특성

정치체제의 일부로서의 사법

사법적 결정은 입법이나 행정 영역에서의 결정과 달리, 훈련을 받은 전문 법관에 의한 결정이라는 점, 미리 정해진 규칙에 따라 양 당사자 간의 분쟁을 최종 권위를 가지고 결정한다는 점, 사실관계 확정과 함께 과거 그리고 미래의 유사한 사례에 미칠 영향을 염두에 두고 이익 형량을 한다는 점에서 여러 가지 특색을 지닌다.

그러나 사법적 결정방식의 이런 특색들은 사법적 결정모델과 비사법적(정치적) 결정모델이 본질적인 차이를 가진다는 뜻으로 새겨서는 안 된다. 어느 면에서 정치의 사법화 현상은 사법 기능이 함의하는 일정 정도의 정치적 속성을 잘 드러내 준다. 특히 대법원이나 헌법재판소 같은 최고재판소의 역할은 정치적이다. 이는 대법관이나 헌법재판관들이 정치인들과 같다는 의미는 아니다. 이들 기관의 정치성은 정치에 영향을 미친다는 의미의 정치이며, 직접적이며 당파적이라는 의미는 아닌 것이다. 사법권의 정치적 중립성이란 사법과 법관이 정파적이어서는 안 된다는 것이다. 그러므로 이들은 정치적으로 독립적이면서 정치적일 수 있는 것이다. 이 점에서 최고 사법권력은 정치적 성격을 지니며, 사법은 정치체제의 일부를 구성한다고 봐야 할 것이다.

사실 오랫동안 학계는 정치와 사법을 분리된 것으로 관찰해 왔다.[19] 공법학자들은 주로 법 텍스트에만 의존했으며, 정치학자들도 법원과 법관을 정치 분석의 주요 대상으로 다루지 않았다. 그러나 특히 위헌법률심판권을 행사하는 헌법재판에 이르러 이제는 미국은 물론 유럽 여러 나라에서도, 해석의 형태로 법형성에 참여하는 법관이 정치체제의 일부를 이룬다는 인식이 받아들여지고 있다. 최근 많은 나라에서 법관의 역할을 둘러싼 정치 논쟁이 제기되고, 정치권의 좌우 양 진영으로부터 사법개혁안이 나오는 현상은 어느 면에서 사법권에 의한 국정조정 작용이 인정되면서, 원하든 원치 않든 간에 사법이 권력구조의 전면에 등장하기 때문에 비롯된 것이다. 우리 정치권에서도, 예컨대 강기갑 민주노동당 대표의 국회 소란 사건, MBC 〈PD수첩〉의 광우병 프로그램 보도 등에 대한 무죄판결에 대해 해당 법관들의 성향을 문제 삼으면서 여야 양 진영에서 사법개혁의 필요성이 제기되기도 했다.

물론 사법은 주어진 법령 안에서 그리고 절차적 제한 안에서 작동하는 만큼, 사법작용의 고유한 기능이 존재한다. 이 점에서 사법의 정치성은 입법 및 행정 권력이 가지는 정치성과는 마땅히 구별된다. 법원으로 넘어오는 소송에 응한다는 절차적 수동성, 미리 주어진 법규와 판례의 존재, 이에 대한 소송 당사자들의 사전 인지 등등의 '절차적 제한' 이외에도, 무엇보다도 사법은 자신이 내리는 결정을 정당화시켜야 한다는 점에서 중대한 '실질적 제한'이 뒤따른다. 예컨대 법률의 위헌 여부를 심사하는 재판관이 법논증을 함에 있어서, 해석 전략으로서 이런 저런 법담론을 발전시킬 수는 있지만 이 담론이 정치담론, 즉 사회구성원들의 요구와 사회목적에 부응하는 법률을 제정하기 위해 모든 이해관계자들의 참여를 요청하는 정치적 담론을 대체할 수는 없는 것이다. 요컨대 법관들은 미리 정해진 법률과 헌법 안에서 일하는 사람들이다.

사법의 정치력

우리는 정치라고 하면 여의도 국회에서 이루어지는 일을 떠올린다. 정치력이라 해도 직업정치인들이 발휘하는 능력 혹은 술수를 떠올린다. 현실적으로 보면 정치는 갈등, 권력투쟁, 거짓 등으로 얼룩져 있지만, 그럼에도 불구하고 우리가 '정치가 잘 되어야 한다'고 말할 때 떠올리는 정치의 또 다른 속성이 있다. 공동체를 이루고 살아갈 수밖에 없는 우리들이 올바른 공동생활에 대한 공동의 기대와 여망에 부응하여 떠올리는 '정치'다. 이런 방향에서 생각하면 정치와 정치력을 너무 좁게 이해해서는 곤란하다.

넓게 이해되는 정치의 의미에서 사법은 정치성을 지니고 정치력을 띤다. 우선 법관들이 행사하는 재량에 대해서 생각해 보자. 법관들은 자의가 아닌 재량이 행사되는 '열린 공간'을 가지며, 이 공간은 앞서 살핀 사회구조적 변화로 점점 커지고 있다. 기존의 법자료들에만 의존해서는 답이 쉽게 나오지 않는 공간, 기계적으로 처리되지 않는 이 공간에서 재량은 일종의 정치력에 비견될 수 있다. 우리나라 법공직자들은 다른 어느 나라의 법관이나 검사들보다도 재량의 범위가 넓다.

사법재량을 행사하는 법관은 어느 면에서 입법자와 비슷한 역할을 한다고 볼 수 있다. 그리고 앞서 설명한 정책촉진적 법률들을 적용하기 위해 목적적 논증을 시도하는 법관은 이를테면 행정가를 닮은 모습일 수 있다.[20]

사실 전통적인 사법이 과거에 일어난 일에 대한 판단만을 주로 했다면, 오늘날 법관들은 법의 목적 달성을 위해 목적적 논증을 하면서 미래의 눈으로도 법을 봐야 한다. 미래를 향한 시선은 정치적이라는 말이 있다. 또한 인권을 강조하는 법문화는 법관에게 다수로부터 소수의 권리를 보호하라는 사명을 부여한다. 소수를 보호하는 정신은 성격상, 다수 지향인 의회나 행정부 같은 정치권력과 긴장관계에 들어서게 만든다. 이때 정치권력과 긴장관계에 들어선다는 것은, 정치적 종속이 아닌 일정 정도의 정치적 독립 내지 정치적 지위의 대등성이 드러날 때, 즉 정치력이 획득될 때 가능한 것이다. 이 점에서 우리 헌정사를 돌이켜 볼 때 법률가 집단은 어쩌면 정치와 대결하기를 회피하는 비정치적인 방식으로, 실은 정치적으로 종속된 위치에 있었다고 볼 수 있다.

오늘날 사법개입의 확대는 사회생활의 전 영역에서 일어나고 있다. '법으로부터 자유로운 영역'이 거의 남아 있지 않을 정도라면 사법개입도 그만큼 전폭적일 수밖에 없다. 개인과 사회에 대한 이런 큰 폭의 개입 가능성이 정치가 아니라면 무엇이 정치겠는가. 입법이나 행정과 달리 사법은 판단요청에 대해 거절하거나 결정을 피할 수 없다. 그러므로 수동적으로라도 사법은 정치과정에 참여할 수밖에 없는 것이다. 사회적으로 중요한 이슈가 되는 문제에서 법원은 비록 당사자들에 의해서 제기된 당해 사건에 대해 수동적으로 응한 것이지만, 일단 법원이 결정을 하면 그 효과는 당사자에게만 미치지 않는다. 비슷한 사례에서 앞으로는 사법의 결정에 따라야 한다. 그러면서 정치적으로 심대한 반향을 일으킨다. 특히 소비자 보호나 환경 문제, 노동 문제 등에서는 더욱 그렇다. 이렇게 법관은 의도하지 않은 가운데 정치과정의 일상적 참여자가 되어 가는 것이다.

지금까지 언급한 어떤 요소들보다도 사법활동이 띠는 정치적 의의가 돋보이는 영역은 단연 헌법해석과 관련되어 있다. 요컨대 가치규범으로서 헌법은 불확정성, 개방성이라는 특징을 가지는데, 불확실한 사안에서 확정적인 결정을 해야 하는 권한을 수중에 쥐고 있다는 사실은 무엇을 말하는가? 정치적인 힘으로 작용할 수 있다는 뜻이다. 이렇게 하여 헌법이 무엇을 말해 주는가에 대해 최종 발언을 해야 하는 재판관들은, 그들이 원하든 원하지 않든 간에, 이미 정치 무대에 서 있는 셈이다. 특히 헌법재판권(위헌법률심판권, 권한쟁의심판권, 탄핵심판권, 헌법소원심판권)은 "사법권력에 의한 국정의 조정작용"을 허용함으로써 사법의 정치적 의의를 고스란히 보여 준다.[21]

보론: 법과 정치의 관계

법경험의 복잡성

법과 정치의 관계를 제대로 이해하는 데 걸림돌은 이 둘의 관계가 언제나 심히 대립적으로—'법은 권력의 시녀' 아니면 법은 정치가 따라야 할 규범이라는 식으로—설정되어 왔다는 데 있다. 그래서 법과 정치의 관계에 대한 문제 자체가 정치화되는 식인 것이다. 이런 대립적 설정은 법 혹은 정치를 설명하기 위한 것이라기보다는 한 편의 이상적인 측면을 돋보이게 하기 위한 의도에서 비롯된 것이기도 하다. 대개는 법의 중립성 내지 객관성의 가치를 돋보이게 하기 위한 수사였을 것이다.

법과 정치의 관계를 『검과 저울』Sword and Scales[22]이라는 제목의 책으로 잘 정리한 영국의 정치학자 마틴 로흐린Martin Loughlin은 이 둘의 관계를 제대로 파악하기 위해서는, 오늘날 헌법에 포함되어 있는 자유, 정의, 주권, 민주주의, 입헌주의 등의 기본 이념들의 역사적 탄생을 주목할 필요가 있다고 지적했다. 이 이념들은 혁명과 정치개혁들을 거치면서 헌법에 포함되었고, 그 헌법을 사법부가 해석하게 된 것이다. 이런 관점을 통해서 보면 법과 정치는 서로 밀접하게 연관된 담론일 수밖에 없음이 드러난다.

사법의 정치적 성격은 그간 학자들이 사법과정에 대해 꾸준히 주목하면서 확인한 성과이기도 하다. 예컨대 법현실주의 계열의 학자들과 정치학자들은 연구의 초점을 법규범보다는 법률가들의 실제 행위로 옮기면서 법관의 정치적 행위성을 일정 부분 밝히는 가운데, 법과 정치의 준별론은 법을 법률주의 내지 법형식주의의 맥락에서만 한정하고 법관의 역할을 '법률 노예'로 전제할 때만 가능하다고 지적했다.

역사적인 고찰을 통해 우리는 법이 정치에 대립하거나 초월하여 독자적인 추론 양식을 가지고 발전된 것이 아니라 권력자의 힘, 법관들의 편견이라는 문제와 근근이 씨름하면서 정치행위와 연관하여 걸어왔음을 알 수 있다. 로흐린은 이 발전 과정에서 법과 정치를 대립적 관계에 있는 것으로 설정한 것은, 권력자가 왕왕 법을 정의와 연관시킴으로써 자기의 이익에 따른 지배를 은폐하기 위해서였거나, 아니면 이러한 측면을 경계한 나머지 법의 이상성을 돋보이게 하기 위해 사유를 부풀렸기 때문이었다고 지적했다. 이런 관점에서 보면 법을 순전히 권력게임의 산물이라고 주장하는 것은 법경험의 복잡성을 포착하는 데 실패하는 것이 된다.

정치에 있어서의 문제점은 언제나 현실과 이상의 갈등, 치자와 피치자의 분리, 이에 따른 대의제의 미흡함으로 나타났을 것이다. 그런 맥락에서 법은 오스틴John Austin식으로 주권자의 명령이었다면, 법의 문제점은 법이 정치의 결과물에 불과하다는 것이었다. 이런 관계는 역사에서 개인들의 권리가 우선시되는 가운데 군주주권이나 법명령설이 후퇴하면서, 법이 정치활동의 전제 내지 틀로 인식되는 관계로 바뀌게 된다. 이런 과정에서 중요한 역할을 한 것은 자연법이었다. 자연법사상에서 강조된 이성과 전통이라는 요소는 통상의 현실정치에 대한 제어 역할을 맡을 수 있었던 것이다. 거기에다가 앞에서 이야기한 대로, 합리적 입법기술의 진화, 법학 방법론의 발달을 가져온 법의 과학화 노력이 가세하면서 정치에 대한 법의 우위와 함께 법과 정치의 구분 담론도 본격적으로 등장하게 된 것이다. 그럼으로써 "사법으로 하여금 사회의 정치적 갈등 영역을 피할 수 있게 해주고, 이렇게 마련된 특별한 무대에서 갈등들은 정의의 문제로 변환"[23]될 수 있게 된 것이다.

법을 매개로 행사되는 정치권력

앞에서도 말했듯이 이런 관점에서 보면 법을 단순히 권력게임의 산물이라고 주장하는 것은 법경험의 복잡성에 반한다. 만약 법이나 정의가 강자의 이익에 불과하다면 강자는 그들의 이익에 맞게 법을 도구로 쓰면 되지 왜 행위가 정의로운 것으로 나타나게 애쓸 필요가 있는가? 3장에서 살펴봤듯이, 법이 갖는 정의에의 호소력은 시민들이 법을 지키고 따른다는 사실을 이해하고자 할 때 결코 무시할 수 없다. 법의 규범적 차원은 그냥 단순히 당위가 아니라, 즉 '해야 한다'는 명령이 아니라 이상에의 호소이며, 이는 우리 법경험에서 지울 수 없는 부문이다. 뿐만 아니라 이 법가치에의 호소는 바로 정치가 추구하는 바와 떼어낼 수 없이 엮여 있는 것이다. 강자도 법이 정의에의 호소임을 가장하는 것은 바로 이 때문이다. 로흐린은, 법을 강자의 지배도구로 규정하는 마르크스주의자도 이 점을 간과하고 있었다고 지적하면서 톰슨E. P. Thompson[24]을 예로 들고 있다. [25]

톰슨에 따르면 법형식은 강자의 지배에 쓰이는 이데올로기의 기능도 가지기에 권력자에 의해 조작되기도 하지만, 바로 그 때문에 권력자를 제어할 수 있는 잠재력도 지닌다. 요컨대 법은 정의나 평등에 호소하는 개념을 그릴 수 있는 전통과 방법을 자기 안에 지녀 왔다는 것이다. 그리고 대부분의 사람들은 정의감을 지니며 법을 존중하면서 생활해 왔기 때문에, 만약 법이 명백히 부정의한 것이 된다면 법은 그 어떤 것을 위장하거나 정당화시킬 수도 없으며, 따라서 어떤 계급의 헤게모니에도 봉사할 수 없게 된다. 그러므로 법은 설령 이데올로기로 기능함에 있어서도 효과적일 수 있기 위해서는 "총체적 조작으로부터 독립해 있다는 것을 보여 줘야 할 뿐 아니라 또한 정당한 것으로 비쳐야 하"고, 그러기 위해서는 "자신의 고유한 논리와 공평성의 기준"을 떠받들고 있어야 하며 때로는 실제로 정당해야 한다는 것이다.[26]

결론적으로 법이 현실의 정치권력을 위장할 수 있다 하더라도, 동시에 법은 정치권력이 행사되는 방법을 구조화하고 점검하는 역할을 한다는 것을 인정하지 않을 수 없다. 정치권력은 적나라한 힘 혹은 완력의 행사처럼 보이기도 하지만 기실은 고도로 복잡한 현상으로서, "의도한 효과를 실현할 수 있는 능력"이라는 의미에서 "의사결정의 한 형태"이다. 이런 의미의 능력은 제도나 절차에 의해, 다시 말해서 적어도 부분적으로 법을 매개로 해서만 행사될 수 있다. 이 점에서 로흐린은 정치권력은 "관계적인 것"임을 강조한다. 즉 그 원천이 국가나 정부 혹은 국민도 아니며, 국가와 국민의 관계의 산물이라는 것이다. 법은 규범세계로서 바로 이 관계를 굳건히 유지시켜 주는 역동적인 역할을 담당한다는 것이다.[27]

특수한 기능을 지니는 정치담론으로서의 법

시대에 따라 법개념은 관습, 명령, 권리 등으로 변화를 보여 왔다. 흥미로운 것은, 법관은 이 모든 개념들을 다 법의 원천으로 활용할 수 있다는 점이다. 관습법과 성문법, 판례, 그리고 헌법적 권리 개념을 다 활용할 수 있다는 것은 어느 면에서 정치의 기능에 해당한다. 요컨대 법담론은 정치적 실천에 뿌리를 두고 있다. 법의 의미를 둘러싼 고투 자체가 정치적 이슈라고도 말할 수 있다.[28] 예컨대 관습으로서의 법을 통해서 우리는 제반 정치 관련 사항들이 사법에 의해 처리되어 온 것을 확인하게 된다. 그런가 하면 주권자의 명령으로서의 법인 성문법은 정치 절차를 제도화한 결과물이다. 또한 권리로서의 법은 전체로서의 헌정이념이라는 의미에서 정치행위의 조건을 조직화한다는 의미를 지닌다. 이러한 분석에 기초하여 로흐린은 법이 정치를 초월한다는 것은 본래 수사학적인 요구일 뿐으로서, 실은 법은 정치적 담론의 한 형태에 해당하며, 다만 사법의 특수한 역할과 책임 때문에 특수한 기능을 지니는 정치적 담론이라는 결론을 내린다.

그런 만큼 역사적 맥락과 법개념에 따라 법과 정치의 관계는 얼마든지 상이하게 묘사될 수 있다. 예컨대 우리가 권리로서의 법개념을 가진다면, 법이 끝나는 곳에 독재가 시작된다는 말이 맞는 말이 된다. 그러나 명령으로의 법개념을 가지게 된다면, 법이 끝나는 곳에 자유가 시작된다는 말이 맞게 된다. 이처럼 법과 정치의 관계에 대해 고정된 어떤 유형을 제시할 수 없는 것이다.

2장에서 살펴봤듯이 아리스토텔레스나 근대 이전의 정치 논의는 좋은 삶의 추구에 관계된 것이었으며, 법 또한 그것에 뿌리를 두고 있었다. 이제 정치가 좋은 삶의 추구에 대한 논의로부터 사람들의 이해나 갈등을 조정하는 역할로 옮겨간 이익사회, 다원화 사회에서 법과 정치의 관계는 그 어느 시기보다도 더 크게 구분되는 방향으로 바뀌게 된다. 정치담론은 이제 이전처럼 삶의 총체상을 다루는 스케일을 지니기 어렵게 되며, 정치도 말하자면 하부 시스템의 하나로 파악되는 처지가 되는 것이다. 반면 상업의 증대에 따른 사회적 예측가능성과 안정성에 대한 수요와 함께 갈등조정 역할로서 법과 법률가의 역할은 증대한다. 또 전통적인 치자/피치자라는 수직관계가 바뀌면서, 이제 개인들은 의무의 담지자가 아니라 권리의 주체가 되며, 국가와 정부가 오히려 시민들을 위한 의무를 지게 되어 이를 확인하는 내용들은 법에 담는다. 이런 관계를 두고 이제 법이 정치를 대체하게 되었다고까지 말할 수는 없을 것이나, 아무튼 정치의 역할이 변모한 것만은 분명하다. 즉 권리 우위의 개인주의의 증대, 독재나 정치부패에 대한 혐오 등의 분위기에서, 정치에 대해서는 허무주의로, 법규범에 대해서는 낙관주의로 나아가게 된 것이다.

오늘날 자유·평등·민주주의 가치는 헌법의 틀 안으로 모두 들어오게 되었다. 그리고 이런 추상적이고 일반적인 가치규범이 안게 되는 모호함과 불확실성은 법원의 해석에 의해 정리되었다. 이는 결국 사회의 핵심가치의 의미를 제시하는 데 있어서 사법부, 즉 법원과 법관의 역할이 증대되었음을 뜻하는 것이다.

오늘날 우리 사법부도 기본권 해석, 대통령 탄핵, 국가기관 간 권한쟁의 등 중요한 정치적·사회적 갈등사안들을 다루면서 지적·객관적 규범원리를 개발하기 위한 노력을 기울이고 있다. 물론 법원의 이러한 노력이 결실을 거둔다고 하여 법이 정치를 넘어선다고 말할 수는 없다. 법원은 예컨대 기본권 해석을 통해 정치를 넘어선다기보다는 좀 더 합리적인 양식의 정치담론을 개발하는 것일 뿐이기 때문이다.[29] 로흐린이 지적한 대로 그것이 특히 상급법원에 부과된 특수한 임무이기도 한 것이다. 법원이 이를 감당할 능력을 구비하고 있는지는 또 다른 문제이다.

헌법재판의 특수성

헌법적 문제는 정치적-법적 문제

주지하다시피 기본법으로서의 헌법의 지위는 민법, 형법, 상법 등 일반 실정법들과 본질적인 차이가 있다. 일반 실정법들이 시민들을 규제하는 법이라면, 4장에서 살펴본 입헌주의의 탄생 의의를 떠올릴 때, 헌법은 시민들이 그들의 공복을 규제하기 위해 만든 법이다. 그런 뜻에서 헌법은 법률가들이 규정과 어휘로써 대하는 문서가 아니라 그야말로 '문외한들의 문서'요 살아 있는 제도인 것이다. 그런 만큼 헌법에서 중요한 것은 이론적이거나 형식적인 것이 아니라 실천적이고 실질적인 권리보장책인 것이다. 실정법 영역에서 일반적으로 통용되는 합법성, 확실성, 결정의 신속성과 기속력, 해석에서의 사법 우위 같은 특징들이 헌법에 그대로 들어맞지 않는 이유는 여기에 있다.[30]

헌법의 중요성은 오늘날 학계와 실무에서도 물론 인정되고 있다. 그러나 헌법의 위와 같은 특별한 지위에 대해서는 충분히 인식되어 있지 않은 것 같다. 일반 실정법 사안들이나 헌법 사안들을 법률가들이 모두 전담하게 되면서 헌법도 대체로 일반 실정법의 한 범주로서 여겨지고 있는 것이다. 헌법이 국민법이라는 지위에서 일반 실정법의 한 특수 분야로 변하는 과정은 역사적으로도 법률 전문직이 늘어나고 사법의 역할이 확장되는 사정과 밀접히 연관되어 있다.[31]그래서 그 해석과 적용을 사법기관이 전담하며, 또 최종적으로 무엇이 헌법이 명하는 바인지도 이들 사법기관에 의해 결정된다는 사실이 별다른 생각 없이 받아들여지고 있다.

헌법과 헌법재판의 특성을 염두에 둘 때 우선 주목해야 하는 것은, 헌법적 문제는 그냥 법적인 문제가 아니라 '정치적-법적 문제'라는 점이다.[32] 헌법은 기본적으로 국민의 자기지배의 이념, 즉 정치과정의 자율성을 담는 구조이다. 그러므로 헌법적 문제는 법적인 문제이기는 하지만 그 해결에는 반드시 국민적 권위가 뒷받침되어야 한다. 이 점에서 헌법적 문제는 단순히 법적인 문제가 아니라 정치적-법적 문제인 것이다. 그러므로 헌법재판 행위는 법치와 민주를 결합시키는 행위이다. 다시 말해 민주주의와 법의 지배가 긴장한다는 전제하에 이 긴장하는 영역에서 법치를 실현시킨다는 의미는 아닌 것이다. 헌법재판은 민주주의적 정당성을 표방하는 국민대표 기관이 제정한 법률에 대해 심사하는 것이다. 그러므로 헌법재판은 소극적으로는 입법작용의 측면도 지닌다고 볼 수 있다.[33] 입법작용은 국가 수준에서의 정치적·정책적 판단을 기초로 수행되는 고도의 정치행위인 것이다.

이처럼 헌법해석과 헌법활동은 법치와 민주를 결합시키는 정치적–법적 활동이기 때문에, 설사 사법기관(헌법재판소)에 헌법해석이 맡겨진다 하더라도, 이는 사법에 우월적 지위를 부여한다는 뜻은 아니다. 우월성이나 최고성은 헌법이 지니는 징표이지 사법이 지니는 징표는 아니다. 사법기관이 헌법이라고 말하는 것이 헌법이 아니라, 사법기관으로 하여금 이것이 헌법이라고 말하도록 허용하는 것이 헌법인 것이다.

사법심사와 국민심사

미국 헌정 초기 역사에서의 반헌법적 법률에 대한 사법심사 제도의 탄생 과정에 대한 연구에 따르면 미국 헌정 초기 '민중 입헌주의' popular constitutionalism 분위기에서, 사법심사는 반헌법적 법률에 대해서 법관이 법해석자이기 이전에 국민으로서 법적으로 저항한다는 의미를 지녔었다.[34] 이 과정에서 법원의 사법심사가 결코 쉽게 허용된 것이 아니며, 헌법절차에서 사법심사 이전에 국민통제, 즉 '국민심사'를 유지하기 위한 지적·제도적 노력이 있었음을 지적한다.[35]

그리고 사법심사를 인정한 후에도 사법의 우월적 지위는 인정하지 않음으로써, 헌법해석과 이행에서 국민에 의한 민주적 통제의 성격을 강하게 함의했다.[36] 이제 이런 분위기는 반전되었다. 오늘날 민중민주주의에 대한 불신, 정치적 불안정 종식 희구, 사법기관이 전문성을 통해 쌓은 신뢰 등을 바탕으로, 사법은 이제 기본권 분야만 아니라 모든 헌법적 이슈에서 최종결정자로 받아들여지고 있다.

헌법재판은 헌법정치의 영역에 속한다. 그러므로 헌법적 사안에서 엄격한 합법성 준수 요구는 약화될 수밖에 없다. 불확실성 혹은 유연성이라는 특징과 함께 참여와 정치 ─ '헌법질서 안에서 정치하라'는 의미가 아니라 '헌법질서를 만들어 가는 정치' ─ 과정을 동반하기 때문이다. 그러므로 합법성 준수 여부에 대한 사법적 판단이 정치적 자율을 침해하거나 왜곡시켜서는 안 된다. "입헌주의가 이미 선험적으로 주어진 정치적 결정의 기계적 실현을 정치권력에게 요구하고 있는 것은 아니며 정치의 헌법화는 그러한 결정에 이르는 과정 그리고 정치적 결정의 결과가 헌법이 지향하는 가치, 특히 기본적 인권으로 유형화된 가치에 부합하도록 요구하는 합법성을 요구하고 그 합법성의 준수 여부에 대한 최종적인 판단을 사법적 권력에 부과하는 것에 불과하다."[37]

위에서 언급한 이런 특징들은 헌법학의 중요한 과제가 한편으로는 헌법해석자의 재량 여지를 줄이기 위해 헌법해석 방법론을 발전시키는 일이요, 다른 한편으로는 국민 법감정에 상응하는 헌법해석 원리를 개발하는 일임을 깨닫게 한다. 엄격 심사, 완화된 심사처럼 단계별 심사기준의 세분화 작업은 해석자의 재량을 줄이기 위한 노력의 일환일 것이다. 그런가 하면 인간의 원초적 정의 감정인 비례감정에 기초한 과잉금지 원칙, 목적과 시행수단의 합치를 요구하는 적합성 원칙, 피해를 최소화하는 수단에 대한 최소침해 원칙, 국민이 수용할 수 있는 정도를 요구하는 제한수단 원칙 등은 국민 법감정에 부합하는 지적·규범적 원리 개발에 부심한 결과일 것이다.

국민을 위한 충성 경쟁

위에서 말한 정치적-법적 영역에는 헌법의 제정만이 아니라 헌법해석과 그 이행도 당연히 포함된다. 이 점에서 보면 오늘날 헌법 정치는 '반쪽 정치'로만 작동하고 있는 셈이다. 왜냐하면 법과 정치는 분리된다는 인식 가운데, 법은 전문가의 영역이고 정치는 일반시민의 참여가 가능한 영역이라는 식의 구도가 형성되면서, 헌법 정치에서 일반인들의 참여와 역할을 헌법제정 행위에 국한시키고, 헌법의 해석과 적용 문제는 법률 전문가들이 담당하는 비정치 영역으로 가져가 버렸기 때문이다. 그러나 헌법의 적용은 공동체의 이상으로서의 헌법이념과 헌법질서를 실현해 가는 과정에 속하며, 그런 만큼 헌법해석과 이행 과정에서도 당연히 국민적 권위가 뒷받침되어야 하는 것이다.

결론적으로 헌법재판의 결과는 민주적 요청을 반영한 것이어야 한다. 입법에서도 과오가 가능하듯이 헌법재판에서도 마찬가지다. 이때는 당연히 민주적 통제를 받아야 하고 그러기 위해 문제점들은 항시 공론화되어야 한다. 헌법학자들 가운데는 헌법재판소의 역할을 상당히 이상화시켜 보는 이도 없지 않다. 헌법상의 기본권 체계를 의사소통과 민주주의 원리에 입각하여 재구성하고자 했던 하버마스는 헌법해석에 대한 자유로운 공론 보장을 거듭 강조한다. "헌법재판소가 미성숙한 왕위계승자의 자리를 대신하는 후견인의 역할을 떠맡아서는 안 된다. 정치화된 법적 공론장의 (……) 비판적인 눈으로 보면, 헌법재판소는 고작해야 가정교사의 역할을 담당할 수 있을 뿐이다. 자기확신에 찬 헌법학자들은 그 역할을 이상화한다. 그러나 이상주의적으로 묘사된 정치과정을 대리관리할 수탁자를 찾고 있는 것이 아닌 다음에야 그럴 필요는 없다."[38]

하급심의 법관들은 아무래도 상급심 법원의 눈치를 살피게 된다. 자신들의 결정을 뒤집을 수도 있는 상관들이기 때문이다. 이런 하급심 법관들과 상급심 법원 사이의 관계는, 어느 면에서 최고재판소 법관들과 국민들 사이의 관계와 같다. 이들 재판관들의 상관은 국민인 것이다. 헌법재판관들은 헌법을 해석하면서 자기들의 결정을 뒤집을지도 모르는 국민들의 눈치를 항시 살펴야 하는 것이다. 국민들로부터의 신뢰를 과신한 나머지, 정책적 판단 영역이나 심사기준이 애매한 영역에서 자신들의 독자적인 방식으로 결론을 내릴 경우, 그래서 이들이 너무 나아갈 경우 그들로서도 감당할 수 없는 위기를 자초하게 되는 것이다.

헌법적 사안에 있어서는 입법부, 행정부, 사법부 모두가 국민주권에 종속되며, 어느 부도 우월적 지위를 주장할 수 없다. 그러므로 위헌법률심판권이 헌법재판소에 맡겨져 이를 통한 분쟁 해결을 인정한다 하더라도, 이를 헌법해석에서 사법의 우월 지위를 의미하는 것으로 이해해서는 안 될 것이다. 우위가 강조되는 순간 '제왕적 사법', '정치 사법'의 문제가 불거진다. 입법기관이 만든 법률에 대해서 사법에 해석권을 부여한 것은 국민이다. 이를테면 국민은 헌법이 의미하는 바가 궁극적으로 무엇인지를 드러내기 위해서, 그리고 시민들의 권리보호에 만전을 기하기 위해서 입법부와 사법부라는 두 부서를 고용한 것과도 같다. 그래서 하나는 만들고 하나는 해석하면서, 이들이 서로 다른 부서의 직무에 끊임없이 개입토록 함으로써 "국민을 위한 충성 경쟁"을 시킨 것이다.[39]

재판의 민주적 특성

표로도 심판하고 법으로도 심판한다

미국의 비판 법학자 로베르토 웅거Roberto Unger는 오늘날 주류 법이론 내지 법문화에는 민주주의를 불편해 하는 기류가 없지 않다고 갈파한 적이 있다.[40] 법조 엘리트주의, 사법 관료주의, 민주적 합의의 빈곤, 참여민주주의에 대한 불신, 전문가 중심주의의 시대정신 등이 어우러져 이런 기류를 만들어 낼 법도 하다. 그러나 특수한 공적 활동으로서의 재판 내지 심판은 그것 자체로 민주적 면모를 지닌다. 민주정치에서는 흔히 표로 심판한다고 한다. 정치의 사법화는 민주주의의 이 심판적 성격의 연장선상에서 이해할 수 있는 측면이 있다.

즉 선거를 통해 이루지 못한 것을 사법소추로써 이루고자 하는 기대를 반영하는 면이 있는 것이다. 이 점에서 "민주주의는 표로도 심판하고 법으로도 심판" 한다.

재판이 민주주의에 기여하는 측면에 대해서는 프랑스의 정치학자 피에르 로장발롱Pierre Rosanvallon이 『대안민주주의』Counter-Democracy에서 잘 분석하고 있다.[41] 그는 정치의 사법화 현상을 사법과 정치권 사이의 긴장 문제로 보기보다는 대안민주주의의 일환으로 파악하고자 하면서 공공활동의 한 특수한 유형으로서 재판이 지니는 특성에 주목했다. 그는 재판이 다음과 같은 특성상 민주주의에 의미 있는 기여를 한다고 주장한다.

우선, 재판은 상반되는 입장이 대치하는 조건하에서 결정하는 것이다. 이때 결정은 반드시 정당화되어야 한다는 특성을 갖는다. 즉 많은 사람들이 수긍하고 그럴듯하다고 여기는 결정을 해야 하는 것이다. 결정에 책임과 확정력을 생기게 하는 것도 바로 이 정당화 가능성이다. 법정에 소환된 사람들은 흡사 유권자의 표를 구하는 사람들처럼, 공중 앞에서 자신들이 한 일을 설명하고 사람들을 납득시켜야 한다. 이 과정에서 법정은 정치연설장보다 여러모로 더 합리적인 방식에 따른다. 당선을 노리고 표를 구하는 사람들은 경우에 따라 위장술을 쓰거나 연막 작전을 쓰기도 하며 이 과정에서 어떤 사안을 슬쩍 숨길 수도 있다. 그러나 공판정에서 사람들은 자신이 한 행위를 일일이 설명하고 납득시켜야 한다. 요컨대 사법의 수사修辭는 정치적 수사보다는 "더 방법적이고 체계적" 이다. 물론 모든 진상을 투명하게 드러냄에 있어서 법정이 언제나 만족스러운 것은 아니다. 그렇더라도 사실관계를 밝히고 책임과 비난의 인과고리를 추적하는 작업은, 미리 주어진 절차에 따라 진행됨으로써 용인容認 가능성에 있어서 더 합리적인 방식으로 간주되는 것은 사실이다.

사회적 성찰의 장소

사법적 결정은 의무적으로 반드시 이루어져야 한다는 특성을 지닌다. 행정상의 결정이나 정치적 결정은 많은 경우 생략되거나 선택을 미루는 식으로도 — 시간이 해결해 주지 않는 문제는 없다는 식으로 — 대체된다.[42] 이에 비해 사법적 결정은 의무적으로 반드시 이루어져야 하며, 사안이 까다롭고 첨예한 논쟁을 일으킨다는 이유로 사법이 결정을 거부할 수 없다. 바로 그 이유 때문에 그 사안이 법원으로 넘어온 것이기 때문이다. 해결하기 어려운 민감한 사안에서 왕왕 시간을 끄는 수는 있지만 언젠가는 결정을 내려야 한다. 프랑스 민법 제4조는 법률이 침묵하거나 불분명하다는 이유로 재판을 거부하는 법관을 "정의를 방해한" 혐의로 소추하도록 정하고 있다.

결정의 의무를 진다는 점에서 재판은 불확실성을 제거하는 역할을 한다. 사실판단이라는 '이해'의 차원에 결정이라는 '의지'의 차원이 결합됨으로써 심판은 단순한 평가, 의견 표명, 진상 파악 이상의 의미를 띤다. 우리는 "역사가 심판하고 신이 심판한다"고 말한다. "누가 누구를 심판하고자 하는가?" 심판은 "세상을 만들기 위해 발휘되는 인간의 권세 중에서 가장 급진적이고 극단적 형태"[43]라는 표현은 공감이 간다. 한 사건은 심판됨으로써 완전히 종결되고 그럼으로써만 비로소 공동체에 대해서도 그 의미가 분명히 밝혀진다. 공동체 성원들로 하여금 공동체를 묶어 주는 것이 무엇인가에 대해 성찰하게 해준다. 한나 아렌트Hannah Arendt가 법관은 마치 역사가처럼 일어난 일을 거리를 두고 보는 성찰자의 면모를 지닌다고 말했을 때도 이 점을 떠올렸을 것이다. 정치적 결정이 왕왕 미래에 호소하는 것이라면, 심판은 이미 일어난 일을 다룸으로써 과거에서 힘과 효용을 얻어, 공동체의 규범적 정당성이 검증되는 계기를 만드는 동시에, 공동체를 묶어 주는 것이 무엇인가에 대해 다같이 성찰하는 기회를 준다.[44]

'정의의 극장'

사회가 자신에 대해 성찰할 수 있는 장소인 법정은 '정의의 극장'이기도 하다. 예컨대 뉘른베르크 재판은 제2차 세계대전에서 승리한 연합국들이 중심이 되어 히틀러 치하에서 독일 나치가 저지른 반인도적인 범죄행위에 대해, 그에 가담한 개인들의 법적 책임을 물었던 역사적인 재판이었다. 이 재판은 법형식 면에서나 법이론상으로 약간 무리한 부분도 없지 않았으나, 인류 보편의 양심에 호소하는 '반인도적 범죄'crime against humanity라는 새로운 법개념을 만들어 내면서 "인류의 이름으로 내린 심판"이었다.

이렇게 법정은 법정 문을 두드린 한 사건을 해결해 주는 장소 이상의 의미를 지닌다. 의회보다 법정의 방청석이 민주사회에서 더 적극적 기능을 해야 하는 이유도 여기에 있다.[45] 가끔 법정에 가서 방청을 해보면, 법정이 '정의의 극장'이라는 기대에 한참 못 미친다는 느낌을 지울 수 없다. 법관들이 말을 우물우물하거나, 마이크가 있는 데도 사용하지 않아 잘 들리지 않을 때도 있다. 이는 어느 면에서 공개재판 원리에도 어긋날 뿐 아니라, 민주정치의 훈련장 역할을 포기하는 것이다. 재판이 사회질서의 회복과 사회규범을 재삼 정립한다는 점을 되새겨야 할 것이다.

개별성과 일반성의 결합

재판은 특수한 개별 사안에서 출발하여 그것을 일반성에 결합시킨다. 본래 특수한 개별 사안은 일반공중의 시선을 끌게끔 되어 있다. 인간 현실의 개별성을 관장하는 일을 추상적 보편성을 통해 독특한 방식으로 수행해 내는 것이다. "재판의 기능은 실제의 한 사례의 성격을 띠는 제재(혹은 무죄 방면)의 방식으로 특별한 것을 일반적인 것에 연결짓는 것이다. 재판은 사실들에다가 가치들을 끌어들이면서, 그리고 사회 상황들을 기본적 통치원리들에 입각하여 명료하게 하고자 애쓰면서 민주주의의 건설을 돕는다. 그러므로 재판은 정치교육을 함축하는 것이다."[46]

위에서 설명한 재판의 속성들은 법원의 올바른 역할이 그것 자체로서 민주주의에 기여함을 보여 준다. 그리고 통상의 민주적 활동이 정치적 결정과 사법적 결정의 부단한 혼합물임을 말해 주는 것이다.

5. '정치의 사법화'와 민주주의

대의민주주의하의 '정치의 사법화'

사법화가 민주주의에 미치는 영향

이제 '정치의 사법화'가 민주주의에 미치는 영향을 살펴볼 차례다. 사법화가 민주주의에 미치는 영향은 복합적이고 이중적이다. 우선 어떤 민주주의를 염두에 두는가에 따라 그 영향은 다르게 나타날 것이다. 대의민주주의인가 아니면 참여민주주의인가? 물론 이 두 유형들은 모두 이념형들이며 현실은 이들의 융합형으로 나타날 것이다. 어쨌든 좀 더 대의민주주의의 관점에서 관찰하는가, 아니면 시민들의 권한 및 참여, 자유와 평등의 균형 등을 고려하는 참여민주주의에 비중을 두면서 관찰하는가에 따라 다를 것이다.

대의민주주의를 근간으로 하는 법의 지배에서 사법은 입법권력의 제한에 중점을 두며 절차적 특성을 강조한다. 이를 통해 예측가능성, 유능한 국가행정, 경제안정에 기여하며, 사회문제를 개인들 간의 권리 문제로 이끌어 사회 갈등의 분산에도 기여한다. 대의민주주의 정치과정에서는 직업정치인이 중심에 서게 된다. 그러면서 국민과 직업정치인 사이에 어느 정도의 역할 분담이 이루어진다.

그런데 국민주권의 간접적 실현 형태인 대의민주주의에서 대의적 요소가 순기능적이지 못할 때 여러 문제가 발생할 수 있다. 즉 정치의 중심인 의회가 다양한 사회적 요구에 부응하는 정책 형성에 실패하고, 국민이 의회와 직업정치인을 불신하고, 통치에서 엘리트주의 등의 문제가 나타날 때, 정치과정은 국민과 유리되고 사법에 의한 입법통제는 현실정치적 이해관계를 법으로 포장하여 관철시키는 수단이 될 수 있다. 정치체제 내부에서 지배 엘리트들 간의 세력다툼이 민주적 경쟁인 것처럼 비치게 하는 민주주의의 포장 역할을 할 수도 있다.[47] 함량미달의 대의민주주의하에서 사법의 개입은 사법을 새로운 민주정치 질서를 요구하는 세력과, 이에 저항하는 반대세력 간의 투쟁의 일선에 세우기도 한다.[48]

대의민주주의하에서의 '민주주의 결핍' 현상은 의회민주주의의 모범으로 일컬어지는 서방 주요 선진국가들에서도 문제되고 있다. 예컨대 미국에서의 사법의 확대는 다른 나라의 부러움의 대상이 되기도 하지만, 막상 미국 안에서는 이를 민주주의의 결핍과 연관시켜 문제 삼는 시각이 적지 않다.

대의민주주의 하에서 높아지는 사법 의존도의 배후에는 민중 다수에 대한 불신, 해석의 불확실성 상태에 대한 불안과 함께 정치적 안정을 회복해야 한다는 요청이 놓여 있다. 대의민주주의를 유지시키는 흐름에는 다양한 시민참여를 가능하도록 해주는 제도 도입을 최소화시키거나 어렵도록 유도하는 측면도 있다. 결론적으로 대의

민주주의하의 사법개입이 민주주의 발전에 기여하는지에 대해서는 현 상황에서 뭐라고 단정적으로 말하기 어렵다. 평가를 위해서는 무엇보다도 '정치의 사법화'와 관련한 많은 경험적 자료들을 수집하고 분석할 필요가 있다. 현 시점에서 사법의 민주적 역량은 아직 확인이 안 된 셈이라고 말할 수밖에 없다.

사법화와 민주적 자율 에너지

대의민주주의가 치자와 피치자의 구별을 전제하는 체제라면 참여민주주의는 정치과정에서 국민 주도적 성격을 강조한다. 참여민주주의는 법의 지배에서 절차적 측면과 함께 실체적 특성도 중시한다. 사법적극주의 내지 사법개입이 그것 자체로 참여민주주의를 방해한다고 말할 수는 없을 것이다. 시민참여의 건전성이 살아 있으면 이 민주적 자율 에너지는 사법화를 끊임없이 재정향시키면서 더 성숙한 사회목표에 기여하는 방향으로 끌고 나갈 수 있을 것이다. 그런 전제하에 사법은 참여민주주의의 기준을 충족시키기 위해 스스로를 민주주의 수호를 위한 정치적 제휴의 한 부분으로 인식하는 데까지 나아갈 수 있다.

앞에서도 잠시 언급했지만, 현재의 대의민주주의를 기조로 하는 입헌주의 체제는 최소주의의 관점에서 시민참여에 접근함으로써, 시민참여가 복잡하고 어려워지도록 정치구조나 제도를 만들어 가는 측면도 있다. 사법시스템이 참여민주주의의 기준을 충족시키기 위해서는 실체법과 절차법의 광범위한 부문에서의 개혁과 법원 조직

개혁, 법학교육 개혁이 필요하다.

사법에 의한 통치냐 다수결을 통한 민주주의냐 사이에서 오늘날 진동추는 어느 쪽으로 더 쏠려 있는가. 아마도 전자 쪽일 것이다. 민주주의 원칙과 민주주의 가치가 생활 속에 더 확대되고 이에 부응하여 민주주의 시스템이 더 효율적으로 작용하게 되면 '정치의 사법화'는 어느 시점에서 서서히 멈출 것이다. 그 시점은 시민의 권리와 다수결 민주주의 사이에 새로운 평형이 수립되는 지점이 될 것이다.

시민사회의 활성화 정도에 따른 차이

사법개입이 민주주의에 미치는 영향은 시민사회의 활성화 정도에 따라서도 다를 것이다. 시민사회 영역이 활발하지 못한 사회에서 '정치의 사법화'는 공론장을 위축시키고 사회 동력의 탈정치화를 불러오면서 민주주의를 퇴보시킬 수 있다. 이런 상황에서 법원을 통한 분쟁해결은 정치적·사회적 의제를 당사자 간의 개별적 차원으로 환원시킴으로써 사회적 예측가능성을 상대적으로 약화시키는 결과를 초래할 수 있다. 이와 같은 사법개입은 특히 정치에서 합의 문화가 빈곤할 때 잘 일어난다. 재판기관의 재판이 있어야 구성원들이 승복하는 사회에서는 헌법재판의 효용이 커지는 것이다. 다만 분쟁해결을 통해 정치적 갈등은 일단 종식된다는 점에서, 사법개입은 정치적 분열을 둔화시키고 정치적 평화를 가져오는 측면도 있다.

반면 시민사회 영역이 건재하는 경우, 사법의 적극적 개입은 민주주의 발전과 건전한 사회 동력의 촉진제가 될 수 있다. 우리 사회에서 반부패, 생활보호 및 복지, 환경보호, 소비자 보호, 성평등, 장애인 권리 등의 분야에서 사법적 권리구제 및 입법 발전은 시민사회 영역에서의 끊임없는 대안 논의와 참여의 성과이기도 했다.

민주화 이후 1990년대 급격히 늘어난 시민운동 단체들의 활동은 인권, 소비자 보호, 부패 추방, 의회 감시, 사법 감시, 여성운동, 환경운동 등 분야도 다양했으며, 거의 모든 분야가 운동의 중요한 수단으로 법을 활용하면서 인권 변호사, 공익 변호사들의 도움을 받아 공익소송 운동과 입법 운동을 전개했다.[49] 이들의 사법적 권리구제 운동은 여론의 주목을 받게 되고 이후 입법여론을 형성하여, 이들이 제시한 입법안들은 상당 부분 반영되었던 것이다. 그러므로 우리 사법권의 위상 강화는 사법부 자신의 노력도 있었지만, 무엇보다도 NGO 등 시민사회 영역의 노력과 촉구에 의한 성과였던 점도 인정해야 할 것이다. 예컨대 호주제 위헌결정은 여성계의 적극적 문제제기와 대안제시 노력의 결과이다. 과거사 청산도 관련 NGO들의 끈질긴 문제제기가 이어졌기에 가능했던 것이다.[50]

사법의 역량에 따른 차이

사법의 이중적 이미지

정치의 사법화가 민주주의에 순기능적으로 작용하는가는 사법의 투명성과 효율성, 사법에 대한 시민들의 신뢰에 의해서도 영향을 받는다. 그런데 일상에서 사법에 대한 일반시민들의 불만과 불신은 사법의 높은 문턱, 지연, 불투명, 전관예우, 유전무죄 무전유죄, 재벌에 대한 저자세, 브로커, '스폰서 검사' 등 이미 오래 전부터 지적되어 왔다. 이와 같은 일반시민들의 일상생활과 관계되는 사법이 보여 주는 '진부한 정의'는, 위헌법률심판 같은 정치적 사안에서의 사법의 '극적인 정의'와는 지극히 대조적이다.[51] 우리 사법은 소수 특권층이나 자산가들에게는 맞춤서비스를 하고, 일반 다수들에게는 3등 서비스를 한다는 인상이 짙다. 법관이 청렴하고 유능하다고 생각하느냐는 물음에 시민 열 명 중 여섯 이상은 아니라고 응답한다.[52] 법내용과 집행 사이의 간극, 이로써 집권세력 및 법공직자들이 누리게 되는 확대된 재량 공간은 소수에게는 예측가능성을 부여하는지 몰라도 다수에게는 결국 예측불가능한 사법이 되고 만다.

우리 사회에서 법과 법률가가 일반 서민들의 삶과 괴리되어 왔다는 사실은, 민중의 지혜를 담은 격언들 가운데 법에 관한 것들이 별로 없으며, 그나마 있어도 대개 부정적인 것들인 데서도 잘 드러난다. '정치의 사법화'에서 선언되는 '극적인 정의'와 다수 시민들을 상대하는 일상 사법에서의 '진부한 정의'로 드러나는 "사법의 이중적 이미지"가 계속 된다면, 사법개입의 확대가 반드시 바람직한지 다시 한번 생각하게 될 일이다.[53]

앞에서 살펴본 대로 정치의 사법화의 대두에는 민주화, 권력분립, 권리담론 확대, 의회다수결 정치의 비효율 등의 조건 내지 제도적 배경이 깔려 있다. 그러나 '정치의 사법화'는 무엇보다도 법관들의 성향 내지 가치정향에 의해 촉진된다는 점을 간과하지 말아야 한다. 앞의 조건이 갖추어져 있다고 하여 자동적으로 정치의 사법화가 진행되고 확대된다기보다는, 기본적으로 법관이 스스로 정책지향적이고 가치정향적인 태도를 가지고 참여적 의사결정을 하기 때문에 사법화가 가능한 것이다.

의회든 법원이든 제도들은 결국 행위자인 사람들로 채워진 세계다. 상충하는 이익을 가진 사람들 그리고 자신들의 제도적 권한을 호시탐탐 확대하고자 하는 사람들! 토크빌은 일찍이 미국의 법관들을 관찰하면서 민주주의 국가에서 법관들이 가진 자의적 권력은 전제국가의 법관이 가진 권력보다 훨씬 크다고 말했다. 그들은 민주공화국에서 정말 두려워할 것이 아무것도 없다고 느끼는 사람들일까? 일찍이 몽테스키외는 사람들이 두려워하는 재판권이 특정 신분이나 특정 직업에 결합되는 것을 꺼렸다. 법관직을 특정 신분이나 직업으로 만들 때 야기될 위험을 피하기 위해서 그는 상설기구 대신 시민들 가운데서 선출된 사람들로 재판부를 구성하여 한시적으로 운영하는 방안을 제시한 것이다.[54]

법관에 대한 환상

민주사회에서는 이제 국회의원들을 선출하는 일 못지않게, 법관들이 어떻게 충원되는지, 그들이 어떤 가치성향을 띠는지 등의 문제를 검토하는 게 중요한 일이 되었다. 미국 연방고등법원 판사이면서 강단에도 서는 포스너Richard A. Posner는 『법관은 어떻게 생각하는

가』How Judges Think에서 상급법원의 법판단에서 법관의 개인적·정치적 성향이 일반인들이 상상하는 것보다 훨씬 더 크게 작용함을 다양한 자료를 통해 보여 주고 있다.[55] 그는 법관들이 판단을 함에 있어서 일반인들과는 크게 다르리라는 생각 자체를 편견으로 본다. 법관 생활을 한 적이 없는 사람들은 이 직종에 대해 일종의 환상을 가지고 있다는 것이다. 어쨌든 포스너는 이 책에서 법관도 여느 직종에 종사하는 사람과 마찬가지로 직업인이라는 데 초점을 두고, 법관들이 정치적·개인적·전략적·제도적 요인들의 영향을 받는 것으로 분석한다. 즉 판결을 함에 있어서 특정 정당이나 정치 이데올로기를 반영하거나 아니면 정부에서 하는 식으로 정책적 고려를 하여 판단하는 경우, 또는 합의된 목적에 적합한 수단으로서 판결하거나, 극단적인 형태로는 동료 법관을 회유하거나 표결에서 거래를 하는 행태가 있다. 이 밖에도 판결시 개인의 경험, 선호, 전직 배경, 성별 등이 영향을 미치는 경우, 여론 동향을 주시하거나 상급심과의 관계를 고려하는 경우, 승진, 보수체계 등이 영향을 미치는 경우 등이 있다.

아직 우리나라는 법조 일원화가 되어 있지 않다. 만약 미국처럼 기업, 정치권 등에서 다양한 사회적 경험을 쌓은 경력 변호사들 중에서 법관을 선발하는 제도가 본격적으로 도입되면, '정치의 사법화' 경향은 더 강화될 수도 있다. 사회에서 다양한 경험과 지식을 갖춘 법조인들의 경우, 연수원을 마치고 곧장 임명된 법관들보다는 아무래도 정치적·사회적 의제에 대한 개입 욕구가 더 클 수 있기 때문이다.

지금까지 사법은 그래도 덜 권력적이었고, 설사 권력적이더라도 덜 위험한 권력으로 간주되어 왔다. 자유 신장에 대한 사법의 기여도 있었겠으나, 긴 역사 전체로 보면 진보적인 판결은 예외적이었고 사법은 조용히 가진 자의 편을 들면서 엘리트주의, 보수주의 성향을 띠어 왔다. 우리 사법은 직업사법으로 가는 도중에 있기는 하지만 아직은 관료사법 체계 하에 있다고 보는 것이 맞을 것이다.[56] 사법심사제가 법관들로 하여금 입법에 대해 독자적이고 비판적인 안목을 갖게 하기도 했지만, 사법과 정치체제 사이의 제도적 연관은 상대적으로 약한 상태에서, 법관과 정치인 사이가 덜 투명한 관계로 발전할 가능성을 안고 있다. 법관들의 개인적·정치적 성향이 판결에 반영될 때가 없다고는 말할 수 없다. 많은 경우 법관들은 의견의 합치에 이르면서도 이데올로기적 이슈에서는 나뉜다. 경험적인 연구조사 결과에 따르더라도 법관들의 이데올로기적 성향과 개별 판결 사이에 일정한 상관관계가 드러난다. 물론 법관이 정치적 목적을 달성하기 위해 법관을 지망하지는 않았겠지만, 법률이 애매한 경우 정치적 선호가 고려될 수 있는 것이다.

민주화 이후 사법부는 다른 정치기구로부터의 독립만이 아니라 사법 내부로부터의 독립 발판도 마련되었다. 법관들 사이의 동질성도 희석되어 가고, 고위직들의 영향력도 상대적으로 약화되고, 사법에 대한 정치권력의 통제도 예전만큼 쉽지 않은 구도에서, 판결의 일관성 제시 능력도 이전보다는 줄어들 수 있다. 로스쿨 교육을 받은 법률가들이 본격적으로 합류하는 시점이 되면 엄선된 충원의 어려움과 함께 이런 경향은 더 심해질 것이다. 권위적이고 관료화된 체계하에 있던 사법이 막상 외부로부터의 제한이 없어지게 될 때, 그리고 내부의 위계적 통제가 걷히게 될 때, 법관들은 과거처럼 통제되기는 힘들 것이고, 그러면서 법관들 사이의 분열도 드러날 수 있다. 사실 영미법처럼 선례구속 원칙이 철저하지 않은 대륙법 체계에서는 승진 체계가 상급법원의 결정에 따르도록 만드는 유인 요인으로 작용하여 일관성 유지가 가능했던 측면도 있었을 것이다.[57]

어쨌든 이제 사법은 이전보다는 더 많은 자율을 행사할 수 있게 되었다. 정치권력, 학계, 여론의 간섭을 받지 않고, 그러면서 한편으로는 언론의 보도와 지원에는 민감해지는 구도가 형성되고 있다. 이는 자율을 행사하게 된 사법과 법관의 특권 혹은 이해관계를 파악하는 일이 그만큼 더 어려워졌음을 뜻하기도 할 것이다.

과도한 사법화의 대안

과도한 '정치의 사법화'는 사법이 민주적 책임 없는 정치권력이 될 위험을 내포한다. 선출직 의사결정자들의 역할을 후퇴시키고 사법 접근성이 용이한 특정 그룹들에게 큰 역할을 줄 수 있게 되는 것이다. 사법화가 법관들의 적극적인 헌법해석을 통해 기본권 보호 영역을 넓히는 데 일조하는 측면도 무시할 수 없지만, 길게 보면 사적 경제 주체들 내지 사회 주체들의 월권으로부터 권리를 보호하는 더 확실한 방책은 역시 입법인 것이다.

사회에서 민주주의의 진전과 함께 사법권은 점차 더 자율적 지위를 누리게 될 것이다. 그러나 사법부의 '독립성'이 바로 '공정성'을 의미하지는 않는다. 독립적이기는 하나 중립적이지 않은 법관들이 법의 지배라는 이름으로 최종적인 권위를 누리게 된다면, 이것이야 말로 '사법의 지배'가 되는 것이다.

법의 지배가 사법에 의한 지배가 되는 것을 피하는 방법은 사법을 민주적 책임 아래 둔다는 전망에서, 사법의 자율성을 저해함이 없이 사법권을 제한하는 방향일 것이다. 사법권력이 확대될수록 정치집 단들이 사법에 압력을 가하려는 유혹이 더 커질 수 있다고 보면, 이 런 정치적 압력을 제도적으로 흡수할 수 있는 방안이 있을까? 법관 들과 정치권 사이에 투명한 제도적 연결방식을 구축하는 문제는 생 각처럼 쉽지는 않을 것이다. 정치와 사법의 조정 문제, 다시 말해서 정치인과 법관 사이에 제도적 균형을 이루게 하는 문제는 누구의 표 현대로 "야심과 야심을 싸움 붙이는" 방식의 균형잡기 시도일 것이 다. 그러나 이것은 지극히 까다로운 일이다. 만약 법관에 대해 너무 많은 제도적 견제장치를 만들면 이것이 그들에게 정치적인 탈출구 를 봉쇄하는 것이기에, 정치적 갈등을 해결해야 하는 그들로서는 과 도한 부담을 안게 될 수 있기 때문이다.[58]

결론적으로 정치의 사법화에 대한 조정의 문제는 새로운 제도 도 입이나 입법을 통해 해결할 성질의 문제라기보다는 지속적인 진행 형의 과제로 대해야 할 문제인 것 같다. 이런 분야를, 예컨대 입법으 로 해결하려는 방안은 결국 법관의 재량을 키우는 셈이 될 것이다. 사실 정치인과 법관 사이에 때때로 어떤 이슈를 두고 논쟁이 격화되고 대결 양상이 드러날 때, 이것이 아주 심각한 문제를 야기하리라는 우려는 어느 정도 과장된 것일 수 있다. 왜냐하면 우선 이들 양 진영의 제도적 이해관계가 서로를 견제하도록 되어 있어서, 어느 쪽이든 자기집단의 이익만을 추구할 수는 없기 때문이다. 예컨대 국민이 필요로 하는 법률이 어떤 것이어야 하는가를 둘러싸고 국회와 사법기관이 대립하는 사안에서, 이를 어느 일방의 결정에 따르도록 하는 것은 민주주의에 반한다고 볼 수 있다. 이 사안이 양쪽을 핑퐁처럼 오가는 가운데 공론화 과정을 통해 정리되도록 하는 게 민주주의 원칙에 맞다.

6. 좋은 법관

사회의 여망을 아는 법관

앞에서 법정은 '정의의 극장'이라는 말을 했다. 재판 과정에서 소송 당사자와 일반시민들의 참여권을 확대하여 법정을 합리적 소통이 가능한 구조로 만드는 일은 더 없이 중요하다. 민주주의는 시민들이 법의 참 가치를 깨닫고 법을 사랑할 때 성공할 수 있다. 법이 시민들에게 의탁하도록 되어 있는 것이 민주주의 체제이기 때문이다. 그러므로 '정의의 극장'을 운영하는 법관들은 시민들이 법을 혐오하거나 두려워하지 않도록 각별히 애써야 한다. 무엇보다도 소통에 자질을 가진 사람이어야 한다.

앞에서 언급했듯이 법만이 사람들 사이의 관계가 인격적 관계가될 수 있는 조건을 만들어 낸다는 점에서, 사법과 법관의 존재는 권력분립의 차원을 넘어 사법윤리의 차원에서 다루어질 필요가 있다. 사실 사법의 독립성을 정책적으로 강조하는 이유도 법만이 인간관계를 윤리적 관계로 만드는 문화사회적 조건을 유지시키기 때문인 것이다. 이런 의미에서 법의 독자성을 "문화적인 독자성"이라고 묘

사한 법관도 있다.[59]

사법윤리의 중심에 서 있는 사람이 법관이다. '좋은 법관'이란 어떤 법관인가? 이스라엘의 대법원장을 지냈던 아론 바락Aharon Barak은 그의 책 『민주주의에서의 법관』The Judge in a Democracy의 마지막 장에서 수십 년 간의 자신의 법관 생활을 돌이켜보면서, 자신이 과연 '좋은 법관'이었는지 회의적으로 자문했다. 그리고 좋은 법관에 대해 다음과 같은 조심스러운 주문을 내놓았다.[60] 법문을 맥락과 함께 읽으며 때로는 적극적이고 때로는 소극적인 법관, 법문을 종착점이 아니라 출발점으로 삼는 법관, 법만 아는 게 아니라 사회문제와 사회의 여망을 아는 법관, 헌법을 포함하여 한 조문에 대한 해석은 법체계 전체에 대한 해석임을 아는 법관, 자신의 실무를 위한 무기로서 사법철학을 지닌 법관, 목적적 해석과 재량 영역에서 균형이론을 개발하는 법관, 재판이 그 질에 있어서 언제나 최상의 수준에 이르도록 최선을 다하는 법관, 법이 전부라는 생각을 가지지 않는 법관, 법을 폐쇄적인 것으로 여기지 않고 사회 제반 현상과 연관시켜 생각하는 법관, 인간사에는 오로지 하나의 정답만 존재하는 것은 아니라는 사실을 아는 법관, 사법이 국가기관 중의 하나로서 다른 기관들과의 균형과 한계 속에 작용한다는 것을 인식하는 법관, 사법이 권력이 아니라 봉사임을 알고 실천하는 법관, 법정에서 소송당사자의 이야기를 중단시키거나 교육하려 들지 않는 법관, 실수를 인정할 줄 아는 법관, 개인적으로나 직업적으로 일관성을 지니는 법관…….

위에서 열거한 이런 '좋은 법관' 상에 대한 비판이나 반론도 없지는 않을 것이다. 국가적 특수성이나 문화권에 따른 차이도 인정해야 할 것이다. 어쨌거나 이스라엘이 필요로 했던 법관과 우리가 필요로 하는 법관이 다를 수 있다는 점을 인정한다 할지라도, 위의 내용들 중에는 우리 법관들도 귀 기울일 만한 것들이 있으리라 생각한다. 해방 직후의 혼란기에 법관으로서 자신의 직업에 대해 회의하면서 '좋은 법관'의 길을 진지하게 물었던 유병진은[61] 다음 항목들을 추가한다. 현미경적 관찰로 법을 찾은 다음 자신의 관찰이 근시안적이 아니었나를 반성하기 위해 망원경적 관찰을 하는 법관, 출구가 없다고 생각될 때도 새로운 수단을 강구하는 법관, 법정에 들어서는 매순간 자신이 법정에 선다는 심정으로 들어오는 법관, 법률 뒤로 몸을 숨기려 하지 않고 때로 위험을 감수하는 법관……

인문학적 감수성

이런 법관상은 법학교육에 인문학적 감수성 교육이 함께할 때 가능해진다. 재판받는 사람들은 과정의 공정성과 충분한 의사소통을 중시한다. 우리 속담에 "송사는 졌어도 재판은 잘 하더라"라는 말이 있다. 설사 재판에 지더라도 내용과 절차 면에서 충분히 소통하고 납득이 되면 법정에 승복하겠지만, 재판에 이겼더라도 재판 과정에서 이런 설득력을 경험하지 못하면 법정을 욕하게 된다.

소통은 말과 언어로 이루어진다. 언어의 특성은 강한 규정력을 가진다는 것이다. 김춘수의 시에 "꽃이라 말하니/꽃이 되었다"라는 구절이 있다. 시인의 직관력으로 언어의 강한 규정력을 포착한 것이라고 하겠다. 현상 내지 현실은 지속적이다. 예컨대 현실에서는 여명, 낮, 어스름, 덜 어두움, 깜깜함 등이 연속되어 있지만, 이것을 언어는 '낮'과 '밤'으로 두 토막을 내는 것이다.

언어의 규정력은 무엇보다도 법에서 진가를 발휘한다. 법의 의미를 정확하게 언어로 옮기는 것이 법학의 과제요 법률가의 직무이다. 일단 언어로 규정되면 거기서 벗어나기 힘들다. 이것이 언어의 힘이자 함정이다. 추상화하는 언어의 힘에 의해 어떤 것으로 규정되면 외연과 내포가 정해진다. 그러고나면 범주로 들어간다. 그리고 범주를 지칭하는 명칭인 개념이 만들어진다. 로마 법률가들은 개념으로 계산을 하는 사람들이었다던가.

법세계에서는 언어 속에서 형태가 제시되고, 달성되고, 이윽고 결말이 지어진다. 그리하여 언어가 실체가 된다! 프랑스의 문호 스탕달이 법언어를 예찬했다면 그 이유는 법언어가 사안의 핵심을 포착하기 위한 간결성을 지닌, 전문직 특유의 즉물적 문체라는 인상 때문이었을 것이다. 이 모든 법언어화·법개념화 과정에서 사라져야 하는 것은 구체성이다. 피고로 불리는 순간, '아무 아무개의 아버지 누구'라는 구체성은 사라진다. 한강, 라인 강의 구체성이 '강'이라고 부를 때 사라지듯이…….

법언어는 구체성을 없애는 언어인 것 이외에도 차이와 단절, 비대칭을 낳는 언어이다.[62] 이를테면 화자의 우월적 지위를 드러낸다는 점에서 일방적으로 막강하며 거의 횡포적이다. 수사기관이나 법정에서는 "예 혹은 아니오 라고만 대답하시오" 식이다. 그렇게 해서 어떻게 소위 '실체적 진실'이 가려지겠는가. 진실을 호도할 수 있는 측면이 있는 것이다.

명령이나 지시를 담는 법언어에서 비대칭성은 불가항력적이다. 「폭력 비판을 위하여」라는 글에서 벤야민Walter Benjamin은 법 이데올로기를 비판하면서, 명령이나 지시를 담는 법언어와 같은 수행문의 구조를 분석하고 언어활동에 의한 "해석적 폭력"과 "언어에 도달하는 악"을 주목했다.[63]

법률가들은 법언어와 법담론의 이점에 대한 의식이 있어야 한다. 김동인의 단편 『약한 자의 슬픔』에는 무고한 과부가 법정에서 홀로 자신을 변호하는 상황에 대해, 가슴이 두근두근하고 세상이 하얗게 보인다는 묘사가 나온다. 이 모습은 오늘날의 현실에서도 이어지고 있다. "아무 잘못이 없어도 일단 굉장히 떨리잖아요. 가슴이 쿵쾅거리면서 조마조마해야 하는 거예요. 거기 가서 진실을 이야기하면 되지 하고 간단하게 이야기할 수도 있지만, 일단 그 상황이 되면 떨리고 내가 무슨 말을 했는지도 잘 기억이 안 날 수도 있는 그런 상황이에요." "구속이 되어 유치장으로 끌려가다 보니, 분명히 깜깜한 밤인데도 시야가 하얗게 보이는 거야. 서초경찰서까지 걸어가면서 보니까 사람들 지나다니는 것이 하얀 판에 회색 사람이 지나다니는 걸로 보이는 거예요." 앞에 나온 말은 미국에서 석사학위까지 받은 주부의 경험담이며, 뒤에 나온 말은 중견 건설회사 사장의 사법 경험담이다.[64] 이들은 모두 나중에 무죄판결을 받았다.

사례에 다가가기

많은 법률가들은 동의하기 힘들지 모르겠지만, 사실 나는 법 이야기도 개인사부터 시작해야 한다고 생각한다. 보통법 체계하에서는 법교육 과정에서부터 이렇게 하는 것이 자연스럽다. 케이스를 주로 다루기 때문이다. 그런데 우리는 판례법 중심 체제가 아니기 때문에 내러티브 요소, 즉 이야기식 서술 요소가 교육과정에서 간과된다. 예컨대 갑과 을 사이의 단순 폭력사건만 하더라도 그냥 '때렸어? 안 때렸어?'만 가지고는 실체적 진실을 발견할 수 없다. 스토리텔링이 있어야 하는 것이다. 우리같이 성문법 중심의 대륙법 체계에서는, 사례에 다가가고 사례에 대한 이해를 증진시키는 프로그램이 교육과정에서 보완되어야 한다. 엘리트 중심의 교육을 받은 판검사들이나 변호사들은 피고석에 앉은 사람이나 자기의 의뢰인을 점점 이해하기 어렵게 될 수 있다. 법률가 양성 과정에서 인문학적 감수성을 기르는 과정이 들어가야 하는 이유도 여기에 있다.

법교육 과정에서 문학작품을 많이 읽히는 것도 한 방법이다. 사실, 소설의 내러티브 기법은 언제나 케이스 중심인 것이다. 성폭력 사례나, 미성년자의 복지에 대한 판단 혹은 정서적 피해 등의 사례에 다가가기 위해서는 비언어적 소통방식에 대한 민감성도 요구된다. 어쨌거나 내러티브 기법은 사례에 대한 이해를 더 높일 수 있으며, 무엇보다도 사례에 다가가기 위해서 필요한 것이다.

법학교육에서 소수이론과 소수의견을 더 많이 가르치는 것도 한 방법이다. 사실 가치규범인 법규범을 일관성 있게 해석하기는 힘들다. 정답이 하나가 아니라 복수일 가능성도 존재한다. 그러므로 많은 경우에 법적으로 한 개의 정답이 유일한 해결책으로서 있다기보다는 '납득할 수 있는', '동의할 수 있는', '수긍할 만한' 여러 결과들이 있을 수 있다. 판결에서 고심 끝에 소수의견에 가담한 법관은 틀린 답을 찾은 것이 아니라 다른 답을 찾은 것이다. 법학교육 과정에서 소수의견들은 무시되는 감이 없지 않다. 법의 역사는 어제의 소수의견이 오늘의 다수의견이 되어 있음을 증명해 보인다. 그러므로 오늘의 소수의견 가운데 내일의 다수의견이 되는 경우가 많을 것이다. 그 점에서 소수의견은 미래의 법조인들 그리고 더 나아가 사회에 영감과 희망을 공급하는 자원이다.

주

1 이 장의 전반부는 부분적으로 『서울대학 法學』 제51권 제1호(2010. 3)에 실린 나의 논문 「'정치의 사법화'와 민주주의」에서 따왔다. 그러나 글의 많은 부분을 수정하고 전체적으로 새로운 내용들을 담아 새로운 논지를 발전시킨 것임을 밝힌다.

2 자세한 것은 C. Neal Tate & Torbjörn Vallinder(eds.), *The Global Expansion of Judicial Power*, New York University Press(1995); Brian Z. Tamanaha, *On the Rule of Law. History, Politics, Theory*, Cambridge University Press(2004), 108쪽 이하도 참조.

3 자세한 것은 Guarnieri & Pederzoli, *The Power of Judges*(2002); Tate & Vallinder(eds.), 같은 책, 43, 117, 233쪽 이하; Brian Z. Tamanaha, 같은 책, 110쪽 이하 참조.

4 이탈리아는 1990년대 초, 부패 정치인과 공직자들에 대한 사법심판 ― 마니 폴리떼('깨끗한 손') 운동 ― 으로 제2차 세계대전 후 이탈리아 사회를 통치하던 정치세력을 일소하는 계기를 만들었지만, 사법권이 확대되면서 '사법 포퓰리즘'과 함께 법관의 자질 문제가 거론됐다. 이에 대해서는 Boaventura de Sousa Santos, *Toward a New Common Sense. Law, Science, and Politics in the Paradigmatic Transition*, New York, London: Routledge(1995), 318쪽을 참조.

5 Boaventura de Sousa Santos, 같은 책, 323쪽 이하.

6 더 넓게 정의하면 정치의 사법화는 사법적 결정방식이 정치, 행정 등 비사법적 결정 영역들에 확대되는 경향이라고 할 수도 있다. 즉 전통적으로는 의회의 다수결이나 자유로운 공론장의 토론을 거친 합의에 의존하던 영역들이 사법적 결정방식을 택하는 영역으로 넘어오는 것이다.

7 예컨대 보스니아의 경우, 헌법재판소는 내국인 재판관 6명과 외국인 재판관 3명으로 구성되어 있다. 이들은 데이튼(Dayton) 협약에 따라 보스니아·헤르체코비아 내 세

민족 간의 갈등을 종식시킬 헌법 출범을 확정한 후 유럽인권재판 소장에 의해 임명되었다. 이들 국제 재판관이 보스니아 국민들에게 어떻게 정치적·민주적 책임을 질 수 있겠는가? 그러나 이들은 연간 수천 건의 헌법재판을 처리하면서 보스니아 민주주의 재건에 기여하고자 애쓰고 있으며, 국민들 대부분도 그렇게 받아들이고 있다고 한다. David Feldman, "Human Rights in Bosnia: Dayton, The Constitution and the International Community", Trinity Hall, University of Cambridge(2009. 5. 11. 특별강연) 참조. 케임브리지대학 법대 교수인 펠드먼은 2010년 현재 보스니아·헤르체고비아 헌법재판소 재판관으로 활동하고 있다.

8   Guarnieri & Pederzoli, 같은 책 참조.

9   박은정 엮음, 『NGO와 법의 지배』(박영사, 2006).

10   A. Bancaud & A. Boigeol, "A New Judge for a New System of Economic Justice"; Y. Dezelay & D. Sugarman(eds.), *Professional Competition and Professional Power*, Routledge(1995), 104쪽 이하.

11   도표는 Guarnieri & Pederzoli, *The Powers of Judges*(2002), 70쪽에서 원용하고, 설명 내용도 70쪽 이하에서 부분적으로 참조했다.

12   Guarnieri & Pederzoli, 같은 책, 72쪽.

13   Pierre Rosanvallon, *Counter-Democracy. Politics in an Age of Distrust*, Arthur Goldhammer(tr.), Cambridge University Press(2008), 227쪽 이하.

14   이국운, 「자유민주주의의 정상화 문제 (II)」, 『법과 사회』, 제34호(법과사회이론학회 편, 2008년 상반기), 49쪽.

15   차동욱, 「정치사회적 관점에서 본 헌정 60년-개헌의 정치와 '헌정공학'의 타당성」, 같은 책, 57쪽.

16   박명림, 「헌법, 헌법주의, 그리고 한국 민주주의: 2004년 노무현 대통령 탄핵사태를 중심으로」, 『한국정치학회보』 39집 1호(2005), 254쪽; 양건·박명림·박은정·김재원 외, 『새로운 헌법 필요한가』(대화문화아카데미, 2008), 92쪽도 참조.

17   이런 시각에 대해서는 C. Neal Tate & Torbjörn Vallinder(eds.), 같은 책, 28쪽 이하도 참조.

18 신행정수도 후속특별대책법에 대한 헌재의 각하결정(2005 헌마559.763), 사립학교법, 방송법, 신문 등의 자유와 기능보장에 관한 법률 등 언론관련법의 위헌결정(2005 헌마165.314.555.807, 2006 헌가3), 종합부동산세법(2006 헌바112) 등 사법으로 넘어가면서 헌법소송 사건들이 증대되는 데에는 의회 다수당의 밀어붙이기식 졸속입법 통과, 야당의 정치력 부재 등도 작용했다.

19 Guarnieri & Pederzoli, 같은 책, 14쪽 참조.

20 "자유재량의 여지가 있다는 점에서 재판도 역시 단순한 법의 집행이라는 범위를 넘어 정치의 훌륭한 일단면을 차지하고 있다는 것을 의미한다 할 것이다. 그렇다면 재판이나 소위 정치나 할 것 없이 그 귀결점은 동일하다 할 것이며, 따라서 재판 역시 정치라 할 것이다."『유병진 법률논집. 재판관의 고민』(법문사, 2008), 30쪽.

21 "정치권력에 대한 사법권의 통제권은 정치권력의 사법권력에 대한 통제에 비하여 특이한 위력을 발휘할 수 있다. 특히 정치권력 자체가 의회권력과 행정권력으로 이원화되어 있으며 입헌주의와 그 요소가 되는 법치주의의 원리에 따라 이들 권력 간의 긴장관계에 대한 조정권한이 사법권력에 존재하므로 사법권력의 향배는 정치현실의 지평을 변화시키는 힘을 가지게 된다. 정치의 사법화는 이러한 가능성이 확대되어 사법권력이 권력구조의 전면에 등장하는 현상을 일컫는 것이다"(김종철, 「'정치의 사법화'의 의의와 한계–노무현 정부 전반기의 상황을 중심으로」,『공법연구』제33집 제3호 2005, 234, 235쪽).

22 Martin Loughlin, *Sword and Scales. An Examination of the Relationship between Law and Politics*, Hart Publishing: Oxford(2000), Preface, X쪽. 이 책은 법과 정치의 관계를 재검토하는 데 좋은 길잡이가 된다. 이하에서는 로흐린의 논지 중에서 내가 공감하는 부분을 소개하는 식으로 서술했다.

23 Martin Loughlin, 같은 책, 12쪽.

24 E. P. Thompson, *Whigs and Hunters: The Origin of the Black Act*, Harmondsworth : Penguin(1975).

25 법도구설을 내세우는 황산덕 선생도 자연법의 이데올로기 기능에 대해 언급하면서, 자연법의 내용은 공허하지만 역사에서 특히 정치세계사에서의 자연법의 상당한 역

할을 부인할 수는 없다고 지적했다. 『법철학강의』 제4개정판(방문사, 1984), 151쪽 이하 참조.

26 E. P. Thompson, 같은 책, 263쪽. 여기서는 Martin Loughlin, 같은 책, 15쪽 이하 에서 재인용.

27 Martin Loughlin, 같은 책, 16쪽.

28 Martin Loughlin, 같은 책, 227쪽.

29 Martin Loughlin, 같은 책, 233쪽.

30 이런 의미에서 미국 스탠포드대학 법대 크래머 교수는 미국 헌정사를 연구한 책에 서 헌법을 '민중법'(popular law)이라고 일컬었다. Larry D. Kramer, *The People Themselves. Popular Constitutionalism and Judicial Review*, Oxford University Press(2004), 217쪽.

31 크래머는 미국 건국 초기 헌법의 민중법적 지위가 1800년대 후반으로 가면서 일반 실정법화되는 배경을 법률가들의 부상, 사법 확대, 정당정치에 의한 대중정치 흡수 등으로 설명하고 있다(Larry D. Kramer, 같은 책, 168쪽).

32 Larry D. Kramer, 같은 책, 31쪽.

33 헌법재판소 제도를 창안하고 오스트리아 헌법재판소 재판관을 지냈던 한스 켈젠은 헌법재판소의 한 기능을 입법 기능으로 봤다. 통치행위의 합헌법성 통제, 위헌법률 폐지 등의 기능을 소극적이기는 하지만 입법 기능으로 봤기 때문에 국회가 헌법재 판관을 선출하도록 했다. 이에 대해서는 Hans Kelsen, *Wer soll der Hüter der Verfassung sein?*, Berlin(1931), 27쪽을 참조.

34 Larry D. Kramer, 같은 책, 65쪽.

35 예컨대 사법에 대한 민주적 통제 방식으로 법관 소환, 재판 소환, 입법부에 의한 통 제 등의 제도가 있었다. 크래머의 자료조사에 따르면 법원에 의한 법 변경을 둘러싼 사법부와 입법부의 충돌은 1800년대 초부터 한 세대가 넘는 투쟁 과정을 거치면서 마침내 사법심사제가 정착하게 된다. 또 사법심사를 인정한다 하더라도 헌법해석에 서 사법의 독점적·우월적 지위를 인정한다는 의도는 없었다. 이러한 분위기는 1800년대 후반으로 가면서 바뀌게 되었다. 법률전문직 종사자들의 증대 및 적극적

활동, 정당정치의 대두 등으로 사법 우위를 인정하는 방향으로 가게 된 것이다. Larry D. Kramer, 같은 책, 50쪽 이하 참조.

36 요컨대 초기에는 사법심사를 본질적으로 중요하게 생각하지 않은 것이다. 왜냐하면 사법심사는 법원이 아닌 국민들의 결정 사항으로 보았기 때문이다. 당시 링컨 대통령도 사법 결정에 맞서서 노예의 시민권을 주장하면서, 사법심사는 인정하면서도 전체 국민에게 지대한 영향을 미치는 사안에 대해서는 최고재판소의 최종결정권이 의문시된다고 주장하기도 했다(Larry D. Kramer, 같은 책, 212쪽). 법관의 사법심사 주장에 대한 의회와 일반시민들의 반발도 많았고, 의회와 법관들이 충동할 때 법관들은 ― 법관 탄핵, 봉급인상 거절, 관할 제한, 소환 등에 맞서 ― 국민에게 직접 호소했다. 최종적으로는 국민이 판단한다는 민중민주주의 성격이 강했던 것이다. 이 밖에 입법과정을 복잡하게 함으로써 입법부 안에서 견제와 균형을 통해 더 심의하도록 하는 구조 등도 고안되었다(Larry D. Kramer, 같은 책, 44쪽 이하).

37 김종철, 같은 논문, 237쪽.

38 위르겐 하버마스, 『사실성과 타당성』(한상진·박영도 옮김, 나남출판, 2000), 342쪽.

39 Larry D. Kramer, 같은 책, 59쪽.

40 로베르토 웅거, 『근대사회에서의 법. 사회이론의 비판을 위하여』(김정오 옮김, 삼영사, 1994), 242쪽 이하.

41 Pierre Rosanvallon, *Counter-Democracy. Politics in an Age of Distrust*, Arthur Goldhammer(tr.), Cambridge University Press(2008), 230쪽 이하.

42 "정치는 선택을 지체시키는 기술이다"(Pierre Rosanvallon, 같은 책, 233쪽). 그러므로 어느 재판부가 결정을 미루는 경우 그 재판부는 정치적 고려를 한다는 의혹을 사게 된다.

43 Pierre Rosanvallon, 같은 책, 234쪽.

44 Pierre Rosanvallon, 같은 책, 236쪽.

45 Pierre Rosanvallon, 같은 책, 236쪽.

46 Pierre Rosanvallon, 같은 책, 241쪽.

47 노무현 정부 전반기의 '정치의 사법화'가, 법의 지배라는 이름으로 이런 지배 엘리트 민주주의가 투영된 결과였다는 시각이 있다. 이에 대해서는 김종철, 같은 논문, 240쪽을 참조할 것.

48 예컨대 콜롬비아에서 사법시스템은 민주 세력과 비민주 세력 간의 투쟁의 일선에서 있었다. 1979년부터 1991년 사이에 정치 부패 등 사회정치적 구악과 부조리 사건을 담당한 법관들이 300명이나 살해되었다. 법관들의 NGO인 국제사법연대(FASOL)는 콜롬비아에서 희생된 법관들의 유가족을 돕기 위해 법관들의 봉급에서 일정 부분 기금을 내는 조직이다. 자세한 것은 Boaventura de Sousa Santos, 같은 책, 345쪽을 참조할 것.

49 이석태·한인섭 외 엮음, 『한국의 공익인권 소송』(경인문화사, 2010).

50 이에 대해서는 박은정 엮음, 같은 책, 제4절 "과거사법 제정운동과 NGO" 참조.

51 Boaventura de Sousa Santos, 같은 책, 313쪽.

52 사법개혁위원회, 『사법개혁위원회자료집 III』(법원행정처, 2004), 274쪽.

53 "한국정치에서 사법부는 미국 정치학자들이 그들의 사법부의 역할의 비대화를 우려하면서 말하듯 '제왕적 사법부'는 물론 아니다. 또는 이와는 정반대로 '가장 덜 위험한 국가기구'도 아니다. 그렇지만 사법부는 법의 지배를 통해 민주주의를 작동시키고 이를 강화하는 데 결정적으로 중요한 국가기구이다. 그러나 그것이 그 역할을 제대로 수행하지 못할 때 민주주의를 위협하는 가장 위험한 국가기구가 된다"(『민주주의와 법의 지배』에 최장집 교수가 쓴 한국어판 서문).

54 몽테스키외, 『법의 정신』제11편(이명성 옮김, 홍신문화사, 1994), 141쪽. 몽테스키외는 영국의 국가조직을 긍정적으로 소개하면서, 사람들이 두려워하는 재판권을 '눈에 보이지 않아 무(無)로 화한' 존재로 만들고, 법률해석이 법률의 자구에 벗어남으로써 시민들의 자유와 재산권을 침해하는 일이 없도록 하고자 했다. 그러므로 몽테스키외가 법관을 형식적 삼단논법에 따라 오로지 법률을 되뇌는 입의 기능으로만 봤다는 일반적인 소개는 오해의 소지가 있다. 이 점에 대해서는 윤재왕, 「법관은 법률의 입?-몽테스키외에 관한 이해와 오해」, 『안암법학』 통권 제30호(안암법학회, 2009. 9) 참조.

55 Richard A. Posner, *How Judges Think*, Harvard University Press(2008), 9쪽 이하 참조.

56 김도현, 「한국 법관의 커리어 패턴 분석」, 『법과 사회』제31호(법과사회이론학회, 2006), 165쪽 이하.

57 카를로 과르니에리, "수평적 책임성의 도구로서의 법원", 『민주주의와 법의 지배』(아담 쉐보르스키·호세 마리아 마라발 외, 안규남·송호창 외 옮김, 후마니타스, 2003), 392쪽 이하 참조.

58 Guarnieri & Pederzoli, 같은 책, 192쪽.

59 신동운 엮음, 『유병진 법률논집, 재판관의 고민』(법문사. 2008), 324쪽.

60 Aharon Barak, *The Judge in a Democracy*, Princeton University Press(2006), 307쪽 이하.

61 신동운 엮음, 같은 책, 280쪽.

62 규정력, 특유의 권위, 공식적 절차와 형식에 따른 수행, 독점성, 고유한 어휘 체계, 위계 구조 등 법담론의 특징에 대해서는 한상수, 「법의 지배에 관한 연구」, 『법철학연구』제12권 제1호(2009), 262쪽 이하 참조.

63 벤야민은 데리다(Jacques Derrida)와 함께 법의 합리적 토대를 부정한다. 이들은 지배적인 정치세력의 이해관계를 은폐하는 동시에 반영하는 법의 상부구조가 힘의 필연성, 바로 폭력이라고 주장한다. 벤야민은 폭력이 법에 내재적이라는 것의 예로서 성공적인 쿠데타의 처벌 불가능, 사형제, 전쟁 허용 등을 들었다. 이들은 언어활동에 의한 "수행적이며 따라서 해석적인 폭력"에 주목하면서 "표상의 방식에 의해, 곧 재현적이고 매개적(매체적)이며, 따라서 기술적이고 효용적이고 기호론적이고 정보적인 차원에 의해 언어에 도래"하는 악의 위력을 강조했다. 자크 데리다, 『법의 힘』(문학과지성사, 2004), 57쪽 이하 참조.

64 김두식, 『불멸의 신성가족, 대한민국 사법 패밀리가 사는 법』(창작과비평사, 2009), 56, 70쪽.

7장

—

법의 지배와 세계질서

1. 세계화 흐름

세계화의 의미

22세기에 학생들이 배울 교과서에는 우리가 살았던 세기를 'www' 시대로 부를지도 모르겠다. 레닌이 이 시대에 살아 있었다면 'www'를 가지고 혁명을 했을 거라고 누군가 말했던가. 시대정신이랄까 하는 것이 이 'w'들로부터 나온다면, 법의 지배라는 주제도 이 영향권에 들어갈 것이다. 이제 세계화라는 조건하에서 법의 지배 문제를 이야기해 보자.

'세계화'가 '국제화'와는 다른 것이고 또 경제현상만을 두고 이야기하는 것도 아니라는 점은 새삼 강조할 필요도 없다. 누구 말대로 세계화는 과대평가되어서도 안 되지만 과소평가되어서도 안 된다. 세계 어느 한 지역에서 일어나는 사건이나 결정 혹은 활동이 개별 국가의 경계를 넘어, 다른 먼 지역의 개인들과 공동체에 심대한 영향을 미치고, 그러한 현상이 점차 가속화되는 세계화 시대를 우리는 몸소 겪고 있다.[1] 이러한 상호연결성의 세계적 확장은 정치적·경제적·사회적·문화적 활동 영역을 위시하여, 환경, 통신, 이주, 과학기술, 법, 언어, 교육, 군사, NGO 등 무수한 영역에서 나타난다.

미국의 사회학자 월러스틴Immanuel Wallerstein은, 오늘날 개인과 사회, 전체와 부분의 관계를 다루는 모든 사회과학은 지역사회, 주권국가를 넘어 세계적 체제를 다루지 않을 수 없다고 말했다. 그에 따르면 체제는 그 안에서의 생활이 자기충족적이고 내재적 발전 동인을 요하는데, 오늘날 이런 조건을 만족시키는 체제는 세계체제밖에 없다는 것이다.[2] 법의 지배의 이론적 분석 단위를 국민국가가 아닌 하나의 전체로서의 세계로 보는 관점의 인정 여부는, 세계체제 요인이 세계경제와 나란히 '국가 간interstate 체제'까지 포섭할 정도로 강력한가에 달려 있을 것이다. 어쨌든 세계가 개별 국가들의 단순한 협력체제가 아닌 국가 간 체제로 바뀌고, 이 안에서 국가는 단지 상대적 자율성을 누리는 행위자가 되어 가는 양상이 커지고 있는 것은 사실이다.

세계화 현상을 제대로 이해하기는 쉽지 않다. 세계화 흐름이 심한 대립과 불균형을 드러내고 있어, 세계화를 둘러싼 논쟁도 양극적이다. 세계화는 허구적일 뿐 존재하지 않는다는 주장에서부터, 세계화가 새로운 현상이 아니라는 주장, 탈근대의 복합성을 드러내는 아주 새로운 현상이라는 주장에 이르기까지 아주 다양하고 대립적인 것이다. 한편에서는 세계화를 완전 통합된 세계시장, 세계 자본주의, 무한경쟁, 동질화, 세계적 헤게모니, 제국주의와 연관하여 떠올린다. 그런가 하면 다른 한편은 세계화를 세계시민성, 다원화, 민주주의 확대, 인터넷 공론장, 지구공동체 등의 주제와 연관시킨다. 한쪽은 '위로부터의 세계화'에 대해서, 다른 한쪽은 '아래로부터의 세계화'에 대해서 이야기한다.

독해의 두 방향

불필요한 대립적 논란을 피하기 위해서는 우선 세계화를 상호의존, 통합, 보편주의, 수렴, 균질 따위의 개념으로 단순화시키지 않도록 해야 한다.[3] 세계화를 자본주의의 확장 흐름과 동일시하거나, 서구의 영향력의 확장으로만 이해하려는 것에 대해서도 일단 경계할 필요가 있다. 지난 한 세기는 서세동점西勢東漸의 시대였다고 하더라도, 지난 반세기는 분명 양 방향으로의 수평적인 이동도 두드러진 때였다. 『역사의 종말』The End of History and the Last Man의 저자 후쿠야마 Francis Fukuyama는 문화나 역사적 배경과 관계없이 세계가 획일성이 커지는 "균질화 사회"로 이행하고 있다고 주장했다. 그리고 그 균질화의 견인차가 자유민주주의와 법의 지배라고 단정했다. 그러나 역동하는 세계구조가 민주주의와 법의 지배의 전지구화라는 단선적인 진화 방향으로 움직인다는 그의 확신은 지금으로서는 다소 무모해 보인다.

세계화 흐름은 단선적인 진화가 아니라 통합과 파편화, 보편주의와 특수주의, 문화적 동질화와 차별화, 중심부와 주변부, 중앙화와 분권화, 타율과 자율의 역동적이고 변증법적 긴장을 보여 준다. 세계적인 것이 지역적인 것 혹은 특수한 것을 배제한다고 볼 수는 없으며, 양자는 오히려 아주 복잡하고 모순적인 방식으로 상호작용한다고 볼 수 있다. 이를테면 중심국가는 '세계화된 지역주의'globalized localism 속에서 특수한 지위를 얻고, 주변국가는 '지역화된 세계주의'localized globalism 속에서 선택을 강요받는 식으로 상호작용하는 것이다.[4] 그러면서 대단히 불균질적이고 계층화 구조를 띠는 세계화는 기존의 불평등 유형과 위계 유형을 그대로 반영하는 동시에 포괄과 배제의 새로운 유형을 만들어 내고, 그래서 새로운 승자와 패자를 만들어 내기도 한다는 것이다.[5]

세계화의 진전에 대한 기대가 어떠하든간에, 우리가 처한 세계사회의 현실은 엄혹하다. 남북의 격차, 남남의 격차는 점점 더 벌어지고 있다. 북미나 유럽 국가들의 기준으로 볼 때 세계인구의 5분의 4가 빈곤층에 속한다. 가장 가난한 10퍼센트의 미국 사람들도 세계인구 3분의 2보다는 더 잘 산다는 자료도 나와 있다.[6] 20세기에 굶어죽은 세계인들의 숫자는 그 이전의 어떤 세기보다 더 많은 것으로 드러났다.[7] 세계인구가 20세기 들어 3.6배 늘어나는 동안 전쟁으로 죽은 사람들의 수는 22.4배 늘어났다고 한다.[8] IT 등 첨단과학기술의 발전에도 불구하고 세계인구의 절반은 아직 전화를 사용해 본 적이 없는 사람들이기도 하다.

이렇듯 세계사회는 국가 간 혹은 지역 간의 심각한 차이와 불균형을 드러낸 채 혼돈 속에 있다. 규제완화 내지 규제조화 흐름 속에서 금융 환경과 시장경제가 국경을 넘는 반면, 한편으로 이주노동자와 난민 문제에 대처하기 위해 많은 나라들이 국경과 이민법을 점점 강화하고 있다.

세계화 흐름 속에는 부정적 측면과 긍정적 측면이 함께 나타나고 있다. 우리의 행위를 가능하게 하는 요소들과 제한하는 요소들이 함께 있다. 세계화가 자연발생적 현상이 아니라면, 우리가 어떤 미래를 그리려는가에 따라 세계화의 독해 방향은 두 갈래로 나뉠 것이다. 지구의 많은 인구가 배제되고 그래서 인간의 기본권리와 존엄이 경시되는 '헤게모니의 세계화'냐, 아니면 '인간가치의 세계화'냐. 나는 불확실한 가운데도 이 시대전환의 의미를 후자의 방향에서 읽으려고 노력하면서 법영역에서의 새로운 지구적 변화 양상들을 다뤄 보고자 한다. 세계화에 따른 국가법 차원의 변화, 유럽연합 같은 초국가 차원의 새로운 법질서의 실험, 세계법의 차원에서의 인권법과 이주노동자 및 난민을 위한 법, 인류 공동의 유산과 미래를 위한 새로운 법원리를 살펴보고, 이를 바탕으로, 이 책의 초반부에서 밝힌 법의 지배 이념에 비추어 세계입헌주의에 대한 조심스러운 전망을 보태고자 한다.

2. 법 영역의 세계화 유형들

국가법의 경우

국가적 규제기능의 이차화(二次化)

세계화의 진전에 따른 특징 중의 하나는 국가법 중심주의가 후퇴하고 있다는 것이다. 많은 학자들은 세계화의 조건하에서 규제자, 자원분배자, 사회적 형평의 보장자로서의 국가의 역할이 국가 이외의 다른 행위주체들과 분점되는 양상으로 옮겨 간다는 데 대체로 동의한다. 그러면서 국가의 역할은 좀 더 조정자 비슷한 역할로 바뀌고 있다고 진단한다. 이는 오늘날 국가를 국민국가 외에 '시장국가', '경쟁국가'로 부르는 사정과도 관계가 있다. 즉 국가가 세계시장 구조 안에서 경쟁하고 국가 간 체제에서 활동하게 되면서 국가법의 효과나 관리 능력이 약화되고, 국가적 규제기능이 이차화二次化되는 현상이 나타나고 있다는 것이다. 그러면서 국가가 직접 생산하지 않은 법이 늘어나는 가운데, 국가법과 '비국가법' 사이의 비대칭 현상이 나타나고 있다. 법은 이제 전통적인 국가적 법질서와 유럽연합법 같은 지역적 초국가적 법질서, UN과 WTO 아래 세계 법질서가 복합적이고 중층적으로 존재하는 질서로 움직이고 있는 것이다. 이 속에서 국경을 넘는 상호 연결성이 심화되면서 국내 사안과 국외 사안도 혼재되고, 이에 따라 행위주체나 행위목표도 이전처럼 단일하지 않게 되었다. 이는 입법에서건 사법에서건, 전통적인 국가법적 권위가 그대로 관철되기 어렵게 되었음을 말해 준다.

앞에서 법을 위계적 단계구조로 파악하는 켈젠의 이론에 대해서 살펴보면서 전통적인 국가법 모델인 피라미드 모델에 대해서 이야기한 적이 있다. 이제 제정 실증주의의 산물인 이런 피라미드 모델로는 국가법과 다양한 연원을 가지는 비국가법이 복합적으로 작용하는 법의 역동 구조를 설명하기 어렵게 되었다. 요컨대 세계화의 조건하에서 법은 이제 부분적으로만 피라미드 안에 포섭된다고 말할 수밖에 없다. 그리고 법질서의 중층화 내지 다원화에 따르는 규율영역 제한이 어렵게 된 측면을 생각할 때, 피라미드 안의 각 단계의 경계도 점차 애매해지고 있다. 법사회학자들 가운데는 이런 현상을 주목하면서, 법의 역동성에 대한 설명 모델을 피라미드 모델 대신 '네트워크' 모델로 설명하려는 사람도 있다. 즉 전통적인 실증주의 법이론가들이 법을 구조로 이해하면서 법의 역동 구조를 설명하기 위해 피라미드 모델을 사용하는 데 비해, 법사회학자들은 법기능의 관점에서 접근하면서 네트워크 모델을 제시한다. 사실 오늘날 법질서들 간의 복합적인 얽힘 속에서 사안을 앞에 두고 한 가지 법률을 확정하는 것만으로는 부족하며, 이와 연계하여 지시된 무수한 다른 법규들을 찾아 헤매야 한다. "네트워크 모델을 이해하기 위해서는 어느 법률이든 하나만 들추어보기만 해도 된다. 그것은 같은 질서 안의 다른 법규들을 참조할 것을 지시한다. 그런데 지시된 법규는 왕왕 또 다른 법규를 참고하도록 지시하는 식이다. 이런 방식으로 사람들은 모든 방향으로 확인된 법질서 안에서, 그러면서도 고정된 확정은 없는 질서 안에서 움직이는 것이다. 입법자들에 의해 지시된 것 외에 학설에 의해 도입되는 포괄적인 지시까지 더하게 되면 이 결합 네트워크는 더욱 더 복잡해진다."9

역사적으로 주권국가의 주권성은 영토 내에서의 정치적 우월, 힘의 정당한 사용을 독점하는 권위, 국경에 대한 통제 능력, 대외정책에서의 자유로운 선택을 포함하는 정치적 자율, 타국 정부의 간섭을 배제하는 불간섭주의 등을 의미했다. 그리고 이런 주권적 특성들은 절대적이지는 않았으나 나름대로 예측가능한 세계질서를 형성하는 기초를 제공했다. 그런데 세계화의 조건하에서 이런 뚜렷한 주권 개념을 상정할 근거는 여러모로 희미해지고 있다. 우선 지난 한 세대 동안 국가가 직접 생산하지 않은 규제 내역들이 괄목할 만하게 늘어났다. 이런 현상은 특히 국제금융거래, 국제통상, 지적재산 분야에서 더 두드러졌다. 이 분야는 외형상으로는 갈등 해결을 위해 국가들끼리 유사법 내지 통일법을 만들어 대처해 나간다는 글로벌 스탠더드 기획이 관철된 것으로 보인다.

사실 국제거래 관계는 개별 국가에 고유한 법문화가 비교적 적게 영향을 미치는 영역으로 여겨지기도 한다. 그런 만큼 표준화 내지 통일화가 비교적 용이한 영역으로 비칠 수 있다. 뿐만 아니라 역사적으

로 볼 때도 국제거래 관계에서 널리 인정되어 통일되게 적용되는 일
련의 관행 원칙 및 규칙들은 오랜 뿌리를 가진다. 유럽에서 그것은
11세기 '상인법' lex mercatoria 개념으로까지 거슬러 올라갈 수 있다.
일찍이 유럽 도시에서 상업이 성장함에 따라 상인들은 당시 지역의
공식법으로는 물자를 한 지역에서 다른 지역으로, 또 이 시장에서 저
시장으로 이동해야 하는 자신들의 안전과 이해관계를 잘 충족시킬
수 없었다. 그래서 자신들의 이익에 부합하는 규칙들을 자치적으로
만든 것이다. 오늘날 '약속은 지켜야 한다'는 원칙이나 부당이득 금
지, 사정변경의 원칙 같은 법원칙들은 모두 이 상인법의 전통에서 유
래한 것이다.[10] 예컨대 국제금융거래와 관련하여 현재 많은 나라에
서 실질적으로 구속력을 띠는 국제은행가협회 규정(UCL)은 대표적인
21세기형 상인법인 것이다.

이러한 규칙들은 초국가적 경제거래 분야에서 거래의 절박성, 초
국가적 거래에 따르는 비용 요인, 투명성 등에 힘입어 국가 간섭을
배제하는 데 성공한 결과물로 볼 수 있다. 의회와 법원을 우회하는
이런 규칙들은 국경을 넘어서는 거래관계에서 당사자들의 재산권을
보호해 주는 역할을 한다. 예컨대 법적으로 보호되지 않는 A국의
'갑'과 B국의 '을' 사이의 국제 매매계약은, 국내적으로는 법적으로
보호되는 두 계약─하나는 매도인과 국내 은행 사이의 계약, 다른
하나는 매수인과 또 다른 국내 은행 사이의 계약─으로 성립된다.
그리고 이들 두 은행 사이의 국제관계는 국내법에 의해서는 법적으
로 보호되지는 않으나, 어느 정도 일반화된 그들의 자치규정에 의해

보호되는 식인 것이다. 이러한 보호는 국제은행거래 관계의 안정적 재생산이라는 조건하에 수행되는 것이다.

법의 통일화 경향

세계경제의 규모가 커지면서 갈등 해결을 위해 공식적 규범보다는 중재나 인간관계의 신뢰망 같은 비형식적 요소들에 의존하는 경향도 강해지고 있다는 관측도 나온다.[11] 공식적 법질서보다는 기업들의 행동강령이나 일반거래 약관, 국제로펌, 세계상공회의소, 국제 채권수집 조직, 사적 신뢰망 등이 실제로 더 중요한 역할을 하고 있다는 것이다. 국제거래에서 법문화의 차이, 관행상의 어려움, 무경험, 사안의 복잡성, 채권 행사에 따르는 고비용 때문에 법 이외의 방법으로 해결하려는 경향도 적지 않을 것이다. 어쨌든 전통적인 '국민국가'가 '시장국가'화되면서 '상인법'이 다시 부흥하여, 이것이 공식적인 국가법을 부분적으로 대체해 가고 있는 것이다.

외형적으로 보면 법은 세계적으로 통일화의 길을 가고 있는 것으로 보인다. 그러나 국경을 넘는 사안들이 실제로 지구적 통일법에 의해 규율되고 있는지는 의문이다. 초국가적 거래의 절박성이나 규제조화라는 요구에 따라 통일입법을 시도할 경우 규제조화 협상의 어려움 — 자국의 규제 여건에 맞추어 이미 경쟁력을 확보한 국가의 기업들은 자국의 기준에 따라 조화가 이루어지기를 바랄 것이다 — 때문에 성공하기도 힘들겠지만, 설사 입법에 성공한다고 해도 그 목표를 달성하기가 쉽지 않다. 예컨대 경제사정이 다르고 은행과 고객의 신뢰관계가 저마다 다른 국가들에 통일된 기준이 강요될 때 어떻게 되겠는가? 갈등하는 이해관계 때문에 해석 및 적용 단계에서 자의적인 판단이 개입될 여지가 크다. 규제의 조화에 대한 경제적 타당성이 정치적·민주적 타당성까지 보장해 주지 않음은 물론이다. 규제 조화의 압력을 받는 국가들의 정책자율성이 훼손되는 것은 물론이고, 자국의 국가적 이해, 지역적 전통과 가치, 문화, 사회적 관행에 제대로 부응하지 못하는 통일법으로 인해 규제의 일관성이 상실됨으로써 법의 지배 가치도 흔들리게 되는 것이다.

한 세기 전에 창립한 세계비교법학회의 창립대회에서는 비슷한 국가들끼리 법영역에서의 차이를 해결하고 줄여 나가자는 주장과 함께 '통일법학'이 제창된바 있다. 그 후 경제 및 상거래 분야를 필두로 통일법 내지 모델법을 추진하는 프로젝트가 시작됐고, 이에 따라 국제매매계약 통일법(ULF/ULIS, 1964), 국제매매협약(CISG, 1980) 등의 모델안이 나왔다. 그런데 이때까지만 해도 통일법의 추진 세력은 학자들이었고, 따라서 이론적 경향이 강했다. 오늘날은 이와 달리 실무가들과 정부 차원에서, 국제기구나 강대국 정부, 초국적 기업 등의 압력에 의해 통일법이 추진되고 있는 것이다.

국제사회가 처음으로 법의 통일화를 시도했을 때는 참가국들의 수는 적었으며, 지구상의 상당 지역은 아직 식민통치하에 놓여 있었다. 그러나 이제 세계경제는 통일된 법규로 다루기에는 너무도 불균질하고 복잡해졌다. 이러한 상황에서 통일된 법은 세계법이라기보다는 세계화된 지역법, 이를테면 미국법화로 귀결되는 셈이다. 실제로 국제거래 분야에서 미국법과 법서비스의 영향력은 놀라운 수준이다. 오늘날 미국 법과대학의 세계적인 영향력은 가히 '교육 제국주의'를 연상시키는 수준이다. 시장개방 압력으로 법률시장이 열리고 미국식 제도와 관행이 초국가적 규범틀로 일반화되면서, 대형 기업의 계약 체결이나 기업 설립 및 합병, 금융거래에 있어서 초대형 국제로펌에서 활동하는 미국 로스쿨 출신 법률가들의 법해석과 고객관리 관행을 이해하지 못하면 법적인 승자가 되기 힘들다. 이들 국제로펌들은 통일 규범틀에서 불가피하게 나타나는 애매성과 불확실성을 나름대로 감소시키는 역할을 맡으면서 시장형성 과정의 합법성과 정당성을 부여하는 역할도 맡는 셈이다. 이런 역할을 종합해 볼 때, 그들은 단순히 법적용 단계에서 고객들의 수요에 따른 기술적·수단적 답변만 제공하는 게 아니라, 결과적으로 법형성 및 입법도 알게 모르게 주도하는 셈이다. 이와 함께 법규범의 변화도 판례나 학설보다는 다국적 기업과 시장 관행을 통해 이루어지고 있는 것이다.

초국가법의 경우

유럽연합법의 예

오늘날 초국가 차원의 법질서를 형성해 가는 대표적인 예는 유럽연합European Union이다. 총인구 약 5억 명으로, 세계 GDP의 약 30퍼센트를 차지하는 유럽연합은 유럽 27개 국가들의 연합체이다. 입법·집행·사법 기관을 가진 유럽연합은 정책 분야에 따라 직접 회원국에 대해 규제력을 발휘하면서 이전에 개별 국가주권이 행사하던 권한을 행사하고 있다. 독립된 민주법치국가들이 애초 경제공동체에서 출발하여 경제통합을 넘어 정치적 통합으로 가면서, 회원국 성원들의 민주적 합의 절차를 밟아 초국가적 헌정체제를 가동하기 시작했다는 점에서 유럽연합은 역사상 보기 드문 정치 결사체로서 법의 지배의 지구적 확대 가능성에 대한 실험공간이라 할 수 있다.

흔히 유럽연합의 구조를 '세 기둥'three pillars으로 표현하는데 이는 중요한 정책기조를 세 분야로 분류한 것이다. 첫째는 경제와 제반 사회 정책에서의 유럽공동체, 둘째로 공동 외교 및 안보 정책, 셋째로 사법적 협력이다.

2009년 3월 프랑스 스트라스부르크에 있는 유럽의회European Parliament 건물을 방문했는데 내 눈에 가장 먼저 들어온 것은, 회의장마다 벽면 전체를 촘촘히 에워싼 통역 부스였다. 공용어가 23개니 매 회의실마다 23개의 부스가 설치되어 있는 것이다. 유럽연합 안에서 통·번역 관련 업무에 종사하는 인력이나 소요예산의 부담은 상당한 것으로 알려져 있다. 사법기구인 유럽사법재판소European Court of Justice는 유럽연합 회원국 정부가 임명한 13인의 재판관들로 구성되며 룩셈부르크에 있다.

유럽연합은 1993년 발효된 마스트리흐트 조약에 따라 경제와 통화를 통일하고, 암스테르담 조약에 따라 외교·안보·국방 정책의 통일을 더 실질화시켰다. 그리고 2009년 발효된 리스본 조약에 따라 정치적 통일 방향으로 더 전진하여 유럽연합을 대표하는 이사회 상임의장(일명 '유럽연합 대통령')과 외교안보 정책을 대변하는 대표를 선출하는 데까지 이르렀다. 더 나아가 국적을 거의 대체하는 수준의 '유럽연합 시민권' 개념을 도입하여, 다른 회원국에 체류하는 모든 유럽연합 시민은 그 회원국 안에서 국내 선거와 유럽 선거권을 가지도록 했으며, 유럽연합 안에서 주민으로서 거주 이전의 자유를 가지게 했다.

유럽연합은 발전의 매 고비마다 초국가 방식을 더 채택하려는 '초국가주의자'들과 정부 간 시스템을 선호하는 '국가주의자'들 사이의 대립이 컸지만, 그런 가운데도 최근 유럽연합은 유럽의회의 역할을 강화하여 의사결정의 민주적 정당성을 향상시키고자 애쓰는 등 끊임없는 제도적 모색을 해 나가고 있는 것으로 보인다.

지난 십수 년 동안 유럽연합은 무수한 유럽연합법 제정과 함께 회원국들 간의 법의 통일 내지 조화를 진전시켜 왔다. 즉 기본적 기준 내지 최소 요구사항을 유럽연합 차원에서 입법화하고 개별 국가의 입법에 대해 상호인정 원칙을 취한다. 그래서 각국들은 원칙적으로 유럽연합법의 요구보다 더 높은 수준의 요구까지 부과할 수 있음으로써 경우에 따른 역차별도 인정하고 있다. 이는 유럽연합법의 우위 속에서 회원국들에 자율권을 부여함으로써 국가 단위에서 더 나은 입법을 위해 경쟁하고, 유럽연합의 입법 병목 현상도 해소하려는 조처로 이해되고 있다. 현재 각국 법의 거의 80퍼센트가 유럽연합법에서 연원하는 것으로 알려져 있다.

풀어야 할 문제들

유럽연합의 법의 통일 내지 조화 노력에도 불구하고 현실에서는 여러 문제들이 노정되고 있다. 무엇보다도 복잡해진 입법절차는 큰 장벽이다. 또한 유럽연합법 해석과 집행 단계에서의 애매함과 관할권을 둘러싼 논란은 결과적으로 유럽연합 안에서 사법의 역할의 급부상으로 이어질 전망이다. 유럽연합 사법은 현재 개별 국가 이익을 편든다는 비판을 받고 있지는 않지만, 법원 결정에 불만을 품는 쪽에서는 어쨌든 재판관들이 시장의 이해관계가 아니면 개별 국가 이익에 노출되어 있다고 여길 것이다. 나는 2009년 유럽사법재판소를 방문하여 몇몇 재판관들과 짧은 대담을 나눈 적이 있다. 이때 들은 이야기는, 재판관들의 내부회의에서 가장 비중 있게 다루는 토론사항은 자신들의 결정이 개별 국가에 어떤 영향을 미치게 될 것인지를 분석하는 것이라는 말이었다. 법원 결정의 효과가 직접적으로 개별 국가의 정책과 입법에 변화를 가져오기도 하는 만큼, 법률가들의 주도권은 분명 유럽연합 체제의 독특함이라고 할 만하다. 그러면서 중요한 사안들이 그 복잡성 때문에 공론화 과정을 제대로 거치지도 못한 채, 주로 전문가와 학자들이 포진하고 있는 법정으로 넘어가면서, 유럽연합은 정치적 위기에 봉착하더라도 유럽연합법은 승승장구한다는 목소리도 들린다.

유럽연합 의회는 800명 가량의 유럽연합 의원들을 회원국의 인구 비율에 따라 주민들의 직접선거로 선출하는 세계 최초의 초국가 대의기구이다. 초국가 단위에서의 이 민주주의 실험장이 진정한 입법기구로 기능하는 데 있어서 풀어야 할 과제는 한두 가지가 아닌 것으로 보인다. 회원국 의회들은 브뤼셀에 있는 유럽연합 집행기구가 수행하는 일을 자신들의 정부가 효과적으로 통제할 수 있는지 회의적인 시각을 가지고 있다. 일반인들이나 정치인들은 이와 관련한 정보 부족을 문제 삼고 있다. 유럽연합 안의 너무 많은 위원회 구조 때문에 '위원회 지상주의'commitology라는 표현을 낳기도 했다. 그러나 근본적인 문제는 유럽연합 문제에 대한 일반인들 그리고 정치인들의 관심이 얼마나 진지한가에 달려 있다. 이들의 무관심 속에서 중요한 많은 문제들이 국제관계 특유의 힘의 불균형, 복잡함과 애매함으로 결국 소수 정치나 법률가들을 포함한 전문가들의 수중에 맡겨지는 게 아닌가 하는 의구를 낳는 것이다. 최근 리스본 조약의 채택 여부를 둘러싸고 회원국들마다 입장 차이와 함께, 일부 회원국 시민들 가운데서도 초국가적 헌법이 유럽의 민주주의를 손상시킬지도 모른다는 우려가 제기되었다. 유럽연합 공동체가 미약한 정치적 책임성 의회의 낮은 영향력, 유럽연합법들에 대한 위헌심사 결핍, 민주주의 부족, 일반대중들과 입법기관 간의 괴리 등의 문제에 어떻게 대처해 나가는지는 초국가 단위의 법의 지배의 발전 가능성을 가늠하는 잣대가 될 수 있을 것이다.

인권법의 경우

인권, 인류의 공통언어

지난 반세기는 국제사회가 그 어느 때보다도 인권이라는 척도에 열성적으로 매달렸던 시기다. 인권에 대한 논의는 분배적 정의나 공동선에 대한 논의보다도 우선시되었으며 인권은 가히 '인류의 공통언어'로서 널리 인식되었다.

"모든 사람은 태어날 때부터 자유롭고, 존엄하며, 평등하다. 모든 사람은 이성과 양심을 가지고 있으므로 서로 형제자매의 정신으로 대해야 한다." 1948년 UN 총회가 채택한 세계인권선언 제1조의 내용이다. 어느 의미에서 도덕적·정치적 결의로 볼 수밖에 없었던 이 선언은 지난 반세기 동안 UN을 중심으로 국제사회의 노력에 의해 다양한 영역에서 법적인 구속력을 지니는 국제인권 규약과 제도들로 결실을 맺게 되었다. 경제적·사회적·문화적 권리에 관한 국제규약과 시민적·정치적 권리에 관한 국제규약 이후, 여성에 대한 모든 형태의 차별 철폐에 관한 협약, 부녀자의 정치적 권리에 관한 협약, 아동의 권리에 관한 협약, 고문 및 그 밖의 잔혹한 비인도적인 또는 굴욕적인 대우나 처벌의 방지에 관한 협약, 집단살해죄의 방지와 처벌에 관한 협약, 세계보건기구 헌장, 모든 이주노동자 및 그 가족의 권리보호에 관한 협약 등 UN의 성과는, 60억 인류의 보편가치를 보호해 온 기관이 누가 뭐래도 UN임을 부인할 수 없게 한다.

일반적으로 인권의 역사적 변천 및 발전은 '세대'로 표현되어 왔다. 제1세대는 홀로코스트 경험이 낳은 성과인 시민적·정치적 권리, 제2세대는 경제적·사회적·문화적 권리, 제3세대는 개인적 권리를 넘어 녹색권과 발전권을 고려하는 집단적 권리, 그리고 이제 세계화에 비추어 제4세대의 세계시민적 권리가 등장 채비를 하고 있다.

'세대'의 진전에 따른 성과에도 불구하고 20세기 후반에 쏟아진 인권 관련 규약들은 어느 면에서 '법전 속의 법'과 '거리의 법'의 괴리를 드러내고 있다. 요청된 권리들은 많으나 인정되고 보호된 권리들은 여전히 미미하다는 점에서, 국제사회의 권리장전 인플레 현상을 부정적으로 보는 시각도 있다. 상당 기간 법제화에 매달리면서 인권담론이 어느 면에서는 법률주의에 매몰되어 있다는 지적도 받고 있다.

인권의 보편성에 대한 세계사회의 강조에도 불구하고 인권 요청이 국가주권 원칙과 긴장관계에 놓이는 사실에는 변함이 없다. 이때 전통적인 법원리는 국가 이익, 국가 안전, 불간섭주의, 문화적 다양성, 발전 패러다임, '아시아적 가치' 등등의 이름으로 국가주권에 손을 들어 주는 경우가 적지 않다. 유럽인권재판소 등 국제 사법기구에 대해서도 최근에는 국익에 휩쓸려 타협적 판결 경향을 보인다는 경고가 나오고 있다.[12] 한 국가의 주권성이 자신의 특수한 국가적 문제를 해결할 수 있는 역량에 의해 가늠된다면, 인권의 보편척도를 받아들인다는 것은, 형식적으로는 주권적 자율성의 손실로 여겨지나 내용적으로는 주권의 증진이라는 결과를 가져오는 것이다.

다수 학자들은 사회적·경제적 권리와 시민적·정치적 권리를 다룰 때, 아직도 전자를 후자보다 덜 급박한 것으로 보는 식의 분리적 사고를 선호한다. 베를린 장벽이 무너진 것을 계기로 자유권과 사회권이라는 이 자의적 구분도 종식되리라고 기대한 학자들도 있었지만, 현재로는 서구 자유진영의 승리가 인권을 다시 정치적·시민적 자유권을 강조하는 쪽으로 가게 하는 게 아닌가 하는 우려가 나오기도 한다. 우리 헌법에서는 인권의 상호의존적·불가분적 성격을 왜곡시키는 이런 분리가 나타나지 않아 다행이라 할 수 있다.

지난 2008년 5월 UN 인권이사회는 경제적·사회적·문화적 권리에 관한 국제규약, 즉 이른바 B규약 선택 의정서를 채택하여 사회적 권리 실현을 위해 빈곤, 차별, 무관심 상태를 UN 차원에서 환기시켰다. 그리고 고립되고 무력한 개인들이 자신들의 처지를 국제사회에 직접 알릴 수 있는 길을 열고, A규약과 B규약의 불균형을 극복하기 위한 조치로서 협약 당사국들이 침해 사례에 대한 정보를 공유하고 또 침해 사례 조사 절차를 구체적으로 명문화시키기로 했다. 그러나 이러한 인권보호 장치들의 기능과 운명은 여전히 불확실하다.

'아시아적 가치'와 인권 논쟁

인권은 근대 유럽에서 탄생하여 지금의 모습으로 법화된 것이 사실이다. 이것이 인권을 서구주의의 세계화라는 관점에서 보게 하는 빌미가 되고 있다. 그러나 설사 인권이 근대 유럽법의 유산이라 하더라도, 인간이 가지는 권리에 대한 염원은 인류에게 공통적인 것이다. 어느 학자의 표현대로 인류는 인권의 이름으로 대화하면서 여기까지 진보해 온 것이다.

　인권이 인류 공동의 자산이라 하더라도 일관된 도덕철학을 인권론에 반영하려는 것은 무리다. 인권 논의에서 불필요한 이견 표출과 대립은 종종 철학적·도덕적 통찰을 둘러싸고 빚어진다. 오늘날처럼 가치적으로 다원화된 사회에서 하나의 보편주의 이념이나 도덕 시스템을 구축하려는 생각은 지지받기 어렵다.[13] 역사적으로도 인권 분야의 법적 성과들은 정치적 투쟁과 합의 혹은 타협을 바탕으로 어렵게 획득한 것이었다. 철학과 도덕적 통찰이 인권법의 발전에 모티프를 제공한 것은 사실이지만, 이런 인권법의 성과가 반드시 도덕적 권리가 선행되었기 때문에 얻어진 것은 아니다. 다시 말해 법적인 권리구제 투쟁과 이에 수반된 경험들이 도덕적 상상력을 촉진하고 확장한 바도 있었다는 지적은 귀담아들을 만하다. 국제사회에서 처음에는 희망사항에 불과했던 인권 요청이 꾸준히 제기되면서 구속력 없는 형태의 가이드라인으로 만들어지고, '연성법'soft law의 형태를 띤 후 이윽고 실질적인 법적 구속력을 가지는 규약으로 바뀌고, 더 나아가 이를 모니터링하고 이행할 수 있게 된 것이다.

　이 점에서 인권 논의와 관련하여 왕왕 제기되는 '아시아적 가치' 주장에 대해서도 일정 정도 거리를 둘 필요가 있다. 아시아의 공동체주의 문화에 기반하는 가치라는 의미에서의 아시아적 가치에 대한 주장은, 아시아의 일부 정치가들이 국내에서의 권위적 통치에 대한 방패막으로 이용하는 측면도 없지 않다. 사실 아시아의 유교권 국가들은 말할 필요도 없고, 많은 이슬람권 국가들도 근대적 의미의 헌법을 수용하면서 국제인권규약에 가입했다. 그리고 많은 인권운동가들이 이 지역에서 활동하고 있다. 서구로부터 유래했다 하여 인권 가치가 거부될 수는 없다.

권리는 신념체계나 문화와는 다른 차원을 지닌다. 즉 권리는 인간의 기본적 필요와 인간으로서의 자기실현의 조건에 관한 문제인 것이다. 이 기본적 필요에는 말할 것도 없이 물질적 기반과 가치적 기반이 모두 포함된다. '아시아적 가치' 논쟁에는 문화와 가치의 측면이 물질적 이익들에 비해 지나치게 강조되었다는 지적도 있다. 이슬람권 학자들도 세계인권선언을 포함한 인권 사상과 원리가 자신들의 전통과 화해할 수 있다는 연구결과를 속속 제시하고 있다.

아시아적 가치가 인권의 보편성을 부정하는 논리로 사용되어서는 안 될 것이다. 아시아에서 유교적 가치가 정치 시민적 자유보다 경제 발전을 우선시하도록 했다는 논리는 자문화 중심주의의 함정에 불과하다.

인권에 관한 한은 모든 문화권이 어느 정도 문제를 안고 있다. 그러므로 서로가 자신의 문화의 약점에 대해 인정하고 이를 통해 인간 가치의 실현을 위해 공동으로 노력한다는 목표를 세워야 한다.[14] 예컨대 오늘날 서구사회는 개인의 존재감의 확대와 그 고양에 힘쓴다. 이로부터 개인과 사회 사이에 엄격한 이분법이 생기고, 개인들의 존재 조건들 사이에서 긴장과 충돌을 합리적으로 규제하려는 법형식이 강조된다. 개인주의와 권리 주장의 과도함은 서양문화의 약점이다. 반면 동양은 개인의 존재 조건의 고양보다는 인간관계를 인간적으로 만들어 나간다는 의미의 인성의 고양을 추구하며, 인간됨의 가치는 이웃과 함께 만들어 가는 것이라고 생각한다. 그러나 이때 사회로부터 개인에게 과해지는 부담이 없지 않을 것이다. 사회적·종교적 측면 때문에 개인이 당하는 고통은 과도한 의무, 특히 여성 억압의 형태로 나타난다.

문화의 미완성에 대한 이런 자각은 자기가 속한 문화권 안에서보다는 바깥에서 더 잘 이루어질 수 있다. 세계화는 바로 이런 의미의 자각을 가능하게 해준다. 어떤 정치체제에서든 이질적인 문화가 혼재된 사회는 어느 정도 안정성이 떨어질 수도 있다.[15] 그리고 문화적 차이로 인한 갈등이 상이한 결과를 가져오는 경우도 있을 것이다. 그러나 어떤 특정 문화는 법의 지배나 인권, 혹은 민주주의와 양립할 수 없다는 식의 입장은 역사적 경험에 반한다. 일부 이슬람권에 나타나는 근본주의도 문화적·종교적 특성에 따른 것이라기보다는, 경제 사정의 악화 등에서 비롯되었다는 지적이 맞을 것이다.

정치적 삶의 본질이 어느 정도는 역사의 공유, 공통의 감수성과 관습들에 의존하는 것은 사실이다. 그에 따라 공동체의 삶의 자유는 "일정 정도 경계지어진 정치적 발전의 장들"을 필요로 한다. 그러나 이 사실이 인권의 보호막은 국가체제와 국가주권뿐이라고 말하는 데까지 나아갈 수는 없다고 본다.

최근 아시아 시민사회연대 회의(SAPA)가 채택한 '아시아 인권헌장'Asian Charter은 국가보다 더 유연한 시민사회 단위에서 국제협력을 통해 인권 기준을 마련했다는 점에서 의의가 있다. 이 헌장은 또 국내 이행 과정에서도 중앙정부 중심으로만 국제관계를 설정하는 관행에서 벗어나 지자체 수준의 국제관계망도 시도하는 등, 참여적이고 지역적인 방향에서 고무적인 움직임으로 이어지고 있다.

인도의 인권법학자 박시Upendra Baxi는 『인권의 미래』The Future of Human Rights[16]에서 오늘날 인권 논의가 모호하고, 복잡하거나 모순되는 요소로 가득하고, 심지어 파당적이기까지 하다고 지적했다. 그런 가운데 인권 담론은 권력이 있고 교육을 받은 사람들의 "정적 담론"과, 침해당한 원주민들의 "전복적 담론"으로 갈라져 있다는 것이다. 이런 현실을 직시하면서 그는 인간의 권리 문제를 다룬다는 것은 인간의 고통을 다루는 문제임을 다시 환기시킨다. 그 고통은 비단 가난하고 비민주적인 국가에만 있는 것이 아니라 어디에나 존재하며, 그러므로 오늘날 어떤 것들이 새로운 유형의 고통들인지 아는 게 중요하다고 말한다.

경제의 글로벌화 흐름 속에서 최근에는 인권선언에 시장 친화적 패러다임들 ─ 재산권 강조, 투자자의 권리, 기업의 권리 ─ 을 넣어야 한다는 압력도 나오고 있다. 이런 분위기에서 인권 유형을 사회적·역사적 현장에 있는 사람들의 고통과 경험을 중심으로 재구성하고자 하려는 시도는 경청할 만하다.

이주노동자 및 난민법의 경우

이주민 100만 명 시대

세계화로 인해 물자의 이동뿐만 아니라 사람들의 대규모 이동도 어느덧 일상화되었다. UN 통계에 따르면 지난 20년 동안에 2억 명이 넘는 사람들이 고국을 떠나 다른 곳으로 이동했다. 전 세계 35명 가운데 한 명은 이주민이라는 조사도 있다.[17] 우리나라도 어느덧 이주민 100만 명 시대를 맞고 있다.[18] 그러나 물자의 편리한 이동에 관한 법에는 일찍부터 관심을 가지면서도 사람들의 편리한 이동 문제에는 관심을 덜 갖는다. 오늘날 국경을 넘는 사람들의 이동과 이주는 지금까지의 국제 사법으로만 다룰 수 없는 많은 문제들을 던진다. 관광객들이나 기업인, 지식인들처럼 국경을 넘는 데 장애와 위험이 없는 경우야 문제되지 않겠지만, 자의 반 타의 반으로 위험이 따르는 가운데 국경을 넘어야 하는 사람들이 늘고 있다.

전통적으로는 경제적인 동기로 해외에 이주하는 노동자들과, 정치적인 동기로 타의에 의해 국경을 넘어야 하는 난민들을 구분하는 일은 어렵지 않았다. 그러나 세계화의 진전과 함께 자의/타의, 정치적/경제적 동기 구분이 예전만큼 쉽지는 않다.[19] 이주노동자들의 경우, 어느 면에서는 자유 노동과 강요된 노동의 중간 형태에 놓여 있다고 볼 수 있다. 신자유주의 물결과 선진국의 소비 패턴이 후진국에 전파되면서 야기된 소비 욕망이 이주 행렬을 만들어 내고 있다.

1990년 '모든 이주노동자 및 그 가족의 권리보호에 관한 UN 협약'은, 합법/비합법 체류 여부에 상관없이, 이주노동자와 그 가족을 국제 인권법의 기준에 따라 대우하고 이에 대한 국가의 의무를 행할 것을 정하고 있다. 즉 '가족 결합의 원칙'을 위시하여 시민적 권리, 노동 권리, 형사에서의 적법절차, 종교의 자유, 사생활 보호, 응급적 의료 보호, 아동교육, 문화적 정체성, 노동계약 체결, 노조가입 등의 권리를 인정한 점에서 획기적인 협약이다. 그러나 현재 노동력 송출 국은 대부분 이 협약에 가입한 반면, 우리나라 같은 고용국들은 모두 협약 가입을 꺼리고 있는 상태다.

미등록 이주노동자들은 그 존재 자체가 불법이요 부정되지만, 이들을 고용한 사업자는 합법적 이득을 취한다. 고용국들은 미등록 이주노동자들의 지위를 불법적인 것으로 만들어 놓으면서도 이들의 노동에 의존하고 있고, 막상 이들의 열악한 법적 지위에 대해서는 눈감는 것이다. 미등록 이주노동자의 노동삼권과 관련하여 우리 법원은 2007년 서울고등법원에서 체류 자격을 문제로 삼아 노동자의 노조 결성권을 제한할 수 없다는 전향적인 판결을 한바 있다.

협소한 '난민'의 정의

1960년 이후 세계적으로 60여 개의 새로운 국가들이 태어났다고 한다. 이렇게 새로 태어난 국가들도 많지만 이런저런 이유로 국가 붕괴 현상에 이른 실패 국가들도 상당수에 이른다. 오랫동안 내전 중에 있는 국가, 미완 국가, 부패 국가, 독재 국가, 환경재앙을 겪는 국가, 인구 초과잉 국가 등등. 세계적으로 난민들이 늘어나는 것은 이 때문이다. 난민 수는 2006년 990만 명에서 2007년에는 1천 140만 명으로 증가했다. 분쟁과 자연재해로 인한 '실향민들'Internally Displaced and Stateless Persons까지 합치면 6천 700만 명에 이른다.[20]

앞에서 말했듯이 국경을 넘는 동기에 있어서 자의/타의, 정치적/경제적 구별이 점점 무의미해지는 까닭은, 이들 실패국가들이 대개 극심한 빈곤이나 물부족과 같은 환경재앙을 겪어, 이것이 내전을 부르고 이에 따라 강제적 이동이 이어지기 때문이다. 하이티, 모잠비크, 수단, 소말리아, 차드, 아프가니스탄, 콩고 등이 그런 나라들이다. 그러므로 난민에 대한 UN의 고전적 개념 정의인 '정치적 망명'이라는 말은 어폐가 있다. 그래서 오늘날 난민을 넓게 정의하면서 '인도적 난민'humanitarian refugees으로 불러야 한다고 주장하는 사람도 있다.

양심적인 인권 활동가들과 인권 법학자들이 지적하듯이, 이들 환경난민들은 선진국의 팽창주의와 신자유주의, 거기에서 야기된 생활양식이 빚어낸 것으로서 선진국의 역사적 과오의 산물이기도 하다. 그들의 고통을 세계가 나누어 져야 하는 이유가 여기에 있다. 원칙적으로는 이주노동자들이나 난민들의 인권을 별도로 생각할 것이 아니라 모두의 인권이라는 관점에서 접근해야 한다. 이들 이주노동자와 난민들의 수는 앞으로 더 늘어날 것이다. 남북의 격차가 더 늘어나고, 국가 간의 불안정이 더 커지고, 환경재앙이 더 심해질 것이기 때문이다. 선진국들이 외면하는 가운데 해당 국가의 재앙은 사정이 크게 다르지 않은 이웃 국가들에 크나큰 부담을 주면서 불안정 국가들의 수는 악순환적으로 늘어나고 있다.

우리나라가 난민 신청을 받기 시작한 1994년 이후 2008년 6월까지 우리나라에 난민 신청을 한 사람들은 1천 951명이었다. 그런데 이 중에서 난민의 지위를 획득한 사람은 76명에 지나지 않는다.[21] 이는 OECD 회원국 중 최하위 수치이며, 난민 심사에 걸리는 기간도 1년 내지 5년으로 지나치게 길어서 국제사회의 비판을 면치 못하는 형편이다.

'다른 나라를 자기 나라 보듯이 하라'

진정한 세계화라면, 정의에 관한 한 국적의 차별이나 국경의 구분이 없다는 쪽으로, 또는 한 나라의 거주자로서 위험에 처하게 되었을 때 당연히 다른 나라의 시민이 된다는 쪽으로 가는 것이 바람직한 발전 방향일 것이다.[22] "모든 사람은 박해를 피해 타국에 피난처를 구하고 그곳에 망명할 권리가 있다".[23] 그러나 이는 아직은 요원해 보이는 이상에 불과한 이야기다.

겸애兼愛 사상을 내세운 묵자는 세상을 어지럽히는 가장 큰 해악은 차별이라고 보고, 천하의 이익을 위해 모든 사람들이 서로 이롭도록 법을 고쳐야 한다고 주장한바 있다. 그러면서 이런 방향의 제도 개혁을 위해 '다른 나라를 자기 나라 보듯이 하라'고 가르쳤다.[24] 다른 사람 보기를 자기 보듯이 할 수 없는 우리 인간이, 다른 가정을 자기 가정 보듯이 할 수 없는 우리들이, 어떻게 다른 나라를 자기 나라 보듯이 할 수 있으랴. 그러나 그 이상을 그대로 실현할 수는 없어도 조금이라도 이에 근접하는 방향으로 평가의 잣대를 마련해 갈 수는 있을 것이다.

사회에서 상호연관성이 확대되고 집단 간의 관계가 더 긴밀해지면 사람들은 잔존하는 격차에 더욱 민감해지고 따라서 분노도 그만큼 더 격해진다는 말은 맞다. 이러한 '격차 사회'는 사회로부터 배제되었다는 느낌을 받는 사람들, 다른 사람으로부터 인정받지 못하기 때문에 자신을 긍정할 수 없는, 그래서 인간의 존엄이 박탈당한 사람들을 더 만들어 낸다. 이전보다 사회악이 줄어든 사회에서도 악에 대한 국민들의 감수성은 더 민감해졌기에, 경제가 발전하고 정치적 자유가 확장되는 가운데, 거기에서 배제되고 인간존엄이 박탈되는 상황은 더 견디기 어려운 법이다. 내가 어렸을 때 사회적 연대의 가치는 지금보다는 확실히 더 소중하게 다가왔다. 나는 어린 시절을 안동에서 보냈는데, 거지와 상이군경들도 많았던 그 시절, 어린 우리들은 그런 사람들에게 돈이나 먹을 것을 전할 때도 어른들의 지시대로 두 손으로 공손히 전한 기억이 남아 있다. 좀 뒤처지는 사람들이라도 완전히 배제당함이 없이 더불어 살고자 한 시절이었다.

오늘날 소요와 불안은 쉽게 국경을 넘는다. 자국의 정부에 불만을 가진 군중들은 이제 그 나라의 안보에만 위협이 되는 것이 아니라 범세계의 안보에 위협이 될 수 있다. 군사력의 위협에서 생기는 안보 위험보다 인구증가, 빈곤, 환경재앙, 물부족으로 국가의 토대가 무너지면서 생기는 안보의 위험이 더 커진 상황이 된 것이다.[25]

불운에 처한 나라를 제때 도와주지 않아 대량이주 사태가 벌어질 경우 그 여파는 클 수밖에 없다. 그러므로 그런 나라가 붕괴되기 전에 세계가 도움을 주어야 한다. 강대국들이 그들 GNP의 1퍼센트만 아니 0.1퍼센트, 혹은 예컨대 금융거래에서 0.001퍼센트 정도만 기부하거나 거래세 부과 형태로―일반인들은 세금이 부과되는지조차 느끼지 못할 것이다―걷어 꾸준히 모아도, 이것으로 가난한 나라 아이들의 보건과 교육 문제를 해결할 수 있고 그럼으로써 세계는 더 안전해질 수 있다.

진정한 세계화로서의 세계시민주의와 세계시민 정치란 어떤 것일까? 주디스 알레그레 페르난데스. 이 이름이 하나의 사례가 될 것이다. 제18대 총선에서 창조한국당 비례대표 후보로 공천된 자그마한 필리핀 이주여성의 이름이다. 2010년 지방선거 광역비례대표 의원으로 몽골 출신 여성이 당선되기도 했다. 베트남 이주여성과 혼인한 쌍이 우리나라에 현재 3만 쌍 가량 된다고 한다.[26] 이들 중 약 30퍼센트가 실패했다고 한다. 이들의 실패를 우리 사회의 실패로 여기는 시각이 필요하다. 이주민들의 인권문제에 대해서는 소수 인권활동가들이 힘을 기울일 뿐, 아직 사회적 의제로 설정되지조차 못한 느낌이다. 길게 계산해 보면 이들의 인권을 챙기는 것이 사회적인 면에서 비용도 적게 든다고 볼 수 있다.

여기서 짧게나마 북한의 인권문제에 대해서 몇 마디 보태고 싶다. 북한의 인권문제를 북한문제로 보면 민족적 특수관계라는 관점에서 좀 더 완화된 시각에서 보게 되고, 인권문제 그 자체로 보게 되면 보편적 관점에서 좀 더 엄하게 보게 될 것이다.[27] 북한의 인권문제는 북한주민의 인권, 해외탈북자 인권, 주한 탈북자 인권문제 등으로 나뉘지만, 북한의 체제변화가 남한에 영향을 미친다는 점을 생각하면 어느 경우도 개입하지 않을 수 없다. 국제법 기준은 인권침해가 지속적이고 체계적이며 심각한 수준일 때 개입하는 것으로 되어 있다.

북한 인권문제에서 그동안 정치적 의도 여부, 침해 규모, 사실 파악, 원인론 등을 둘러싼 논쟁에서 신중론을 펼치거나 아니면 대책 없이 반감을 가지는 경우도 있었다. 이 분야의 활동가들은 보편이니 특수니 하는 논의나 기존의 국제법적 틀에 너무 얽매이지 말고 다층적인 대화 모델과 방법을 개발할 것을 제안한다. 북한의 공개처형 문제를 포함하여 사형제도 등 남한과 북한이 가지고 있는 인권문제를 함께 놓고 논의해 보는 것도 한 방법이라는 견해도 경청할 만하다. 지난 2009년 4월 국가인권위원회는 개성공단 근로자의 노동권 실태조사를 제의했다가 거절당한바 있다. 이런 정황을 볼 때 이 분야에서 시민사회의 역할이 크다는 것은 새삼 강조할 필요도 없다.

3. 인류 공동유산과 법

법의 주체로서의 인류

사람에 대해서는 아직 국경이나 국적을 초월한다는 발상을 실현시키기는 힘들다. 반면 사람이 아닌 대상에 대해서는 이미 한 세대 이전에 세계법질서의 이상에 접근하는 움직임이 있었다. '인류 공동유산' common heritage of humankind 이라는 개념에 기초한 법원리의 창안이 그것이다.

인류 공동유산 개념은 1967년 말타Malta의 UN 대사 파르도Arvid Pardo가 처음으로 언급했다. 그는 해저와 해양 바닥 그리고 저토底土가 인류의 공동유산으로서 특별한 지위를 지니므로, 오로지 평화적 목적으로 그 자체로 보존되어야 하며, 지구상의 모든 사람들이 수혜자가 되도록 국제기구가 관리하게 한다는 새로운 국제법적 원리를 제창했다. 이런 법원리를 채택하여 미래를 위해 세계적인 협력의 단단한 기반을 마련할 것을 제안한 것이다.[28]

인류 공동유산 개념에서 도출될 수 있는 법원리들은, 사적 사용의 금지, 모두에 의한 관리, 자연자원의 개발로 획득한 혜택의 국제적 공유, 모두의 혜택을 위한 과학연구의 자유, 연구결과의 평화적 이용, 미래세대를 위한 보존 등으로 일컬을 수 있다. 이러한 원리들은 자본주의적 재산권 개념이나 기존의 국제관계의 바탕이 되는 국가주권 개념을 부차적인 것으로 만든다는 점에서 획기적이다. 이 새로운 법원리가 기존의 국제법 원리와 다른 점은 상호주의를 기반으로 하지 않는다는 것, 국가 이익이 아닌 인류 전체의 이익을 목표한다는 것, 법의 주체가 인류라는 것이다. 그 점에서 국가법과 국제법의 저편에 놓이는 법원칙들이다. "지구, 자연 그리고 미래세계와의 새로운 사회계약"을 제창하는 새로운 법 패러다임인 것이다.

인류 공동유산의 법정신은 해양협약Sea Convention, 달협약Moon Treaty, 남극협약Antarctic Treaty 등의 채택에 반영되었다. 예컨대 해양협약은 1982년에 159개국이 서명했지만 망간, 니켈, 코발트 등 해저의 엄청난 광물자원을 둘러싼 선진국들의 이해 다툼과 대기업 로비 때문에 발효에 필요한 60개국의 비준을 받아내는 데까지 12년이 소요되었다.[29] 1984년 발효된 달협약에서도, 달에 있는 헬륨 등 차세대 에너지원을 둘러싼 이해관계로 인해 미국, 중국, 일본, 영국 등 핵심 우주세력들은 막상 불참했다.[30]

이런 갈등들과 느린 진전은 이런 자원들을 인류 공동유산으로 보아야 한다는 진영과, 이것들을 무주물無主物로 보고 전통적인 영토화, 즉 실효적 점유의 대상으로 보려는 진영의 견해차를 보여 주는 것이다. 지금으로서는 그래도 국제사회가 생물 다양성이나 환경재앙 같은 지구적·생태적 정보를 그 어느 때보다 더 많이 공유하게 된 것은 고무적이다. 이 지식을 바탕으로 인류 공동유산의 법원리를 앞으로 정보통신술, 에너지, 식량, 대기, 과학기술 등의 영역으로 확대하여 적용시켜 나갈 수 있을 것이다.

'제4차원의 법'

첨단 BT산업 성장, IT 확대, 핵에너지의 민간차원 이용 등 과학기술의 엄청난 성과와 이런 기술들이 사회적·윤리적·법적으로 미치는 영향에 대해서는 이미 많은 문제들이 지적되었다.[31] 오늘날 사회변화는 과학기술에 의해 증폭되고 있다. 세계화나 글로벌 스탠더드라는 것도 과학기술의 성과임은 말할 것도 없다. 과학은 오늘날 사회발전의 핵심 동력이자 자본축적의 전략적 수단이기도 하다. 기술적 진보의 혜택이 모든 사람에게 돌아가지 못하면서 과학기술이 '격차사회'를 증폭시키기도 한다.

사람들이 자기가 사는 시대의 문제에 대해 생각하고 이를 다양한 방식으로 표현할 수 있게 되면 민주주의는 증진한다고 봐야 한다. 트위터, 블로그 등 디지털혁명이 가져다 준 소통방식의 변화는 자신들의 의사를 정치에 더 많이 반영하고 싶어 하는 시민들을 만들어 내며, 또한 자신들의 의사가 더 많이 반영되지 않는 데 불만을 가지는 시민들을 만들어 낸다. 그러면서 사회관계를 변화시키고 민주주의 발전에도 영향을 미치는 것이다.

과학기술은 독재자의 정치생명도 단축시킨다. IT에 힘입은 통신

매체는 뉴스 전파 속도를 촉진하여 어느 한 나라의 소요나 민주적 쟁취는 국경을 넘어 곧장 다른 나라로 퍼지고, 국민들로 하여금 자국의 독재자에 대한 인내심을 줄이게 하는 것이다. 국민의 요구에 빠르게 응답하는 체계를 갖추지 못한 정부는 그만큼 퇴출 위험이 높아지는 것이다. 이 점에서 과학기술이, 인권이니 민주주의니 하는 것과 관계없이 다만 실험실의 노고로만 간주되었던 시대는 지나갔다. 과학적 생산 양식이나 과학 낙관주의가 인권담론을 무용하게 만들 것이라는 예측과는 달리, 과학기술 사회는 새로운 관점에서 인권 논의를 증폭시키고 있다.[32]

특히 미래사회에 대한 과학의 규정력은 엄청나다. 미래의 사회 갈등들은 과학기술이 야기하는 위험을 어떻게 산정, 분배하고 또 그 위험을 누가 부담하느냐를 둘러싸고 제기될 것이다. 사회정의의 핵심 이슈가 과학기술의 적용을 둘러싼 문제가 되는 것이다. 과학자가 과학만 알아서는 안 되고, 시민들이 과학을 몰라서는 안 되는 이유가 여기에 있다. 과학기술의 사회적·윤리적 영향에 대한 평가가 과학 연구에서 반드시 병행되도록 연구윤리 법제를 갖출 필요가 있다. 오늘날 생명윤리 논의는 교착상태에 있지만, 먹을거리에 대한 우리의 선택이 식성의 문제가 아니라 윤리와 법의 문제가 될 날이 머지않아 올 것이다.

인류 전체의 법, 인간다운 삶을 위한 법, 자연과도 함께 하는 법. 어느 학자는 이런 법에 대해서 지역법도 아니요, 국가법, 국제법도 아니라는 점에서 "제4차원의 법"[33]이라고 명명했다. 제4차원의 법은 시장과 경쟁에 오염된 현재 우리가 가진 법 용어로는 표현하기 어려운 개념들을 법사고 안으로 끌어들인다. 인간성, 지속 가능한 발전, 미래세대를 위한 저축 등의 개념이다. 그것은 미래지향적인 사고, 즉 '이웃을 사랑하라'보다는 '멀리 있는 것을 사랑하라'는 원격 윤리의 사고를 법에 접속시킨다. 제4차원의 법은 특히 세계화를 몸소 겪고 있는 오늘날의 젊은 법학도들이 유념해야 할 법이라고 생각한다. 미래의 법률가들이 각자 자국의 국경 안에만 안주해서는 어떤 문제도 해결할 수 없다는 것을 깨닫고, 국제무대에서 서로 협력하면서 할 수 있는 역할을 생각할 때 비로소 논할 수 있는 법인 것이다. 젊은 법학도들이 세계와 미래에 대한 공동의 책임감에 고취되어, 기존의 실정법을 넘어서려는 정의에 대한 열망을 가지고, 제도적 대안에 대한 상상력을 펼칠 때 구체화될 법!

4. 국가법과 국제법의 저편

법의 지배와 국제법

불안한 국제법 질서

지난 2세기 동안 법질서는 국가법 질서를 의미했다. 지금의 국제법이 근대 국민국가의 부국강병 전략, 영토확장 전략으로서의 '국제화'의 연장선상에서 나온 것으로 본다면, 국제법 체제도 기본적으로 국가법 중심주의가 낳은 것이다. 일찍이 법의 지배를 세계질서나 세계평화와 연관시켜 구상한 사상가는 칸트 정도를 꼽을 수 있을까. 법치주의의 창시자인 영국의 다이시도 국제질서를 진정한 의미의 법질서로 보지 않았다. 국제규범에 법적 구속력이 없는 공공윤리 정도의 지위를 부여했던 것이다. 저명한 공법학자들도 국제적인 의무는 국가주권의 자기제한의 결과일 뿐이라는 이론으로 만족했다. 법의 지배를 통한 권력분립과 권력배분 원리는 국민국가와 국가제도에만 적용되는 것으로 여겼던 것이다. 요컨대 법의 지배 원리에 국제법 이론은 빠져 있었다고 보는 것이 맞을 것이다.[34]

미국의 전 국무부장관 헨리 키신저 같은 현실주의자들은 불안정성이 지배하는 국제질서를 영원한 무정부적 성격으로 파악했다. 법보다는 힘의 논리가 지배한다고 본 것이다. 이런 현실주의가 오늘날 어느 정도 감소한 것은 사실이다. 그러나 국제사회의 비중이 커진다고 국제관계가 법의 지배로 들어서는 것은 아니다. UN 체제는 반드시 지지되어야 하지만, 예컨대 UN 안전보장이사회의 비토권(거부권)에서 보더라도 국제관계에서 법의 주체의 평등성이라는 기본적 전제도 관철되기 어렵게 되어 있다. 세계화의 진전이 법의 지배의 토대를 당연히 만들어 내는 것은 아닌 것이다. 세계화가 진전되면서 국제무대의 중요한 사안들이 의외로 소수 명망가들, 국제문제 전문가들의 영향하에 놓이는 경우도 있다.

20세기 후반부터 국제법의 활동무대에 국가 이외에 개인, 다국적 기업, NGO가 등장했다. 그러면서 국제법은 국제적 주체들의 기대에 부응하는 합리적 구조하에 움직인다기보다는 고도로 불확실한 관계들 속에서 위험을 관리하는 수단이 되어 가고 있다.

국제법 이론의 재구성

칸트는 국제관계의 토대도 국가법처럼 자유민주주의와 공화주의 헌법이어야 한다고 주장했다. 나는 칸트가 제시하는 방향이 맞다고 생각한다. 이 방향에 서면 국제법상의 국가주권은 정부가 국민에게 정당하게 제공하는 것과 관련한 평가에 의해 정의되고 인정되어야 할 것이다. 즉 국가가 구성원들의 인권이나 여성의 권리에 대해 어떻게 다루고 있는지, 취약 계층의 대표성이 충분히 반영되어 있는지에 대한 관심사들이 국제법상의 국가에 대한 정의의 기준이 되어야 한다. 그러나 지금까지의 국제법 체제는 국가주권을 국민과 영토에 대한 정부의 정치적 통제의 의미로만 이해했다. 기존의 정의에 따르게 되면, 여성의 권리를 위시하여 시민적 권리를 심각하게 침해하는 정권도 국가성을 인정받게 되고 국제법상의 주체가 되어, 국제법 제정 과정에 참여할 수 있게 된다.

인간가치의 내재화라는 의미에서의 세계화는 국가주권을 단순히 정치적 통제나 국가생존의 문제로 보는 입장에 반기를 든다. 그리고 인권이나 민주주의와 같은 합헌법성을 동반할 때 국가주권이 인정될 수 있다는 점을 분명히 한다.[35] 이미 유럽연합 등은 새로 탄생하는 국가를 주권국가로 인정하는 국제법상의 기준으로서 법의 지배, 민주주의, 인권 등이 존중되어야 한다는 원칙을 제시하고 있다.[36]

이러한 방향으로 세계 관계가 조금이라도 개선되기 위해서는 더 민주적이고 더 참여적인 국제법 이론이 개발되어야 한다. 무엇보다도 국제기구에 대한 지속적인 감시가 필요하다. 국제재판소의 재판관들이 복잡한 국제적 사안들을 다루면서 특수한 이해관계에 따라 권한을 남용하지 않는다는 보장이 없는 것이다.

법질서의 복합네트워크 시대

법의 잠재력

앞에서 국제법 이론의 재구성이 필요함을 말했지만, 우선 전 지구적 관점에서 법현상을 보는 데 적절한 법개념과 법이론을 개발할 필요가 있다. 법현상의 다면성 그리고 이에 대한 우리의 이해의 불균질에 대한 민감성을 살리는 개념과 이론이 필요한 것이다. 그 방향에서 '법전 속의 법'보다는 '살아 있는 법'law in action에 대한 관심을 확대시킬 필요가 있다. 사실 그동안 우리는, 법은 사회현상이라고 말하면서도 막상 '살아 있는 법'을 무시해 왔고, 또 법논증 과정에서 경험연구와 사회적 맥락의 의의를 무시했다. 법질서의 복합적 네트워크 속에 사는 상황에서 적어도 확실한 첫걸음은, 법논증에서 사회적 맥락의 고려를 확대하고 경험적 바탕에서 더 많은 비교법 연구를 추진하는 것이라고 생각한다.

이 책의 2장에서 살펴본 주류 법이론을 위시하여 기존 이론들은, 국가법이 아닌 여타의 범주들에 대해서는 처음부터 법이라기보다는 법 비슷한 것들로 간주해 버렸다. 국가법 중심이라고 할 때도 그것은 유럽과 북미권 국가의 법질서 중심이었다. 법계를 분류할 때도 우리 학계는 영미법과 유럽 대륙법을 중심에 두고 나머지에 해당하는 이슬람, 아시아, 힌두, 아프리카 법률들을 모두 합쳐서 기타로 분류하는 데 익숙해 있다. 또한 법도구주의를 과대평가하면서 법합리성 증진을 위해 표준화와 통일성을 높이 평가했다. 법사고에서 사용자 내지 소비자 중심의 마인드도 약했다. 법실천에 있어서 사용자는 홈즈 판사식으로 '악한 사람'의 관점에서나 고려되기 십상이었다.

이제 세계화의 조건하에서 법의 잠재력을 다시 고찰함에 있어서 무엇보다도 필요한 것은 일단은 좀 더 유연한 사고를 허용하는 것이라고 생각한다. 우리의 법실천은 이질적인 법질서들이 교차하는 식으로 이루어진다. 요컨대 끊임없는 전환과 경계초월을 강요받는 법질서의 복합네트워크 속에 살고 있는 것이다.[37] 그렇다면 서로 다른 법질서들의 교차로 이루어지는 실상을 제대로 인식해야 할 것이다. '상호합법성'interlegality 개념은 세계화의 조건하에서 새로운 이론구성을 시도하는 데 도움이 되리라 생각한다.

나는 지구 법이론 혹은 이런 방향의 보편 법이론 내지 일반 법이론을 반드시 구성해야 한다고 생각하지는 않는다.[38] 일반 법이론은 법을 넓은 의미로, 즉 특수한 법전통 내지 법문화를 넘어서서 일반적이고 추상적인 관점에서 탐구한다는 의미 정도일 것이다. 일반 법이론의 시도가 하나의 통합 법이론의 주장으로 가서는 안 될 것이다. 현실이 이론보다 앞서가고 있는 사태를 파악해야 하는 처지에서 이론적 정합성의 부담을 안으면, 다시 규범적·가치적 차원과 경험적 차원의 경계 식별에 집착하게 된다.

법을 유연하게 생각할 줄 아는 사람들은 아마도 법사회학자들과 법인류학자들이 아닌가 한다. 이 시점에서 이 분야 학자들의 지혜를 빌릴 필요가 있을 것 같다. 이들은 법이 통일된 체계로서 오로지 국가하고만 연관된다는 발상에 저항한다. 한마디로 다원적 관점에서 법현상을 보고 법사고를 펼친다. 다원적 관점에서 보면, 국가법은 여러 가지 법의 형태 중의 한 가지에 불과할 것이며, 심지어 이 국가법 자체도 어느 의미에서는 법적으로 통일되어 있기보다는 여러 관할과 법원천들의 복합적 제휴로서 다원적일 수 있다.[39]

법을 다양한 아이디어, 관행, 규제들의 상호작용으로 보면, 법은 "효력을 확정해 주는 법 당국의 위계적 단일 시스템이 아니라, 각각 서로 다른 방식으로 타당성을 주장하는 여러 규범 시스템들과 구조들"로서 나타난다. 그리고 이 여러 시스템들은 서로의 관계를 바꿔나가면서 때로는 협조하고 또 자주 서로 의심 혹은 경쟁하면서 복합적으로 공존한다는 설명이 가능해진다.[40]

법다원주의

그런데 전통적인 법이론의 관점에서 보면, 법에 다원주의 사고를 끌어들이는 것이 혼란스럽게 보이는 측면도 없지는 않다. 법다원주의 입장에 서면 법실증주의가 고수하고자 하는 법규범과 여타의 사회규범의 구분이 애매하게 보이게 된다. 또 법적 독트린 내지 원리 수립이 어렵고, 법과 행정의 구분이 약화되고, 더 나아가 공과 사, 국가와 사회의 구분도 상대화될 수 있다.

개념에 관한 논의를 의미론적으로 접근하면 위와 같은 우려가 심각하게 제기될 수 있다. 그러나 나는 앞에서 법의 본질을 둘러싼 대립을 논하는 장에서도 밝혔듯이 법의 지배 개념을 의미론적으로 접근하지 않기 때문에,[41] 이런 우려에 큰 비중을 두지 않고자 한다. 어차피 법의 지배와 법의 기능은 여타의 사회규범의 그것과는 제도적으로 엄연히 구분된다. 앞에서 국가법의 관리 능력의 약화에 대해서 말했지만, 이는 말 그대로 관리 능력의 감퇴를 뜻하지 법의 지배의 퇴조를 의미하는 것은 아니다.

법사회학자들 중에는 법을 본질적으로 국가가 아니라 사회, 즉 공동체에 뿌리내린 것으로 보는 사람들이 있다. 법을 본질상 공동체에 뿌리를 두고 있는 것으로 보면, 초국가적인 공동체 네트워크법에도 국가법적 권위의 성격을 비슷하게 적용할 수도 있을 것이다.[42] 물론 사회학자들 중에는 이와 반대로, 공동체의 해체가 가속화될수록 법은 발전한다는 식으로 주장하면서 법을 공동체와 대치되는 관계로 파악하는 사람도 있다.[43] 아무튼 공동체 관념을 근대 이전의 밀접한 유대관계나 혈연관계처럼 좁게 파악하지도 않으며 법개념도 중앙집권적 국가법 체제로 좁히지 않으면서, 법의 연원을 공동체와 연결시키는 길도 가능할 것이다.

세계화라는 조건 속에서 넓은 법개념과 유연한 법사고를 추구하는 목적은 새로운 법현상에 대한 해석, 비교, 그리고 일반화에 유용한 요소들을 제공받고자 하는 데 있다. 예컨대 유럽연합법, 브라질의 파사르가다법Pasargada Law,[44] 이슬람의 샤리아법Sharia Law, 상인법 lex mercatoria 등 비국가법non-state law[45]을 포함시키는 법개념을 가진다 하여 그것이 국가법 체제의 해체의 방향으로 풀이될 수 없음은 분명하다. 경우에 따라 보충적인 규범력을 인정하는 것도 가능하다. "국가 이전의 법"이든 "국가 이후의 법"이든, 이것들은 보충적인 법으로서 일반적인 성격을 공유하고, 그래서 그것들에 구속되기를 반대하는 당사자에 의해 강제법이 아닌 임의법으로 받아들여질 수 있는 것이다.[46]

사회학자들이나 법인류학자들의 법개념을 주목한다고 하여 내가 법다원주의를 지지하는 것은 아니다. 누구의 말대로 법적 다원주의가 본래 더 좋거나 더 진보적인 것이라고 말할 수도 없으며, 마찬가지로 국가법 체제가 본래 억압적이라고 말할 수는 없다. 근대 이래로 사회학자들과 법인류학자들은 국가법이 합리적 지배 형식으로서 어떻게 심화되고 확장되어 왔는지를 보여 주는 사회이론을 구성했다. 이들 이론들은, 근대 이래 지역적 특수성, 전통과 습관, 신분적 요소 따위를 끊임없이 배제시키면서 사회를 조직화하고 합리화시켜 나갈 수 있었던 것은 법체제가 존재했기 때문임을 설득력 있게 설명하고 있다. 그것은 예컨대 콩트A. Comte가 정신활동의 발전의 정점으로 그린 실증주의 유토피아 사회체제에서 드러났으며, 뒤르켐E. Durkheim이 지역적 가치와 신뢰에 기초한 체제가 분업에 따른 기능적·통합적 체제로 대체되어 가는 증거로서 법제도의 발전을 드는 데서도 나타났다. 퇴니스F. Tönnis는 이 대목을 전통과 관습에 따른 '공동사회'에서 이성에 따른 '이익사회'로 옮아가는 과정으로 설명했고, 메인H. S. Maine은 이것을 '신분에서 계약으로'라는 모토에 담았다.

요컨대 세계화의 조건하에서 법의 잠재력을 다시 고찰하기 위해 좀 더 유연한 법개념을 추구한다는 뜻은, 법적 합리성과 법의 지배에 대한 도전이라기보다는 오히려 법합리성의 확대, 그리고 좀 더 광범한 법의 지배 모델에 대한 추구의 의미로 이해되어야 할 것이다.

경계초월의 '복합네트워크' 시대가 법교육에 있어서 함의하는 바도 크다. 지금 우리에게 국내 문제로 보이는 것을 해결하기 위해 머지않아 외국법 혹은 국제법에 의존하게 되는 날이 올지 모른다.[47] 오늘날 국제사회 질서는 법률가들이 주도해 간다고 해도 과언이 아닐 방향으로 움직이고 있다. 국제변호사 수준이 아니라 새로운 글로벌 직종으로서 국제 판사도 급부상하고 있다. 그러기 위해서는 법학교육에서 지속 가능한 발전, 에너지, 빈곤 등 법주제들의 코스모폴리턴화가 요구된다. 강학상講學上 국제법과 지역법의 비중이 지금보다 더 늘어나야 함은 물론이다. 국내 학생의 국제화와 함께 타국의 법대 졸업생이나 법률가에 대한 자격 인증도 확대될 필요가 있다. 미래의 법학도들은 더 이상 법원과 검찰 건물들이 밀집된 서울 서초동 반경 몇 킬로미터 안에서만 오가는 인사들이 아닐 것이다. 법학도들로 하여금 세계시민적 시각을 갖게 하고 세계 봉사의 대열에 동참하면서 법을 볼 줄 알도록 교육시켜야 한다.

5. 세계입헌주의의 기획

새로운 조짐들

노자는 일찍이 이상국가론에서, 이웃나라가 가까워도 사람들이 늙어 죽을 때까지 서로 내왕하지 않는다고 썼지만,[48] 오늘날에는 하루에도 무수히 많은 지구시민들이 날짜변경선을 넘나들고 있다. 고무적인 것은 지구사회 시민들의 소통이 어느 의미에서 국가들 간의 소통보다 더 낙관적이라는 점이다. 지난 2008년 베이징 올림픽 참가 선수단 귀국 시 대대적인 서울시내 도보행진 행사를 계획했던 정부와 체육계는 곤욕을 치러야 했다. 시대가 얼마나 변했는데 선수들을 모아놓고 행진시키려는 구시대적 발상을 하느냐는 비난이 거셌기 때문이었다. 어느덧 선수들과 시민들은, 스포츠를 통한 국위선양이니 하는 국가주의에서 탈피하여 세계인들의 축제인 올림픽 자체가 주는 다양함과 창발성을 즐기는 쪽으로 태도가 바뀐 것이다.

지역협력에서도 시민사회는 여러 모범례들을 만들어 가고 있다. 정부 사이에는 대립이 생기더라도 민간 교류는 다양한 분야에서 꾸준히 확대되는 양상이다. 여러 영역에서 NGO들의 세계적 연대와 협력은 괄목할 만하다. 먹거리 문제든, 보건·환경·안전 문제든, 국제협력 없이 내부 모순을 해결할 수 없다는 평범한 진리를, 정부 간 기구보다는 민간기구들이 더 빨리 터득해 가고 있다. NGO 활동가들은, 예컨대 국제회의에서 연대와 이해를 돕기 위해 비교를 할 때도 "내 나라에서는……"이라고 말하는 대신 더 작은 단위에서 자기가 속한 집단에 대한 이야기를 풀어 나간다. 그러면서 국내적 사안과 국외적 사안들이 자연스럽게 뒤섞이게 한다. 국제정치학의 틀에서 벗어나 세계를 상상하기도 한다.[49]

이렇게 말한다고 해서 내가 여기서 세계공동체주의나 무정부주의를 제창하려는 것은 아니다. 세계를 하나의 단일한 공존권으로 보자는 발상은 현실에서는 '도구적 지구공동체' 방향으로 흐르기 쉽다. 즉 경제와 기술의 세계적 연결과 이로부터의 이익창출 공동체가 아니면, 반드시 고통을 안기는 동질성 외침의 공동체가 될 수 있다.

권리 없는 공동체 성원으로서의 소속감이나 의무감은 권력을 제한할 수 없게 만든다. 따라서 자유로운 개인의 존엄이라는 '도덕적 개인주의'의 가치체계를 포기할 수는 없다. 그렇더라도 세계화를 몸소 겪는 지구촌 사람들이 초국가 공동체에 대한 집단적 경험을 쌓고 이에 기초한 초국가적 규범이성을 발전시켜 나가려는 노력은 중요하다. 물론 이런 규범이성을 발전시킨다 하더라도 초국가적 법권위와 질서를 관철시키는 힘, 다시 말해서 정치적 권위에 대한 신뢰에 의해 발동되는 강제력의 문제는 남는다. 법적 다툼에 종지부를 찍을 수 있는 이 힘이 지금처럼 국가들 간의 세력 정치와 군사력의 우위, 그리고 경제에 매이게 되는 한은, 어떤 식으로 통합된 초국가법 질서든 그 구조는 허약할 수밖에 없을 것이다. 국제적 힘의 균형이 없이는 초국가법 질서는 극히 불안정하게 되는 것이다. 국민국가 법원리와 법권위가 초국가적으로도 확대 실현되기 위해서는 국민국가의 법권위를 정당화하는 대의민주주의가 국제 내지 초국가 법시스템에서도 가동되어야 하는데, 이 민주주의 요소가 초국가적 법시스템에서는 아직 결해 있는 것이다.

경제가 아니라 다시 법이다

인류의 진보와 자유 정신의 궁극을 세계주의, 국제주의로 생각한 선각자들이 있었다. 그들은 세계주의의 관점에서 본 역사의 최종 목표를 자유 실현이라고 보았다. 그들은 자유와 공존하는 시민적 기구를 수립하여 전 세계에 확대시키는 것이 역사 진보의 마지막 단계라고 생각했다. 『영구평화론』Zum ewigen Frieden의 저자 칸트나, 「독립선언문」 말미에 붙은 "공약삼장"公約三章의 저자 한용운이 이런 의미의 세계주의자들이었다.[50] 자유 실현의 세계화! 그것은 누구에게는 철학적 희망이었고 누구에게는 종교적 상징이었을 것이다.

희망과 상징은 소중한 것이다. 헌법적 가치가 지구사회에 퍼진다면 우리는 '세계입헌주의'world constitutionalism[51]에 대해서 말할 수 있을 것이다. 세계입헌주의라는 법적 기획이 현 단계에서 가능한지는 별도 문제로 치더라도 그것이 만약 시도된다면 그 방향은 분명하다. 초국가적 권리헌장을 골격으로 삼으면서 좀 더 광범하고 일반적인 법의 지배 모델을 그리는 방향이다. 최소한의 기본적 인권을 보장하는 헌법적 정당성이 세계무대에서도 통하는 기회를 확대해 가는 방향이다. 헌법의 정당성은 다수의 합의로부터 나온다는 말도 맞지만, 그 합의는 모두의 기본적 자유와 사회적 권리라는 기본 가치의 중요성에 놓인다. 서로 의견과 문화가 다르고, 이익이 충돌하는 사람들 사이에 공존이 보장되는 조건을 확대하는 데 있어서 이런 법의 지배 가치는 언제나 핵심을 이룰 것이다.

그렇다면 세계화의 조건 속에서 우리는 다시 원점으로 돌아오는 길 위에 서 있다. 자유롭고 평등한 개인이라는 가치의 일반성이 희미해 보이고, 형평의 보장자로서의 국가 기능이 뒤처지면서 사회계약의 조건이 붕괴되어 다시 자연상태로 돌아가는 듯한 느낌이 드는 이때, 개인 단위에서나 국가 단위에서나 일반의지가 아닌 개별의지가 판치는 이때, 다시 주목되어야 할 것은 법이다. 종교도 아니고 도덕도 아니고 경제도 아닌, 오로지 법만이 저 일반의지를 담아낸다는 희망과 상징에 다가갈 수 있었다. 세계화를 몸소 겪고 있는 지금 우리가 새삼 깨닫는 바는, 중요한 것은 경제가 아니라 다시 정치 그리고 법이라는 사실이다.

주

1 세계화 흐름과 법영역에서의 세계화 유형을 서술하는 내용 중 일부는 박은정, 『법철
   학의 문제들』(박영사, 2007), 350, 352~354, 360, 361쪽에 실린 내용을 토대로 했
   다. 『법철학의 문제들』에 실린 글 "지구화와 법이론"은 『서울대학교 법학』 제48권 제
   3호(2007. 9), 135쪽 이하에 실린 같은 제목의 논문을 보충하여 개작한 것이다.

2 월러스틴 자신은 세계체제의 여러 유형 중에서 특히 자본주의 세계체제를 주요 관심
   사로 다루었다. 자본주의 세계체제는 핵심부 — 반주변부 — 주변부라는 지리적·위
   계적 구조를 이루며, 그 경계와 세력권을 전지구적 규모로 팽창시켰다는 것이다. 이
   에 대해서는 Immanuel Wallerstein, *The Capitalist World-Economy*, Cambridge
   University Press(1979), 77쪽 참조.

3 데이비드 헬드 외, 『전지구적 변환』(조효제 옮김, 창작과비평사, 2002), 55쪽.

4 김영삼 정부 시절 청와대는 '세계화추진위원회'를 출범시켰는데 당시 위원회 영어
   명칭에서 '세계화'를 우리말 발음그대로 표기한바 있다. '세계화된 지역주의'
   globalized localism와 '지역화된 세계주의' localized globalism의 구분에 대해서
   는 Boaventura de Sousa Santos, *Toward a New Common Sense. Law, Science,
   and Politics in the Paradigmatic Transition*, New York, London(1995), 263쪽을
   볼 것. 전자의 예로 흔히 코카콜라, CNN 방송 등을 들고, 후자의 예로는 가난한 나라
   의 호화 관광시설을 든다. 세계화를 둘러싼 대립적 시각과 논의 배경에 대해서는 박
   은정, 같은 책, 347쪽 이하 참조.

5 A. Hurrell & N. Woods, "Globalization and Inequality", *Millennium* 2, 1995.

6 The Guardian(http://www.guardian.co.uk), 2002년 1월 18일자.

7 UN 식량농업기구(FAO), "Global issues : Hunger", http://www.fao.org.

8 Anthony Giddens, *Sociology,* Oxford(1990), 34쪽. 기든스의 조사에 따르면, 18세
   기에는 68차례의 전쟁에서 440만 명이 죽었다. 19세기에는 205차례의 전쟁에서

830만 명이, 그리고 20세기에는 1990년까지 237차례의 전쟁에서 9천 880만 명이 죽었다. 이 기간 동안 세계인구는 3.6배 늘어난 데 비해서 전사자 수는 22.4배가 늘어났다는 것이다.

9 Mario G. Losano, "Turbulenzen im Rechtssystem der Modernen Gesellschaft Pyramide, Stufenbau und Netzwerkcharakter der Rechtsordnung als ordnungsstiftende Modelle", *Rechtstheorie* 38 (2007), 30쪽.

10 '상인법'에 대해 자세한 것은 Boaventura de Sousa Santos, 같은 책, 210쪽 참조.

11 국경을 넘는 거래에서 불가결한 예측가능성이나 신뢰 문제는 법적 의무에 의해서라기보다는 사적인 신뢰 창출, 상호의존, 오랜 거래, 중재 절차 등에 의해서 확보된다는 경험적 연구결과에 대해서는 Appelbaum etc(ed.), *Rules and Network. The Legal Culture of Global Business Transactions*, Oxford(2001), 325쪽 이하 참조.

12 Marie-Bénédicte Dembour, *Who believes in Human Rights? Reflections on the European Convention*, Cambridge University Press(2006), 9쪽.

13 William Twining, *General Jurisprudence. Understanding Law from a Global Perspective*, Cambridge University Press(2009), 180쪽 참조.

14 Makau Mutua, "Savages, Victims, and Saviors: the Metaphor of Human Rights", *Harvard International Law Journal*, 42(1)(2001), 201쪽 이하.

15 이에 비해 왈저(Michael Walzer)는 민주주의나 권리, 분배는 집단적으로 승인되는 정치과정에서 정치적 공동체, 즉 국가 안에서 더 잘 시행될 수 있다고 보기 때문에, 오늘날 국경을 완화시키는 이주정책이나 다문화사회 정책에 우려를 나타낸다. Michael Walzer, "The Distribution of Membership", P. Brown & H. Shue(ed.), *Boundaries: National Autonomy and its Limits*, Totowa, NJ(1981), 10쪽; "The Moral Standing of States: A Response to Four Critics", *Philosophy of Public Affairs*(1985), 227쪽 이하 참조.

16 Upendra Baxi, *The Future of Human Rights*, Oxford University Press(2002), 14쪽.

17 『조선일보』, 2010년 6월 29일자 A20.

18 2009년 우리나라로 귀화한 외국인은 49개국 2만 5천 44명으로서 정부 수립 이후 가장 많은 수이다. 한국 국적을 취득하는 외국인이 늘면서 성과 본을 새로 만들어 등록하는 경우도 크게 늘어, 예컨대 대마도 윤씨, 태국 태씨, 몽골 김씨, 청도 후씨 등 새로운 성과 본이 생겼다. 새로운 성과 본을 창시한 귀화인은 지난 해 4천 884명이 었다. 이는 우리 사회가 다문화사회로 성큼 들어서고 있음을 보여 주는 것이다(『중앙일보』, 2010년 5월 24일자, 19쪽).

19 Boaventura de Sousa Santos, 같은 책, 224쪽 참조.

20 "2007 Global Trends. Report of the UN High Commissioner for Refugees", http://www.unhcr.ch.

21 www.open.go.kr.

22 Debra Satz, "Equality of What among Whom? Thoughts on Cosmopolitanism, Statism, and Nationalism", Shapiro & Brilmayer(ed.) *Global Justice*, NYU Press(1999), 67쪽 이하.

23 〈세계인권선언〉 제14조.

24 "다른 나라를 자기 나라 보듯이 하고, 다른 가정을 자기 가정 보듯이 하고, 다른 사람 보기를 자기 보듯이 한다"(視人之國若視其國 視人之家若視其家 視人之身若視其身).『墨子』 겸애편 상(김학주 옮김, 삼성출판사, 1990), 252쪽.

25 취약 국가 및 미국 국가안보위원회(Commission on Weak States and U.S. National Security) 보고서. 이에 대해서는 레스터 브라운,『플랜 B 3.0』(황의방·이종욱 옮김, 환경재단 도요새, 2008), 413쪽 이하 참조.

26 http://www.moj.go.kr.

27 북한의 인권문제에 대해서는, 한국인권재단이 2008년 6월 26일부터 29일까지 주최한 '제주인권회의'에 참가한 관련 활동가들 및 학자들의 토론에서 많은 시사를 받았다.

28 Arvid Pardo, "Whose is the Bed of the Sea?", *American Society International Law Proceedings*(1968), 225쪽 이하.

29 비준 과정에서 이 협약은 주요 선진국들의 이의제기로 인류 공동유산의 전향적 요소

일부를 수정시키는 부속 합의서를 채택한다는 조건을 달게 되었다(*UN Resolution* 48/263, 28, July 1994). 이에 대해 자세한 것은 Boaventura de Sousa Santos, 같은 책, 303쪽 이하를 참조.

30 NASA의 연구보고서에 따르면 헬륨은 현재의 기술로도 달에서 지구로 가져올 수 있는 에너지원이며, 톤당 최소 10억 달러의 시장가치가 있는 것으로 알려져 있다. 당시 우주산업계가 미 상원을 상대로 벌인 로비에서는, 협정에 적극적인 국가들 중에 제3세계권이 많은 점을 이용하여 '달의 사회주의화'를 반대한다는 홍보전까지 펼쳤다고 한다. 자세한 것은 같은 책, 305쪽 이하 참조.

31 나는 이 문제를 『생명공학시대의 법과 윤리』(이화여자대학출판부, 2000)에서 자세히 다루었다.

32 이에 대해서는 박은정, 같은 책, 119쪽 이하 참조.

33 Boaventura de Sousa Santos, 같은 책, 310쪽.

34 Pietro Costa & Danilo Zolo(eds.), *The Rule of Law. History, Theory and Criticism*, Springer(2007), 40쪽 이하.

35 Maivân Clech Lâm, "Making Room for Peoples at United Nations : Thoughts Provoked by Indigenous Claims to self-Determination", *Cornell International Law Journal* vol. 25(1992), 603, 621쪽.

36 E.C. Guidelines on the Recognition of New States in Eastern Europe and the Soviet Union (1991.12.16).

37 산토스는 이를 '상호합법성' 개념을 가지고 설명한다. 이에 대해 더 자세한 것은 Boaventura de Sousa Santos, 같은 책, 437쪽 참조.

38 트와이닝은 이와 다른 견해를 취하면서 일반법이론을 시도한다. 그는 지구 법학, 보편 법학이라는 용어는 이론적 정합성 요구라는 부담을 진다고 보고 그것보다는 더 넓고 유연하면서도 전통을 계승하는 개념인 '일반 법학'(general jurisprudence)을 채택했다. 나는 이들 용어들을 같은 의미로 쓰고자 한다. William Twining, 같은 책 참조.

39 법다원주의에 대해서는 William Twining, *Globalisation and Legal Theory*,

Northwestern University Press(2000), 224쪽 이하; Marc Galanter, "Justice in many Rooms", *Journal of Legal Pluralism and Inofficial Law* 19(1981), 1쪽 이하; Krzysztof Motyka, "Leon Petra ycki Challenge to Legal Orthodoxy"를 참조할 것. 법을 국가적 속성으로 이해하는 데 반기를 든 국제주의자 레온(Leon Petra ycki)에 대한 이 글은 2007년 8월 폴란드의 크라카우(Cracow)에서 열린 제 23차 세계 법 및 사회철학 대회(IVR World Congress)에서 발표되었다. 그밖에 International Symposium: "Constutional Pluralism in the European Union and Beyond", 20(March 2009), University of Oxford를 참조할 것.

40 예컨대 19세기까지만 해도 영국에서는 지역 법원과 국가 법원 사이에 관할 다툼이 끊이지 않았으며 또 국가 법원과 지역의 상공 중재기구 사이의 충돌도 빈번했다고 한다. 이때 다툼은 대개 어느 한 규범체계가 승리함으로써 종결되거나, 혹은 업무 분할, 화해, 무승부 등으로 결말이 나기도 했다는 것이다. Roger Cotterrell, *Law, Culture and Society. Legal Ideas in the Mirror of Social Theory*, Ashgate(2006), 36쪽.

41 이에 대해서는 박은정, 『법철학의 문제들』, 93쪽 이하도 참조할 것.

42 Roger Cotterrell, 같은 책, 166쪽.

43 예컨대 Donald Black, "The Social Organization of Arrest", 23 *Stanford Law Review*(1971), 1108쪽.

44 브라질 대도시 외곽 슬럼가의 '지하법'인 파사르가다법에 대해서는 Boaventura de Sousa Santos, 같은 책, 99쪽 이하를 참조할 것.

45 트와이닝은 같은 책(362쪽 이하)에서 비국가법의 중대성에 대해 특별히 한 장을 할애하고 있다.

46 H. Patrick Glenn, "A Transnational Concept of Law", P Cane & M. Tushnet(ed.), *The Oxford Handbook of Legal Studies*, Oxford University Press(2003), 849쪽. 국가법에 중점을 두면서도 제도적 규범 질서로서의 법이 단일 국가의 법질서와는 다른 맥락에서도 발견될 수 있음을 주목한 학자들도 있다. 이들은 국가의 경계를 넘어 국제적 초국가 기구들이 발전해 왔고 시민사회에서 활동하

는 많은 기구들도 내부 규약을 가지고 있는 상황을 고려한다. 국가는 교회나 FIFA 같은 국제스포츠연맹들보다 국가 자신이 우위에 놓인다고 주장할 수는 있겠으나, 이들 기구들 편에서는 국가의 주장대로 국가 우위를 인정해야 할 필요는 없으며 실제 몇몇 기구들은 이를 인정하지 않는 현상이 나타나기도 한다는 것이다. Neil MacCormick, *Institutions of Law: An Essay in Legal Theory*, Oxford University Press(2007), 288쪽.

47 그 점에서 법관들도 외국 판례를 연구하고 경우에 따라 인용해야 한다. 1996년 개정된 남아공화국 헌법에는 법원이 인권 조항을 해석할 때 국제법을 고려해야만 할 뿐 아니라 외국법도 참조할 수 있다고 규정했다. 인도, 스페인도 유사한 조문을 가지고 있다.

48 노자는 반전 평화사상과 함께, 규모가 작은 나라, 기계에 의존하지 않는 단순한 삶을 추구하는 태도를 이상으로 삼았다. 『노자』(박은희 역해, 고려원, 1997), 제80장, 312쪽 참조.

49 한국인권재단 주최로 2008년 6월 26일부터 29일까지 제주도에서 개최된 '제주 인권회의'에 참가한 활동가들의 토론 참조.

50 한용운은 국가의 독립을 넘어 인간의 자유정신의 발휘로써 개개인의 독립이 이루어지는 세계주의를 꿈꾸었다. 승려이자 독립운동가인 만해 한용운의 문학적·불교사적 성과에 비해 그의 철학 자체를 주목한 연구는 별로 없다. 국내 철학계의 앞으로의 과제에 해당한다 할 것이다.

51 Luigi Ferrajoli, "The Past and the Future of the Rule of Law", Pietro Costa & Danilo Zolo(eds.), *The Rule of Law. History, Theory and Criticism*, Springer(2007), 345쪽.

찾아보기

331